财务会计学

Financial Accounting

齐　珺◎主　编

暨南大學出版社
JINAN UNIVERSITY PRESS

中国·广州

图书在版编目（CIP）数据

财务会计学 / 齐珺主编 . — 广州：暨南大学出版社，2023.5
ISBN 978 -7 -5668 -3640 -3

Ⅰ. ①财… Ⅱ. ①齐… Ⅲ. ①财务会计—教材 Ⅳ. ①F234.4

中国国家版本馆 CIP 数据核字(2023)第 058810 号

财务会计学
CAIWU KUAIJIXUE
主　编：齐　珺

出 版 人：张晋升
责任编辑：曾鑫华　张馨予
责任校对：苏　洁　陈皓琳　林玉翠
责任印制：周一丹　郑玉婷

出版发行：暨南大学出版社（511443）
电　　话：总编室（8620）37332601
营销部（8620）37332680　37332681　37332682　37332683
传　　真：（8620）37332660（办公室）　37332684（营销部）
网　　址：http：//www. jnupress. com
排　　版：广州市新晨文化发展有限公司
印　　刷：广州市金骏彩色印务有限公司
开　　本：787mm × 1092mm　1/16
印　　张：18
字　　数：427 千
版　　次：2023 年 5 月第 1 版
印　　次：2023 年 5 月第 1 次
定　　价：59.80 元

前 言

经济全球化在世界范围内形成了统一的市场，促使国际资本流动达到空前规模，也在世界范围内建立了规范经济行为的全球规则，是不可阻挡的历史浪潮。作为资本流动中的重要一环，会计对于经济服务是必不可少的，也是推动我国经济融入全球发展浪潮、服务“一带一路”倡议的重要支撑。

随着互联网、数字经济的发展，企业的商业模式发生了巨大变化，近年来我国不断修订企业会计准则以适应新经济、新业务的会计处理需求。基于服务经济全球化和资本市场发展的实际需要，我国企业会计准则与国际财务报告准则持续趋同，自2006年以来陆续颁布了42项具体准则；2014年7月，财政部修订了《企业会计准则——基本准则》，将“公允价值”纳入计量属性；对会计专业技术资格考试的考试科目《中级实务》影响比较大的准则是2018年开始实施的“收入准则”和2019年开始实施的“租赁准则”。针对不断变化的准则，目前出版的很多中级会计教材都没有更新这一变化，内容陈旧，不能满足教学用书的要求。本教材根据最新修订的非货币性资产交换、租赁、收入、政府补助等企业会计准则来编写相关内容。

本教材突出了数字经济下智能会计和业财融合的思维。相比已有教材，本教材的特色和优势如下：

（1）内容依据最新修订的企业会计准则。本教材根据最新修订的《企业会计准则第7号——非货币性资产交换》（2019年5月）、《企业会计准则第14号——收入》（2017年7月）、《企业会计准则第16号——政府补助》（2017年5月）、《企业会计准则第21号——租赁》（2018年12月）和《企业会计准则应用指南》（含企业会计准则及会计科目，2019年版），对教材内容进行全面更新，以应对不断修订准则导致的教材陈旧问题。

（2）注重实务和实操性。考虑到学生初次接触会计实务的实际情况，本教材紧密结合会计实务。教材每个章节都有配套案例和实务讲解，帮助学生深入理解和运用知识点。

(3) 注重知识点的内在逻辑性。本教材在知识点的覆盖范围和难易方面进行了有针对性的梳理与调整，对重要的知识点进行详细的解释并给出例子，强调基础知识和方法的掌握运用，力争深入浅出，循序渐进。

本教材由暨南大学管理学院会计系齐珺副教授总体策划与主编，由暨南大学黄大年教学团队的核心成员即肖继辉、窦欢、齐珺、张珊四位教师共同编著。本教学团队近年来致力于会计教学转型的研讨，开展了会计移动课堂、会计模拟实验室等项目，得到了学生的好评和认可。本教材的具体分工如下：肖继辉编写了财务会计理论概述、货币资金、应收账款章节；齐珺编写了流动负债、非流动负债、所有者权益和租赁章节；窦欢编写了投资性房地产与无形资产、费用、财务报告章节；张珊编写了存货、固定资产、收入和利润章节。本教材引用了参考文献中列出的相关教材，在此对其作者表示衷心的感谢！

由于时间仓促，编者的水平有限，书中错误之处在所难免，期待广大读者和同行的批评指正。

编　者

2022 年 12 月于暨南大学管理学院

目　录

第一章　财务会计理论概述

学习目标

1. 掌握财务会计的目标。
2. 熟悉财务会计的基本假设。
3. 熟悉财务会计的基础。
4. 熟悉和理解财务会计信息的质量要求。
5. 理解会计要素及其计量属性。
6. 熟悉财务报告。

导入阅读

中国有关会计事项记载的文字，最早出现于商朝的甲骨文。“会计”称号的命名、会计的职称均起源于西周，其含义是通过日积月累的零星核算和年终的总合核算，达到正确考核国家财政经济收支的目的。据《周礼》记载，西周设立“司会”一职对财务收支活动进行“月计岁会”，又设司书、职内、职岁和职币四职分理会计业务，其中，司会掌管财政，司书负责核算，职内负责税赋收入，职岁负责朝廷开支，职币负责官币结算与收支平衡。

孔子提出了中国最早的会计原则——会计当而已矣，意思是会计要平衡、真实、准确。具体说，是要求会计的收付平衡、正确无误。它与目前的“客观性”原则相似。战国时期，中国还出现了历史上第一部比较系统的封建成文法典——《法经》，其中包含了会计簿书真实性、保管方面、度量衡等方面的内容。

秦汉时期，中国在记账方法上已超越文字叙述式的“单式记账法”，建立起另一种形式的“单式记账法”，即以“入、出”为会计记录符号的定式简明会计记录方法。它以“入－出＝余”作为结算的基本公式，即“三柱结算法”。西汉时采用的由郡国向朝廷呈报财务收支簿——“上计簿”可视为“会计报告”的滥觞。南北朝时期，苏绰创造“朱出墨入记账法”，规定以红记出、以墨记入。

唐宋时期，我国会计理论与方法进一步推进。首先，产生了《元和国计簿》《太和国计簿》《会计录》等有代表性的会计著作。其次，创立了“四柱结算法”。“四柱结算法”的发明把我国的簿记发展提升到一个较为科学的高度。最后，宋代建立了我国会计史上第一个独立的政府会计组织——“三司会计司”，总核天下财赋收入，提高了会计机构的地位。同时，随着人们对账簿的认识逐渐加深，宋代产生并流行着一些有关账簿的专门用语。

至明代，政府非常重视会计报表，要求按旧管、新收、开除和实在四柱编报，报表逐级汇总上报，国家对报表有统一的编报格式和上报日期。明代的代表性会计著作是

《万历会计录》，按旧额、见额、岁入、岁出汇录了人户、田粮、军饷、俸禄及各种税收和交通运输等统计资料，编排井然有序，数据先后可循，并突出了财政收支项目的对比关系，便于分析研究。

明末清初之际，中国又出现了一种新的记账法——“龙门账法”。此账法是山西人傅山根据唐宋以来的“四柱结算法”原理设计出的一种适合于民间商业的会计核算方法，其要点是将全部账目划分为进、缴、存、该四大类。“进”指全部收入，“缴”指全部支出，“存”指资产并包括债权，“该”指负债并包括业主投资。这四者的关系是：该+进=存+缴或进-缴=存-该。“龙门账法”的诞生标志着中式簿记由单式记账向复式记账的转变。

第一节　财务会计的基本概念

一、会计的含义

世界上绝大部分工作是通过企业组织来完成的。在企业组织工作中，需要运用各类物质和非物质资源，而获取这些资源则需要资金支持。因此，组织的利益相关者需要了解企业资金来源及资金使用的相关信息，包括资金的融入、投向、经营等信息。会计就是一个能提供这些信息的系统，这个系统主要包括两大重要领域：财务会计和管理会计。

1. 财务会计

财务会计（financial accounting）又称对外报告会计，是指主要为企业外部投资者、债权人等提供经济决策所需信息的专业会计。它主要按照会计处理规则，通过填制凭证、登记账簿、编制会计报告等核算方法确认、计量和记录企业资产、负债、所有者权益的增减变化，反映收入的取得、费用的发生和归属，以及净收益的形成及分配等情况。虽然它也向企业管理者提供财务信息，但主要是为企业外部的信息使用者服务。这些外部的使用者主要包括企业的投资者、债权人、原料供应商、客户、政府、证券分析师、经济学者、经济管理专业的学生等。他们利用这些信息主要是进行投资、贷款、产品买卖、管理与征税等决策，当然，也有一部分人利用这些信息进行分析、学习和研究等活动。

2. 管理会计

管理会计（management accounting）又称对内报告会计，是指主要为企业内部经营管理者提供经济决策所需信息的专业会计。管理会计是从传统的会计系统中分离并发展起来的一门相对独立的会计学科。会计从某种程度而言就是为管理服务的。对企业内部而言，要做到对生产成本的控制、生产经营的全面预算、长期投资的科学决策等，管理需要同会计结合起来，才能真正做到科学化的管理。

管理会计主要是为了适应企业内部计划和控制的需要，以企业内部各级管理人员为主要服务对象，利用财务会计提供的会计信息及其他生产经营活动中的有关资料，运用数学、统计等一系列技术和方法，预测前景，参与决策，规划未来，实施控制、评价、考核和分析企业经济活动，为企业管理层进行最优管理决策和有效经营提供有用的会计信息。

二、财务会计的目标

财务会计对企业经济活动的反映是以财务报表形式传输给使用者的。财务报表包括报表和附注两部分。其中，报表包括资产负债表、利润表、现金流量表和所有者权益变动表，附注是针对财务报表本身难以充分表达或无法表达的内容、项目或数额所做的补充说明、详细解释或陈述。

财务报告的目标是向财务报告使用者提供有用的决策信息，并反映企业管理层受托责任的履行情况。我国的会计基本准则对财务报告目标进行了明确定位，将保护投资者利益、满足投资者信息需求放在了突出位置，彰显了财务报告目标在企业会计准则体系中的重要作用。考虑成本效益原则，财务会计不可能按照各个信息使用者的需求提供其所需的全部信息，而是提供以下三类信息，以满足不同使用者的共同需求。

1. 提供与投资决策相关的信息

根据投资者决策有用目标，财务报告所提供的信息应当如实反映企业所拥有或者控制的经济资源、对经济资源的要求权以及经济资源及其要求权的变化情况，如实反映企业的各项收入、费用、利得和损失的金额及其变动情况，如实反映企业各项经营活动、投资活动和筹资活动等所形成的现金流入和现金流出情况等，从而有助于现在的或者潜在的投资者正确、合理地评价企业的资产质量、偿债能力、盈利能力和营运效率等，有助于投资者根据相关会计信息作出理性的投资决策，有助于投资者评估与投资有关的未来现金流量的金额、时间和风险等。

2. 提供与受托责任评价相关的信息

现代企业制度强调企业所有权和经营权相分离，企业管理层是受委托人之托经营管理企业及其各项资产，负有受托责任。企业管理层所经营管理的企业各项资产基本上均为投资者投入的资本（或者留存收益作为再投资）或者向债权人借入的资金所形成的，企业管理层有责任妥善保管并合理、有效运用这些资产。企业投资者和债权人等需要及时或者经常性地了解企业管理层保管、使用资产的情况，以便评价企业管理层的责任情况和业绩情况，并决定是否需要调整投资或信贷政策，是否需要加强企业内部控制和其他制度建设，是否需要更换管理层等。因此，财务报告应当反映企业管理层受托责任的履行情况，有助于外部投资者和债权人等评价企业的经营管理责任和资源使用的有效性。

3. 提供与其他利益主体决策相关的信息

除了为投资者提供与投资决策和受托责任评价相关的信息外，财务报告还可以为政府部门、企业职员、社会公众等其他利益相关者提供决策相关的信息。国家为了达到组织和管理国民经济的目标，需要从企业编报的财务报表中获取进行宏观调控所需要的信息。与此同时，在我国的上市公司中，国有股和国有法人股占较大比重也决定了国家是财务报告信息的主要使用者之一。证券交易监督管理部门则关心企业披露的会计信息是否真实、充分，是否会误导投资者等，以加强对上市公司会计信息质量的监管。企业管理层通过对企业财务状况、经营成果和现金流量变动情况以及收入与成本费用的分析，可以总结过去的经验、教训，为企业制定未来的经营管理决策提供依据。企业职工可以通过综合的财务会计信息，了解企业职工工资、福利待遇、劳动保护等方面的情况，评估未来就业的稳定程度和职工薪酬变化等。

三、财务会计的基本假设

财务会计假设是指为保证会计工作的正常进行和会计信息的质量，对会计核算的范围、内容、基本程序和方法所作的基本假定。基本准则强调了企业会计确认、计量和报告应当以会计主体、持续经营、会计分期和货币计量为会计基本假设。

1. 会计主体假设

会计主体，是指企业会计确认、计量和报告的空间范围。为了向财务报告使用者反映企业财务状况、经营成果和现金流量，提供与其决策有用的信息，会计核算和财务报告的编制应当集中反映特定对象的活动，并将其与其他经济实体区别开来，才能实现财务报告的目标。

在会计主体假设下，企业应当对其本身发生的交易或者事项进行会计确认、计量和报告，反映企业本身所从事的各项生产经营活动。明确界定会计主体是开展会计确认、计量和报告工作的重要前提。一方面，明确会计主体，才能划定会计所要处理的各项交易或事项的范围。在会计工作中，只有那些影响企业本身经济利益的各项交易或事项才能加以确认、计量和报告，那些不影响企业本身经济利益的各项交易或事项则不能加以确认、计量和报告。会计工作中通常所讲的资产、负债的确认，收入的实现，费用的发生等，都是针对特定会计主体而言的。另一方面，明确会计主体，才能将会计主体的交易或者事项与会计主体所有者的交易或者事项以及其他会计主体的交易或者事项区分开来。例如，企业所有者的经济交易或者事项是属于企业所有者主体所发生的，不应纳入企业会计核算的范围；但是企业所有者投入企业的资本或者企业向所有者分配的利润，则属于企业主体所发生的交易或者事项，应当纳入企业会计核算的范围。

会计主体不同于法律主体。一般来说，法律主体必然是一个会计主体。例如，一个企业作为一个法律主体，应当建立财务会计系统，独立反映其财务状况、经营成果和现金流量。但是，会计主体不一定是法律主体。例如，就企业集团而言，母公司拥有若干子公司，母、子公司虽然是不同的法律主体，但是母公司对子公司拥有控制权，为了全面反映企业集团的财务状况、经营成果和现金流量，有必要将企业集团作为一个会计主体，编制合并财务报表。在这种情况下，尽管企业集团不属于法律主体，但它却是会计主体。再如，由企业管理的证券投资基金、企业年金基金等，尽管不属于法律主体，但属于会计主体，应当对每项基金进行会计确认、计量和报告。

2. 持续经营假设

持续经营，是指在可以预见的将来，企业将会按当前的规模和状态继续经营下去，不会停业，也不会大规模削减业务。在持续经营的前提下，会计确认、计量和报告应当以企业持续、正常的生产经营活动为前提。企业会计准则体系是以企业持续经营为前提加以制定和规范的，涵盖了从企业成立到清算（包括破产）整个期间的交易或者事项的会计处理。如果一个企业在不能持续经营时还假定企业能够持续经营，并仍按持续经营基本假设选择会计确认、计量和报告原则与方法，就不能客观地反映企业的财务状况、经营成果和现金流量，从而误导会计信息使用者的经济决策。

3. 会计分期假设

会计分期，是指将一个企业持续经营的生产经营活动划分为一个个连续的、长短相同的期间。会计分期的目的在于通过会计期间的划分将持续经营的生产经营活动划分成连续、相等的期间，据以结算盈亏，按期编报财务报告，从而及时向财务报告使用者提供有关企业的财务状况、经营成果和现金流量等信息。

根据持续经营假设，一个企业将按当前的规模和状态持续经营下去。但是，无论是企业的生产经营决策还是投资者、债权人等的决策都需要及时的信息，这就要求把企业持续的生产经营活动划分为一个个连续的、长短相同的期间，分期确认、计量和报告企业的财务状况、经营成果和现金流量。明确会计分期假设意义重大，由于会计分期，才产生了当期与以前期间、以后期间的差别，才使不同类型的会计主体有了记账的基准，进而出现了折旧、摊销等会计处理方法。

在会计分期假设下，企业应当划分会计期间，分期结算账目和编制财务报告。会计期间通常分为年度和中期。中期，是指短于一个完整的会计年度的报告期间。

4. 货币计量假设

货币计量，是指会计主体在财务会计确认、计量和报告时以货币计量，反映会计主体的生产经营活动。

在会计的确认、计量和报告过程中之所以选择货币为基础进行计量，是由货币的本身属性决定的。货币是商品的一般等价物，是衡量一般商品价值的共同尺度，具有价值尺度、流通手段、贮藏手段和支付手段等特点。其他计量单位，如重量、长度、容积、台、件等，只能从一个侧面反映企业的生产经营情况，无法在量上进行汇总和比较，不便于会计计量和经营管理。只有选择货币尺度进行计量，才能充分反映企业的生产经营情况。因此，基本准则规定，会计确认、计量和报告选择货币作为计量单位。

在有些情况下，统一采用货币计量也有缺陷，某些影响企业财务状况和经营成果的因素，如企业经营战略、研发能力、市场竞争力等，往往难以用货币来计量，但这些信息对于使用者决策也很重要，企业可以在财务报告中补充披露有关的非财务信息来弥补上述缺陷。

四、财务会计基础

财务会计基础是指会计事项的记账基础，是会计确认的某种标准方式，是单位收入和支出、费用的确认标准。对财务会计基础的不同选择，决定会计期间单位取得收入和发生支出的配比，并直接影响单位工作业绩和财务成果。会计基础主要有两种，即权责发生制和收付实现制。

1. 权责发生制基础

企业会计的确认、计量和报告应当以权责发生制为基础。权责发生制基础要求，凡是当期已经实现的收入和已经发生或应当负担的费用，无论款项是否收付，都应当作为当期的收入和费用计入利润表；凡是不属于当期的收入和费用，即使款项已在当期收付，也不应当作为当期的收入和费用。

在实务中，企业交易或者事项的发生时间与相关货币收支时间有时并不完全一致。例如，款项已经收到，但销售并未实现；或者款项已经支付，但并不是为本期生产经营活动而发生的。为了更加真实、公允地反映特定会计期间的财务状况和经营成果，基本准则明确规定，企业在会计确认、计量和报告中应当以权责发生制为基础。

2. 收付实现制基础

收付实现制是与权责发生制相对应的一种会计基础，它是以收到或支付现金作为确认收入和费用等的依据。收付实现制的主要特点是在企业或单位发生现金收入或支出的期间确认相关交易或事项对财务状况、经营成果的影响。凡在本期内实际收到的现金以及实际支付的现金，无论是否归属本期，都作为本期收入和费用处理；反之，凡在本期未收到的收入或未支付的费用，即使归属本期，也不确认为本期的收入和费用。可见，收付实现制对企业应收、预收、预付等交易或事项都不予以反映。目前，我国的行政单位会计采用收付实现制，事业单位会计除经营业务可以采用权责发生制外，其他大部分业务采用收付实现制。

第二节　会计信息质量要求

会计信息质量要求是对企业财务报告中所提供会计信息质量的基本规范，它的基本特征是使财务报告中所提供的会计信息对投资者等使用者决策有用。根据基本准则规定，它包括可靠性、相关性、可理解性、可比性、实质重于形式、重要性、谨慎性和及时性等。

一、财务会计信息的首要质量要求

（一）可靠性

可靠性要求企业应当以实际发生的交易或者事项为依据进行确认、计量和报告，如实反映符合确认和计量要求的各项会计要素及其他相关信息，保证会计信息真实可靠、内容完整。为了贯彻可靠性要求，企业应当做到：①以实际发生的交易或者事项为依据进行确认、计量，将符合会计要素定义及其确认条件的资产、负债、所有者权益、收入、费用和利润等如实反映在财务报表中，不得根据虚构的、没有发生的或者尚未发生的交易或者事项进行确认、计量和报告。②在符合重要性和成本效益原则的前提下，保证会计信息的完整性，其中包括编报的报表及其附注内容等应当保持完整，不能随意遗漏或者减少应予披露的信息，与使用者决策相关的有用信息都应当充分披露。

（二）相关性

相关性要求企业提供的会计信息应当与投资者等财务报告使用者的经济决策需要相关，有助于投资者等财务报告使用者对企业过去、现在或者未来的情况作出评价或者预测。

会计信息是否有用，是否具有价值，关键是看其与使用者的决策需要是否相关，是否有助于决策或者提高决策水平。相关的会计信息应当能够有助于使用者评价企业过去的决策，证实或者修正过去的有关预测，因而具有反馈价值。相关的会计信息还应当具有预测价值，有助于使用者根据财务报告所提供的会计信息预测企业未来的财务状况、经营成果和现金流量。

会计信息质量的相关性要求，需要企业在确认、计量和报告会计信息的过程中，充分考虑使用者的决策模式和信息需要。但是，相关性是以可靠性为基础的，两者之间并不矛盾，不应将两者对立起来。也就是说，会计信息应在可靠性的前提下，尽可能地做到相关性，以满足投资者等财务报告使用者的决策需要。

（三）可理解性

可理解性要求企业提供的会计信息应当清晰明了，便于投资者等财务报告使用者理解和使用。

企业编制财务报告、提供会计信息的目的在于使用。要让使用者有效使用会计信息，就应当让其了解会计信息的内涵，弄懂会计信息的内容，这就要求财务报告所提供的会计信息应当清晰明了，易于理解。只有这样，才能提高会计信息的有用性，实现财务报告的目标，满足向投资者等财务报告使用者提供对决策有用的信息的要求。

会计信息毕竟是一种专业性较强的信息产品，在强调会计信息的可理解性要求的同时，还应假定使用者具有一定的有关企业经营活动和会计方面的知识，并且愿意付出努力去研究这些信息。对于某些复杂的信息，如交易本身较为复杂或者会计处理较为复杂，但其与使用者的经济决策相关，企业就应当在财务报告中予以充分披露。

（四）可比性

可比性要求企业提供的会计信息应当相互可比。这主要包括两层含义：

1. 同一企业不同时期可比

为了便于投资者等财务报告使用者了解企业财务状况、经营成果和现金流量的变化趋势，比较企业在不同时期的财务报告信息，全面、客观地评价过去、预测未来，从而做出决策，会计信息质量的可比性要求同一企业不同时期发生的相同或者相似的交易或者事项，应当采用一致的会计政策，不得随意变更。但是，满足会计信息可比性要求，并非表明企业不得变更会计政策。如果按照规定或者在会计政策变更后可以提供更可靠、更相关的会计信息，可以变更会计政策。有关会计政策变更的情况，应当在附注中予以说明。

2. 不同企业相同会计期间可比

为了便于投资者等财务报告使用者评价不同企业的财务状况、经营成果和现金流量及其变动情况，会计信息质量的可比性要求不同企业同一会计期间发生的相同或者相似的交易或者事项，应当采用规定的会计政策，确保会计信息口径一致、相互可比，以使不同企业按照一致的确认、计量和报告要求提供有关的会计信息。

二、财务会计信息的次级质量要求

1. 实质重于形式

实质重于形式是指企业应当按照交易或者事项的经济实质进行会计确认、计量和报告，不仅仅以交易或者事项的法律形式为依据。

企业发生的交易或事项在多数情况下其经济实质和法律形式是一致的，但在有些情况下也会出现不一致。例如，企业按照销售合同销售商品并签订了售后回购协议，虽然从法律形式上看是实现了收入，但如果企业没有将商品所有权上的主要风险和报酬转移给购货方，没有满足收入确认的各项条件，即使签订了商品销售合同或者已将商品交付给购货方，也不应当确认销售收入。

2. 重要性

重要性是指企业提供的会计信息应当反映与企业财务状况、经营成果和现金流量有关的所有重要交易或者事项。

如果财务报告中提供的会计信息的省略或者错报会影响投资者等使用者据此做出决策，该信息就具有重要性。重要性的应用需要依赖职业判断，企业应当根据其所处环境和实际情况，从项目的性质和金额大小两方面加以判断。

3. 谨慎性

谨慎性也称稳健性，是指企业对交易或者事项进行会计确认、计量和报告时保持应有的谨慎，不应高估资产或者收益、低估负债或者费用。

在市场经济环境下，企业的生产经营活动面临着许多风险和不确定性，如应收款项的可收回性、固定资产的使用寿命、无形资产的使用寿命、售出存货可能发生的退货或者返修等。会计信息质量的谨慎性要求企业在面临不确定性因素的情况下，做出职业判断时应当保持应有的谨慎，充分估计各种风险和损失，既不高估资产或者收益，也不低估负债或者费用。例如，要求企业对售出商品所提供的产品质量保证确认一项预计负债，就体现了会计信息质量的谨慎性要求。

谨慎性的应用不允许企业设置秘密准备。如果企业故意低估资产或者收入，或者故意高估负债或者费用，将不符合会计信息的可靠性和相关性要求，损害会计信息质量，扭曲企业实际的财务状况和经营成果，从而对使用者的决策产生误导，这是企业会计准则所不允许的。

4. 及时性

及时性是指企业对于已经发生的交易或者事项应当及时进行确认、计量和报告，不得提前或者延后。会计信息的价值在于帮助所有者或者其他方面做出经济决策，具有时效性。即使是可靠的、相关的会计信息，如果不及时提供，就失去了时效性，对于使用者的效用就大大降低，甚至不再具有实际意义。

在会计确认、计量和报告过程中贯彻及时性，一是要求及时收集会计信息，即在经济交易或者事项发生后，及时收集整理各种原始单据或者凭证；二是要求及时处理会计信息，即按照企业会计准则的规定，及时对经济交易或者事项进行确认或者计量，并编制财务报告；三是要求及时传递会计信息，即按照国家规定的有关时限，及时地将编制的财务报告传递给财务报告使用者，便于其及时使用和决策。

在实务中，为了及时提供会计信息，可能需要在有关交易或者事项的信息全部获得之前便进行会计处理，这样就满足了会计信息的及时性要求，但可能会影响会计信息的可靠性；反之，如果企业等到与交易或者事项有关的全部信息获得之后再进行会计处理，这样的信息披露可能会由于时效性问题对投资者等财务报告使用者决策的有用性大大降低。这就需要在及时性和可靠性之间作相应权衡，以更好地满足投资者等财务报告使用者的经济决策需要。

第三节　财务会计要素

为了实现财务报告的目标，需要对企业发生的能够以货币计量的经济活动进行适当分类。根据交易或者事项的经济特征所确定的财务会计对象的最基本分类项目称为财务会计要素，简称会计要素。会计要素是会计核算对象的具体化，也是构成会计报表的基本要素。

一、会计要素的分类

基本准则规定，会计要素按照其性质分为资产、负债、所有者权益、收入、费用和利润六个要素。其中，资产、负债和所有者权益要素侧重于反映企业的财务状况，收入、费用和利润要素侧重于反映企业的经营成果。会计要素的界定和分类可以使财务会计系统更加科学严密，为投资者等财务报告使用者提供更加有用的信息。

（一）反映财务状况的会计要素

财务状况是指企业一定日期的资产及权益情况，是资金运动相对静止时的表现。一个企业的财务状况可通过资产、负债和所有者权益三个会计要素得以反映。

1. 资产

资产是指企业过去的交易或者事项形成的、由企业拥有或者控制的、预期会给企业带来经济利益的资源。资产可以是有形的财产物资，如存货、固定资产；也可以是企业拥有的债权和权利，如应收账款、无形资产等。企业的资产按流动性可分为流动资产和非流动资产两大类。在资产负债表中也应分流动资产与非流动资产两组分别进行列报，且资产负债表中的资产类至少应当包括流动资产与非流动资产的合计项目。

2. 负债

负债是指企业过去的交易或者事项形成的，预期会导致经济利益流出企业的现时义务。按照流动性，负债可分为流动负债和非流动负债。所有负债根据其流动性逐项单独列示于资产负债表之中，且资产负债表中的负债类至少应当包括流动负债、非流动负债和负债的合计项目。

3. 所有者权益

所有者权益是指企业资产扣除负债后，由所有者享有的剩余权益。公司的所有者权益又称为股东权益。所有者权益是所有者对企业资产的剩余索取权，它是企业资产中扣除债权人权益后应由所有者享有的部分，既可反映所有者投入资本的保值增值情况，又体现了保护债权人权益的理念。

所有者权益的来源包括所有者投入的资本、直接计入所有者权益的利得和损失、留存收益等，通常由实收资本（或股本）、资本公积（含资本溢价或股本溢价、其他资本公积）、盈余公积和未分配利润构成。商业银行等金融企业在税后利润中提取的一般风险准备也构成所有者权益。

（二）反映企业的经营成果的会计要素

经营成果是企业在一定时期内从事生产经营活动所取得的最终成果，是资金运动显著变动状态的主要体现。一个企业的经营成果可通过收入、费用和利润三个会计要素得以反映。

1. 收入

收入是指企业在日常活动中形成的、会导致所有者权益增加的、与所有者投入资本无关的经济利益的总流入，主要包括主营业务收入、其他业务收入和营业外收入。主营业务收入是指企业销售商品、提供劳务等主营业务所实现的收入；其他业务收入是指除主营业务活动以外的其他经营活动实现的收入，包括出租固定资产、出租无形资产、出租包装物和商品、销售材料、用材料进行非货币性交换或债务重组等实现的收入；营业外收入主要是指非流动资产处置利得、非货币性资产交换利得、债务重组利得、政府补助、盘盈利得和捐赠利得等。收入能导致企业所有者权益的增加，具体可能表现为企业资产的增加，如增加银行存款、应收账款等；也可表现为企业负债的减少；或两者兼而有之，如商品销售货款部分抵偿债务，部分收取现金。

2. 费用

费用是指企业在日常活动中发生的、会导致所有者权益减少的、与向所有者分配利润无关的经济利益的总流出。

费用的确认除了应当符合定义外，也应当满足严格的条件，即费用只有在经济利益很可能流出从而导致企业资产减少或者负债增加、经济利益的流出额能够可靠地计量时才能予以确认。因此，费用的确认至少应当符合以下条件：一是与费用相关的经济利益应当很可能从企业流出；二是经济利益流出的结果会导致企业资产的减少或者负债的增加；三是经济利益的流出额能够可靠地计量。

3. 利润

利润是指企业在一定会计期间的经营成果。通常情况下，如果企业实现了利润，表明企业的所有者权益将增加，业绩得到了提升；反之，如果企业发生了亏损（即利润为负数），表明企业的所有者权益将减少，业绩下滑了。利润往往是评价企业管理层业绩的一项重要指标，也是投资者等财务报告使用者进行决策时的重要参考。

利润反映的是收入减去费用、利得减去损失后的净额的概念。因此，利润的确认主要依赖于收入和费用以及利得和损失的确认，其金额的确定也主要取决于收入、费用、利得、损失金额的计量。

二、会计要素计量属性

会计计量是为了将符合确认条件的会计要素登记入账并列报于财务报表而确定其金额的过程。企业应当按照规定的会计计量属性进行计量，确定相关金额。计量属性是指所要计量的某一要素的特性，如桌子的长度、铁矿的重量、楼房的面积等。从会计角度，计量属性反映的是会计要素金额的确定基础，主要包括历史成本、重置成本、可变现净值、现值和公允价值等。

1. 历史成本

历史成本又称为实际成本，就是取得或制造某项财产物资时实际支付的现金或其他等价物。在历史成本计量下，资产按照其购置时支付的现金或者现金等价物的金额，或者按照购置资产时所付出的对价的公允价值计量。负债按照其因承担现时义务而实际收到的款项、资产的金额，或是按照承担现时义务的合同金额，又或是按照日常活动中为偿还负债预期需要支付的现金或者现金等价物的金额计量。

2. 重置成本

重置成本又称现行成本，是指按照当前市场条件重新取得同样一项资产所需支付的现金或现金等价物的金额。在重置成本计量下，资产按照现在购买相同或者相似资产所需支付的现金或者现金等价物的金额计量。负债按照现在偿付该项债务所需支付的现金或者现金等价物的金额计量。在实务中，重置成本多应用于盘盈固定资产的计量等。

3. 可变现净值

可变现净值是指在正常生产经营过程中以预计售价减去进一步加工成本和预计销售费用以及相关税费后的净值。在可变现净值计量下，资产按照其正常对外销售所能收到现金或者现金等价物的金额扣减该资产至完工时估计将要发生的成本、估计的销售费用以及相关税费后的金额计量。可变现净值通常应用于存货资产减值情况下的后续计量。

4. 现值

现值是指对未来现金流量以恰当的折现率进行折现后的价值，是考虑货币时间价值的一种计量属性。在现值计量下，资产按照预计从其持续使用和最终处置中所产生的未来净现金流入量的折现金额计量。负债按照预计期限内需要偿还的未来净现金流出量的折现金额计量。现值通常用于非流动资产可收回金额和以摊余成本计量的金融资产价值的确定等。例如，在确定固定资产、无形资产等可收回金额时，通常需要计算资产预计未来现金流量的现值。

5. 公允价值

公允价值是指在公平交易中，熟悉情况的交易双方自愿进行资产交换或者债务清偿的金额。在公允价值计量下，资产和负债按照在公平交易中熟悉情况的交易双方自愿进行资产交换或者债务清偿的金额计量。公允价值主要应用于交易性金融资产、可供出售金融资产的计量等。

三、会计等式

会计等式（accounting equation）是反映各会计要素之间基本关系的恒等式，即利用数学公式概括表现了会计要素的内在经济关系，是复式记账、试算平衡和编制会计报表的理论依据。

等式 1：资产 = 负债 + 所有者权益

静态会计等式反映资产负债表要素之间的关系，即资产、负债和所有者权益三个静态会计要素之间的关系，它揭示了企业在某一特定时点所拥有的各种资产以及债权人和投资者对企业资产要求权的基本状况，表明企业所拥有的全部资产都是由投资者和债权人提供的。

等式2：收入－费用＝利润

动态会计等式又称为财务成果等式，它反映了收入、费用和利润三个动态会计要素的关系，揭示了企业在某一特定期间的经营成果。

等式3：资产＝负债＋（所有者权益＋收入－费用）

综合会计等式，反映了会计期间任意一个时刻企业的财务状况，它综合了企业利润分配前财务状况等式和经营成果等式之间的关系，揭示了企业的财务状况与经营成果之间的相互联系。

第四节　财务会计报告

一、财务会计报告及其编制

财务会计报告是企业对外提供的反映企业某一特定日期的财务状况和某一会计期间的经营成果、现金流量等会计信息的文件。

从国际范围来看，“财务报告”是一个比较通用的术语，但是在我国现行有关法律、行政法规中使用的是“财务会计报告”。为了保持法规体系上的一致性，基本准则仍然沿用“财务会计报告”，但同时又引入了“财务报告”这一术语，并指出“财务会计报告”又称“财务报告”，从而较好地解决了立足国情与国际趋同的问题。在所有具体准则的制定中统一使用了“财务报告”这一术语。

根据财务报告的定义，财务报告具有以下三层含义：一是财务报告应当是对外报告，其服务对象主要是投资者、债权人等外部使用者，专门为了内部管理需要的、特定目的的报告，不属于财务报告的范畴；二是财务报告应当综合反映企业的生产经营状况，包括某一时点的财务状况和某一时期的经营成果与现金流量等信息，以勾画出企业的整体和全貌；三是财务报告必须形成一个系统的文件，不应是零星的或者不完整的信息。

财务报告是企业财务会计确认与计量的最终结果体现，投资者等使用者主要是通过财务报告来了解企业当前的财务状况、经营成果和现金流量等情况，从而预测未来的发展趋势。因此，财务报告是向投资者等财务报告使用者提供决策有用信息的媒介和渠道，是沟通投资者、债权人等使用者与企业管理层之间信息的桥梁和纽带。

随着我国改革开放的深入和市场经济体制的完善，财务报告的作用日益突出，我国会计法、公司法、证券法等出于保护投资者、债权人等利益的需要，规定企业应当定期编报财务报告。

二、财务会计报告的构成

财务会计报告包括财务报表和其他应当在财务报告中披露的相关信息和资料。其中，财务报表由报表本身及其附注两部分构成，附注是财务报表的有机组成部分，而报表至少应当包括资产负债表、利润表和现金流量表等报表。考虑到小企业规模较小，外部信息需求相对较低，因此，小企业编制的报表可以不包括现金流量表。

1. 资产负债表

资产负债表是反映企业在某一特定日期的财务状况的会计报表。企业编制资产负债表的目的是通过如实反映企业的资产、负债和所有者权益金额及其结构情况，帮助使用者评价企业资产的质量以及短期偿债能力、长期偿债能力、利润分配能力等。

2. 利润表

利润表是反映企业在一定会计期间的经营成果的会计报表。企业编制利润表的目的是通过如实反映企业实现的收入、发生的费用以及应当计入当期利润的利得和损失等金额及其结构情况，帮助使用者分析、评价企业的盈利能力及其构成与质量。

3. 现金流量表

现金流量表是反映企业在一定会计期间的现金和现金等价物流入和流出的会计报表。企业编制现金流量表的目的是通过如实反映企业各项活动的现金流入、流出情况，帮助使用者评价企业的现金流和资金周转情况。

4. 附注

附注是对在会计报表中列示的项目所作的进一步说明，以及对未能在这些报表中列示的项目的说明等。企业编制附注的目的是通过对财务报表本身作补充说明，以更加全面、系统地反映企业财务状况、经营成果和现金流量的全貌，从而有助于向使用者提供更为有用的决策信息，帮助其做出更加科学合理的决策。

财务报表区别于现行法律、行政法规中使用的会计报表。财务报表除了包括会计报表本身外，还包括附注；而会计报表不包括附注。附注是财务报表的重要组成部分。

财务报表是财务报告的核心内容，但是除了财务报表之外，财务报告还应当包括其他相关信息，具体可以根据有关法律法规的规定和外部使用者的信息需求而定。如企业可以在财务报告中披露其承担的社会责任、对社区的贡献、可持续发展能力等信息，这些信息对于使用者的决策是有帮助的。尽管这些属于非财务信息，无法包括在财务报表中，但是如果有规定或者使用者有需求，企业应当在财务报告中予以披露，有时企业也可以自愿在财务报告中披露相关信息。

思考题

1. 财务会计的目标是什么？为什么要明确财务会计的目标？
2. 财务会计的基本假设有哪些？权责发生制与收付实现制的区别是什么？
3. 财务会计的基本要素之间有何联系？
4. 会计信息质量要求都有哪些内容？
5. 企业收到投资者的投入资本，可确认为收入吗？

第二章　流动资产（上）

学习目标

1. 了解货币资金的性质和范围。
2. 掌握库存现金的会计核算。
3. 掌握其他货币资金的会计核算。
4. 理解交易金融资产的特征。
5. 掌握交易金融资产的会计核算。

导入阅读

“烧钱”的K公司，为何流动资产骤降130亿元？

K公司是一家主要运营内容社区和社交平台的中国投资控股公司。该公司主要提供直播、线上营销及其他服务。其中，线上营销解决方案包括广告服务、营销服务等。其他服务包括电商、网络游戏及其他增值服务。该公司主要于国内市场开展业务。

K公司一直是一家充满争议的企业，独特的内容和风格暂且不提，超乎认知的销售费用、研发费用就不得不让人感到“畏惧”。2022年，K公司上半年财报首次将业务列示为国内和国外两部分，其中2022年二季度国内业务收入216亿元，经营利润9 362万元，提前两个季度完成在经营利润层面扭亏为盈的目标。但是值得注意的是，在K公司发布半年报的第二天，收盘价下跌超过8%，市值跌破3 000亿元，盘中一度下跌近10%。K公司上市之初股价最高触及417.8港元，而在2022年下半年，股价一度触及31.75港元，市值缩水了92.4%。

K公司的资产负债表出现恶化的迹象。从资产端来看，半年报最令人担忧的是现金等科目骤减。从半年报看出，K公司的流动资产为397.45亿元，相较于去年年末的530.11亿元缩水130亿元！其中缩水最为严重的是现金和现金等价物，仅剩下143.91亿元，相较于去年年末缩水182.21亿元，即便考虑到约50亿元可能挪到短期投资和交易型金融资产科目，这个数据仍然会引起投资者的担忧。

第一节　资产概述

一、资产的概念与确认

资产（asset）是指企业过去的交易或者事项形成的、由企业拥有或者控制的、预期会给企业带来经济利益的资源。根据资产的定义，资产具有以下特征：

1. 资产应为企业拥有或者控制的资源

资产作为一项资源，应当由企业拥有或者控制，具体是指企业享有某项资源的所有权，或者虽然不享有某项资源的所有权，但该资源能被企业所控制。

企业享有资产的所有权，通常表明企业能够排他性地从资产中获取经济利益。通常在判断资产是否存在时，所有权是考虑的首要因素。有些情况下，资产虽然不为企业所拥有，即企业并不享有其所有权，但企业控制了这些资产，同样表明企业能够从资产中获取经济利益，符合会计上对资产的定义。例如，某企业以融资租赁方式租入一项固定资产，尽管企业并不拥有其所有权，但是如果租赁合同规定的租赁期相当长，接近于该资产的使用寿命，表明企业控制了该资产的使用及其所能带来的经济利益，应当将其作为企业资产予以确认、计量和报告。

2. 资产预期会给企业带来经济利益

资产预期会给企业带来经济利益，是指资产直接或者间接导致现金和现金等价物流入企业的潜力。这种潜力可以来自企业日常的生产经营活动，也可以是非日常活动；带来的经济利益可以是现金或者现金等价物的形式，也可以是能转化为现金或者现金等价物的形式，或者是可以减少现金或者现金等价物流出的形式。

资产预期会给企业带来经济利益是资产的重要特征。例如，企业采购的原材料、购置的固定资产等可以用于生产经营过程，制造商品或者提供劳务，对外出售后收回货款，货款即为企业所获得的经济利益。如果某一项目预期不能给企业带来经济利益，那么就不能将其确认为企业的资产。前期已经确认为资产的项目，如果不能再为企业带来经济利益，也不能再确认为企业的资产。例如，某企业在年末盘点存货时，发现存货毁损，企业以该存货管理责任不清为由，将毁损的存货计入“待处理财产损失”，并在资产负债表中作为流动资产予以反映。“待处理财产损失”预期不能为企业带来经济利益，不符合资产的定义，因此不应再在资产负债表中确认为一项资产。

3. 资产是由企业过去的交易或者事项形成的

资产应当由企业过去的交易或者事项所形成，过去的交易或者事项包括购买、生产、建造行为或者其他交易或事项。换句话说，只有过去的交易或者事项才能产生资产，企业预期在未来发生的交易或者事项不形成资产。例如，企业有购买某存货的意愿或者计划，但是购买行为尚未发生，就不符合资产的定义，不能因此而确认为存货资产。

二、资产的确认条件

将一项资源确认为资产，不仅需要符合资产的定义，还应同时满足以下两个条件：

1. 与该资源有关的经济利益很可能流入企业

从资产的定义来看，预期会给企业带来经济利益是资产的一个本质特征。但在现实生活中，由于经济环境瞬息万变，与资源有关的经济利益能否流入企业或者能够流入多少实际上带有不确定性。因此，资产的确认还应与经济利益流入的不确定性程度的判断结合起来。如果编制财务报表时所取得的证据显示，与资源有关的经济利益很可能流入企业，那么就应当将其作为资产予以确认；反之，则不能确认为资产。

2. 该资源的成本或者价值能够可靠地计量

财务会计系统是一个确认、计量和报告的系统，其中计量起着枢纽作用，可计量性是所有会计要素确认的重要前提，资产的确认也是如此。只有当有关资源的成本或者价值能够可靠地计量时，资产才能予以确认。在实务中，企业取得的许多资产都是发生了实际成本的，例如企业购买或者生产的存货。企业购置的厂房或者设备等，对于这些资产，只要实际发生的购买成本或者生产成本能够可靠地计量，就视为符合资产确认的可计量条件。在某些情况下，企业取得的资产没有发生实际成本或者发生的实际成本很小，例如企业持有的某些衍生金融工具形成的资产。对于这些资产，尽管它们没有实际成本或者发生的实际成本很小，但是如果其公允价值能够可靠地计量，也会被认为符合资产可计量性的确认条件。

三、资产的分类

（一）流动资产和非流动资产

以资产的流动性，即资产的变现或耗用时间长短为标准对资产进行分类，可分为流动资产和非流动资产。

1. 流动资产

流动资产是指可以在 1 年或者超过 1 年的一个营业周期内变现或耗用的资产。根据企业会计准则的规定，资产满足下列条件之一的应当归类为流动资产：

（1）预计在一个正常营业周期中变现、出售或耗用，主要包括存货、应收账款等。

（2）主要以交易为目的而持有。

（3）预计在资产负债表日起一年内变现。

（4）自资产负债表日起一年内，交换其他资产或清偿负债的能力不受限制的现金或现金等价物。

根据企业会计准则的规定，资产负债表中的流动资产主要包括货币资金、应收账款、预付款项、存货等。

2. 非流动资产

非流动资产是指流动资产以外的其他资产，主要包括长期债权投资、长期股权投资、固定资产和无形资产等。

按流动性对资产进行分类，可以向债权人提供企业偿还债务能力的信息，这有助于会计信息使用者预测企业未来现金的流动趋势。

（二）有形资产和无形资产

以资产有无实物形态为标准对资产进行分类，可分为有形资产和无形资产。

1. 有形资产

有形资产是指具有实物形态并能够给企业带来经济利益的资产，如货币资产、存货、固定资产等。

2. 无形资产

无形资产是指不具有实物形态且不具有流动性，但能够为企业带来额外经济利益的资产，如专利权、商标权、土地使用权等。

按有无实物形态对资产进行分类，可以判断企业资产的质量。关注无形资产价值信息可以促进企业生产经营活动的稳定性。

（三）金融资产和非金融资产

1. 金融资产

金融资产是指企业持有的现金、其他方的权益工具以及符合下列条件之一的资产：

（1）从其他方收取现金或其他金融资产的合同权利。

（2）在潜在的有利条件下与其他方交换金融资产或金融负债的合同权利。

（3）将来须用或可用企业自身权益工具进行结算的非衍生工具合同，且企业根据该合同将收到可变数量的自身权益工具。

（4）将来须用或可用企业自身权益工具进行结算的衍生工具合同，但以固定数量的自身权益工具交换固定金额的现金或其他金融资产的衍生工具合同除外。

2. 非金融资产

非金融资产是指企业的全部资产扣除金融资产后的剩余资产，主要包括存货、固定资产、无形资产等。

第二节　货币资金

一、货币资金的性质与范围

1. 货币资金的性质

货币资金（monetary fund）是指企业的生产经营资金在周转过程中处于货币形态的那部分资金。货币资金是企业资产负债表中流动性最强的资产项目，也是企业经营周期的起点和终点。企业必须保留适当的货币资金用于满足日常的采购、办公、工资支付、清偿债务等活动的需要，企业在接受投资、取得银行贷款、销售商品、提供劳务等活动中也将收到货币资金。作为企业资产的重要组成部分，货币资金创造收益的能力很低，企业持有的货币资金过多则降低了企业资金的使用效率。

在企业的生产经营过程中，经常涉及大量的货币资金收支业务。加强货币资金的管理、组织好货币资金的收支核算、完善相关的内部控制制度是会计核算中一项十分重要的工作。

2. 货币资金的范围

货币资金包括库存现金（cash on hand）、银行存款（deposit at bank）、其他货币资金。货币资金与现金在会计上往往不进行严格区分，常常用于互指。

现金是通用的交换媒介，也是对其他资产计量的一般尺度。凡是不能立即支付使用的（如银行冻结存款等），均不能视为货币资金。会计上将现金分为狭义和广义两种。狭义的现金仅指库存现金，即纸币和硬币。广义的现金包括库存现金、银行存款和其他可以普遍接受的银行结算工具，常见的银行结算工具包括银行支票、银行汇票、银行本票、汇兑和委托收款等。货币资金一般指的是广义上的现金。

3. 相关的主要会计科目

不同形式的货币资金有不同的管理方式和管理内容。为了适应货币资金管理的需要，一般设置"库存现金""银行存款""其他货币资金"等科目。"库存现金"科目用来核算企业的库存现金，但不包括企业内部周转使用的备用金。"银行存款"科目用来核算企业存入银行或其他金融机构的各种存款，但不包括企业的外埠存款、银行本票存款和银行汇票存款等。"其他货币资金"科目用来核算企业的外埠存款、银行汇票存款、银行本票存款等。有外币现金或存款的企业还应按币种设置相应的明细账进行明细核算。

二、库存现金

库存现金对应狭义的现金，指流通中的纸币和硬币。企业财务部门为了支付企业日常零星开支需要持有一定金额的库存现金，包括本币和外币。根据人民银行的结算管理办法，库存现金的使用范围有严格的限制，因为大量使用现金支付容易发生差错，也不安全。限制现金支付的范围，目的是提高企业支付安全性，有利于金融部门对企业的资金往来进行监管。

（一）库存现金的管理

企业应当根据国务院发布的《现金管理暂行条例》建立完善的库存现金管理制度，确保库存现金的安全。库存现金的管理制度一般包括以下五个方面：

（1）库存现金的收支必须由专门负责办理现金收支和银行结算业务的出纳人员收管和支付。出纳人员在收付现金时，必须以符合规定、手续齐全的合法凭证为依据。

（2）收入的现金应当在收款当日送存开户银行，最迟也应在次日上午送存开户银行。由于农村地区企业远离银行或者其他原因，经开户银行同意，可以放宽送存时间。

（3）对于企业收入的现金，未经开户银行同意，不得坐支挪用。企业从自己收入的现金中直接用于支付的行为称为"坐支"。根据国家规定，企业收入现金必须送存银行，支出现金必须向银行提取，以便银行能及时了解企业的现金来源和去向，以加强管理。

（4）企业应由开户银行核定库存现金限额，以备日常支付。超过限额以上的现金应及时存入银行，需要补充时可以向银行支取。

（5）企业间的经济往来业务中，凡是超过 1 000 元的款项，一律通过银行办理转账结算。当企业因采购地点不固定或交通条件限制以及其他特殊情况必须使用现金时，应向开户银行提出申请，经开户银行审核同意后，可以支付现金。

（二）库存现金的使用范围

企业可以使用现金的范围主要包括：①职工工资、各种工资性津贴。②个人劳务报酬。③支付给个人的各种奖金。④各种劳保、福利费用以及国家规定的对个人的其他现金支出，如退休金、抚恤金、学生助学金、职工困难生活补助费等。⑤收购单位向个人收购农副产品和其他物资，如金银、工艺品、废旧物资等的价款。⑥单位预借出差人员必须随身携带的差旅费。⑦结算起点以下的零星支出。⑧中国人民银行确定需要现金支付的其他支出，如因采购地点不确定、交通不便、抢险救灾以及其他特殊情况办理转账结算不够方便，必须使用现金的支出。对于这类支出，开户单位应向开户银行提出书面申请，由本单位财会部门负责人签字盖章，开户银行审查批准后，予以支付现金。

除上述⑤⑥两项外，单位支付给个人的款项中，支付现金每人一次不得超过 1 000

元；超过限额部分，根据提款人的要求在指定银行转为储蓄存款或以支票、银行本票支付。确需支付现金的，应经开户银行审查后予以支付。

（三）库存现金限额的规定

各开户单位的库存现金都要核定限额。开户银行根据实际需要，原则上以开户单位三至五天的日常零星开支所需核定库存现金限额。边远地区和交通不发达地区的开户单位的库存现金限额可以适当放宽，但最多不超过十五天的日常零星开支。

（四）库存现金收支与清查

1. 库存现金收支

企业为了反映现金收付情况，除了设置“库存现金”账户核算企业库存现金的收付变动及结存情况之外，还需要设置库存现金日记账进行序时记录。收入现金时，记入借方；支付现金时，记入贷方；余额在借方，表示库存现金实存金额。有外币业务的企业还应分别设置人民币现金、外币现金的现金日记账进行明细核算。现金日记账一般采用三栏式，也可以根据需要设置多栏式。

【例2－1】20×0年2月20日，珠江公司签发了现金支票一张，从银行提取现金20 000元备用。

借：库存现金	20 000	
贷：银行存款		20 000

【例2－2】20×0年4月6日，珠江公司职工行政人员李某因出差向企业暂借3 000元，财务开出现金支票一张交付李某。

借：其他应收款——李某	3 000	
贷：银行存款		3 000

2. 库存现金清查

为了加强现金管理并确保账实相符，除了应正确组织现金凭证的传递和审核外，还应定期对现金进行清查，一般采用账实核对法。库存现金清查包括两部分内容：一是经常性清查，即由出纳人员在每日营业终了进行账款核对；二是定期或不定期清查，即由清查小组进行定期或不定期盘点和核对。库存现金清查采用账实核对法。对库存现金实存额进行盘点必须以现金管理的有关规定为依据，不得以白条抵库，不得超限额保管现金。

库存现金清查结束后，出纳应填写“库存现金清查盘点报告表（见表2－1）”，以该盘点表作为原始凭证，并据此调整库存现金日记账的账面记录。

对库存现金进行账实核对，如发现账实不符，应立即查明原因并及时更正。发现有待查明原因的现金短缺或溢余，应通过“待处理财产损溢——待处理流动资产损溢”账户进行核算。属于库存现金短缺的，借记“待处理财产损溢——待处理流动资产损溢”；属于库存现金溢余的，贷记“待处理财产损溢——待处理流动资产损溢”。待查明原因后作如下处理：如为库存现金短缺，属于由责任人赔偿的部分，借记“其他应收款——应收现金短缺款（××个人）或库存现金”；属于无法查明原因的借记“管理费用”，如为库存现金溢余；属于应支付给有关人员和单位的，贷记“其他应付款——应付现金溢余（××个人或单位）”；属于无法查明的现金溢余，贷记“营业外收入——资产盘盈利得”。

表 2－1　库存现金清查盘点报告表

<table>
<tr><td>单位名称</td><td colspan="2"></td><td>年　月　日</td></tr>
<tr><td>账面金额</td><td>实存金额</td><td>清查结果</td><td>问题简要说明</td></tr>
<tr><td></td><td></td><td></td><td></td></tr>
<tr><td colspan="2">盘盈</td><td colspan="2">盘亏</td></tr>
<tr><td colspan="2"></td><td colspan="2"></td></tr>
<tr><td>单位负责人处理意见</td><td colspan="3"></td></tr>
<tr><td>备注</td><td colspan="3"></td></tr>
</table>

【例 2－3】20×0 年 4 月 25 日，珠江公司清查小组清查现金时发现短款 600 元。4 月 28 日，经细查发现该企业出纳员何某在付给外单位款项时多付了 90 元，其余 510 元无法查明原因。

（1）4 月 25 日，发现现金短缺时：

借：待处理财产损溢——待处理流动资产损溢　　600

　贷：库存现金　　600

（2）4 月 28 日，查清原因时：

借：其他应收款——应收现金短缺款（何某）　　90

　　管理费用——现金短缺　　510

　贷：待处理财产损溢　　600

【例 2－4】20×0 年 5 月 20 日，珠江公司清查小组清查现金时发现溢余 1 000 元。5 月 23 日，经细查发现该企业出纳在支付工资时少付给朱某 700 元，其余 300 元无法查明原因。

（1）5 月 20 日，发现现金溢余时：

借：库存现金　　1 000

　贷：待处理财产损溢——待处理流动资产损溢　　1 000

（2）5 月 23 日，查清原因时：

借：待处理财产损溢——待处理流动资产损溢　　1 000

　贷：其他应收款——应收现金短缺款（朱某）　　700

　　　营业外收入——现金溢余　　300

三、银行存款

（一）银行存款的管理

银行存款（deposit at bank）是企业存放在银行或者其他金融机构的货币资金。按照国家有关规定，为规范人民币银行结算账户（以下简称银行结算账户）的开立和使用，加强银行结算账户管理，维护经济金融秩序稳定，根据《人民币银行结算账户管理办法》的规定，银行账户分为基本存款账户、一般存款账户、临时存款账户和专用存款账户。

（1）基本存款账户是指存款人办理日常转账结算和现金收付需要开立的银行结算账户。一家企业只能开立一个基本存款账户。存款人的工资、奖金等现金的支取只能通过本账户办理。

（2）一般存款账户是指存款人因借款或其他结算需要，在基本存款账户开户银行以外的银行营业机构开立的银行结算账户。一般存款账户用于办理存款人借款转存、借款归还和其他结算资金的收付。该账户可以办理现金缴存，但不得办理现金支取。

（3）临时存款账户是指单位因临时业务活动需要并在规定期限内使用而开立的账户，本账户可以办理转账和根据国家现金管理的规定办理现金收付。

（4）专用存款账户是指存款人按照法律、行政法规和规章的规定，对其特定用途资金进行专项管理和使用而开立的银行结算账户。专用存款账户用于办理各项专用资金的收付，但不得办理现金收付业务。

（二）银行结算方式

结算方式是指用一定的形式和条件来实现各单位（或个人）之间货币收付的程序和方法。结算方式的主要内容包括：商品交易货款支付的地点、时间和条件，商品所有权转移的条件，结算凭证及其传递的程序和方法等。现行的银行结算方式包括银行汇票、银行本票、商业汇票、支票、汇兑、委托收款、托收承付、信用证。

1. 银行汇票（bank draft/bank bill）

银行汇票结算方式是指利用银行汇票办理转账结算的方式。银行汇票是汇款人将款项交存当地银行，由当地银行签发给汇款人持往异地办理转账结算或支取现金的票据。汇款人可以是单位、个体经营户或者个人。

银行承兑汇票是由银行担任承兑人的一种可流通票据。承兑是指承兑人在汇票到期日无条件地向收款人支付汇票金额的票据行为。付款人在汇票上注明承兑字样并签字后，就确认了对汇票的付款责任并成为承兑人。承兑人对承兑申请人给予承兑，即是给了申请人一个远期信贷承诺，并向任一正当持票人保证：如果在汇票到期时申请人的存款账户余额达不到汇票的金额，承兑人负有无条件支付的责任。银行承兑汇票从开出之日起至到期承付日止，最长不超过六个月。

付款单位应在收到银行签发的银行汇票后，根据“银行汇票申请书（存根）”联编制付款凭证，借记“其他货币资金——银行汇票”科目，贷记“银行存款”科目。申请人取得银行汇票后，即可持银行汇票向填明的收款单位办理结算，借记有关科目，贷记“其他货币资金——银行汇票”科目。

2. 银行本票（casher's check）

银行本票是申请人将款项交存银行，由银行签发的，承诺自己在见票时无条件支付确定的金额给收款人或者持票人的票据。银行本票按照其金额是否固定可分为不定额和定额两种。不定额银行本票是指凭证上金额栏是空白的，签发时根据实际需要填写金额（起点金额为100元），并用压数机压印金额的银行本票；定额银行本票是指凭证上预先印有固定面额的银行本票。定额银行本票面额为1 000元、5 000元、10 000元和50 000元，其提示付款期限自出票日起最长不得超过2个月。银行本票，见票即付，不予挂失，当场抵用，付款保证程度高。

银行本票适用于同一票据交换区域内的单位和个人的各种款项结算。银行本票可以用于转账，填明"现金"字样的银行本票也可以用于支取现金，现金银行本票的申请人和收款人均为个人；银行本票可以背书转让，填明"现金"字样的银行本票不能背书转让；银行本票的提示付款期限自出票日起2个月。

付款单位应在收到银行签发的银行本票后，根据"银行本票申请书（存根）"联编制付款凭证，借记"其他货币资金——银行本票"科目，贷记"银行存款"科目。申请人取得银行本票后，即可持银行本票向填明的收款单位办理结算，借记有关科目，贷记"其他货币资金——银行本票"科目。收款单位在收到银行本票时，应该在提示付款时，在本票背面"持票人向银行提示付款签章"处加盖预留在银行的印章，同时填写进账单，连同银行本票一并送交开户银行办理转账。收款单位可以根据需要在交换区域内背书转让银行本票。

3. 商业汇票（commercial paper）

商业汇票是出票人（收款人、付款人或承兑申请人）签发的，委托付款人在指定日期无条件支付确定的金额给收款人或者持票人的票据。商业汇票分为商业承兑汇票和银行承兑汇票。商业承兑汇票由银行以外的付款人承兑（付款人为承兑人），银行承兑汇票由银行承兑。商业汇票的付款期限最长不得超过6个月（电子商业汇票可延长至1年）。商业汇票在同城、异地都可以使用，而且没有结算起点的限制。商业汇票一律记名并允许背书转让。商业汇票到期后，一律通过银行办理转账结算，银行不支付现金。商业汇票的提示付款期限自汇票到期日起10日内，如超过提示付款期未提示付款，则付款人的开户银行不予受理，持票人丧失对出票人以外的追索权。

采用商业承兑汇票方式的，购销双方同意签发商业承兑汇票后，各自按规定发货和收货，发货单位根据该汇票和其他有关凭证，借记"应收票据——商业承兑汇票"科目，贷记其他科目；收款单位根据该汇票及有关凭证，借记相关科目，贷记"应收票据——商业承兑汇票"科目。

收款单位将要到期的商业承兑汇票连同填制的邮划或电划委托收款凭证，一并送交银行办理转账，根据银行的收款通知编制收款凭证，借记"银行存款"科目，贷记"应收票据——商业承兑汇票"科目；付款单位在收到银行的付款通知时，据以编制付款凭证，借记"应收票据——商业承兑汇票"科目，贷记"银行存款"科目。商业汇票到期时，如果购货企业的存款不足以支付票款，开户银行应将汇票退还给销货企业，银行不负责付款，由购销双方自行处理。

4. 支票（check）

支票是出票人签发的，委托办理支票存款业务的银行或者其他金融机构在见票时无条件支付确定的金额给收款人或者持票人的票据。同样地，支票制度也适用于汇票的有关规定，支票不同于汇票的特殊规定：其一，支票是委付证券，但支票的付款人比较特殊，必须是有支票存款业务资格的银行或非银行金融机构。其二，我国的支票只有即期支票，支票无承兑制度。

企业不得签发超过银行存款余额的空头支票。签发支票时，应使用蓝黑墨水或碳素墨水，将支票上的各要素填写齐全，并在支票上加盖预留银行印章。由于支票的信用保证很高，因此签发支票方在会计核算时贷记“银行存款”科目，取得支票方借记“银行存款”科目。

5. 汇兑（money order）

汇兑是汇款人委托银行将其款项支付给收款人的结算方式。汇兑结算的流程如图2-1。汇兑分为电汇和信汇两种，由汇款人自行选择。单位和个人的各种款项的结算均可使用汇兑结算方式。这种方式便于汇款人向异地的收款人主动付款，适用范围十分广泛。简而言之，汇兑即汇款人委托银行作为付款人进行付款。

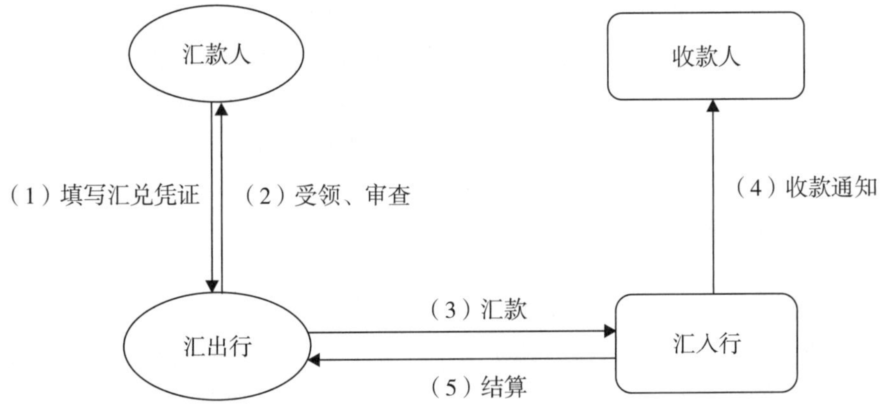

图2-1　汇兑结算的流程图

如果汇款单位是为购买对方单位产品而预付货款，则应编制银行存款付款凭证，其会计分录为：借：预付账款，贷：银行存款。如果汇款单位将款项汇往采购地，在采购地银行开立临时存款户，则应编制银行存款付款凭证，其会计分录为：借：其他货币资金——外埠存款，贷：银行存款。

6. 委托收款（mandatory collection）

委托收款是指收款人委托银行向付款人收取款项的结算方式。委托收款分邮寄和电报划回两种，由收款人选用。前者是以邮寄方式由收款人开户银行向付款人开户银行转送委托收款凭证、提供收款依据的方式，后者则是以电报方式由收款人开户银行向付款人开户银行转送委托收款凭证、提供收款依据的方式。

收款单位发货后委托银行收款，在银行受理后，根据有关凭证借记“应收账款”科目，贷记有关科目。托收款项收到后，根据银行的收账通知编制收款凭证。付款方在收到银行转来的委托收款凭证后，根据委托收款凭证的付款通知和有关原始凭证编制付款凭证。如在付款期满前提前付款，应在通知银行付款之日编制付款凭证。

7. 托收承付（collection and acceptance）

托收承付亦称异地托收承付，是指根据购销合同由收款人发货后委托银行向异地付款人收取款项，由付款人向银行承认付款的结算方式。

托收承付结算方式的结算程序和账务处理方法与委托收款结算方式基本相同。销货企业发货并办理托收手续后，根据银行退回的有关凭证，借记“应收账款”科目，贷记有关科目。收到银行的收款通知后，借记“银行存款”科目，贷记“应收账款”科目。

8. 信用证（letter of credit，L/C）

信用证是指由银行（开证行）依照（申请人的）要求和指示或自己主动，在符合信用证条款的条件下，凭规定单据向第三者（受益人）或其指定方进行付款的书面文件。信用证是一种银行开立的有条件的承诺付款的书面文件。在国际贸易活动中，买卖双方可能互不信任：买方担心预付款后卖方不按合同要求发货；卖方也担心在发货或提交货运单据后买方不付款。因此需要两家银行作为买卖双方的保证人代为收款交单，以银行信用代替商业信用。银行在这一活动中所使用的工具就是信用证。

采用信用证结算方式的收款单位收到信用证后，即备货装运，签发有关发票账单，连同运输单据和信用证送交银行。根据退还的信用证等有关凭证编制收款凭证。企业申请开出信用证时，应根据有关凭证，借记“其他货币资金——信用证保证金”科目，贷记“银行存款”科目。付款单位在接到开证银行的通知时，根据付款的有关单据，借记有关科目，贷记“其他货币资金——信用证保证金”科目。

（三）银行存款的核算

1. 账户设置

为了记录银行存款的情况，需要设置“银行存款”账户，该账户用于核算银行存款的收、付变动和结存情况，属于资产类账户。借方登记银行存款的收入金额；贷方登记银行存款的付出金额；其借方余额表示银行存款的实存数。有外币业务的企业，还应按币种分别设置明细账进行明细核算。该账户核算的内容是企业存入银行的各种存款。企业如有存入其他金融机构的存款，也在本账户核算。另外，外埠存款、银行本票存款、银行汇票存款、信用卡存款、信用证保证金存款等不登记为银行存款科目，因为他们都属于“其他货币资金”科目。

2. 账务处理

为了加强对银行存款的管理，及时掌握银行存款收付的动态和结存，企业应设置“银行存款日记账”，按照银行存款收付业务的先后顺序逐笔登记，每日营业终了应结出余额。有外币业务的企业，应在“银行存款”科目下分别以人民币和各种外币设置“银行存款日记账”进行核算。

【例 2－5】20×0 年 4 月 5 日，珠江公司以银行存款支付前欠的购货款 60 000 元。

借：应付账款	60 000	
贷：银行存款		60 000

【例2-6】20×0年4月20日，珠江公司购入不需要安装的固定资产（设备），以银行存款支付货款200 000元及增值税26 000元。

借：固定资产——设备　　200 000

　　应交税费——应交增值税（进项税额）　　26 000

　贷：银行存款　　226 000

【例2-7】20×0年4月26日，珠江公司开出现金支票500 000元，提取现金备发工资。

借：库存现金　　500 000

　贷：银行存款　　500 000

第三节　其他货币资金

一、其他货币资金概述

1. 其他货币资金的性质

其他货币资金（other cash）是指企业除库存现金和银行存款以外的其他各种货币资金。其他货币资金与库存现金和银行存款一样，是企业可以作为支付手段的货币，但也有其特殊的存在形式和支付方式，在管理上也有别于库存现金和银行存款，因此应单独进行会计核算。

2. 其他货币资金的范围

其他货币资金主要包括外埠存款、银行汇票存款、银行本票存款、信用卡存款、信用证保证金存款和存出投资款等。

（1）外埠存款是企业到外地进行临时或零星采购时，汇往采购地银行开立的采购专户款项。

（2）银行汇票存款是企业为取得银行汇票按照规定存入银行的款项。

（3）银行本票存款是企业为取得银行本票按照规定存入银行的款项。

（4）信用卡存款是企业为取得信用卡按照规定存入银行的款项。

（5）信用证保证金存款是企业存入银行信用证保证金专户的款项。

（6）存出投资款是企业已经存入证券公司但尚未进行投资的货币资金。

二、会计核算

其他货币资金收付业务的会计核算通过“其他货币资金”科目进行核算，并按其他货币资金的内容设置明细科目进行明细核算，同时按外埠存款的开户银行、每一银行汇票或本票、信用证的收款单位等设置明细账，对其收付情况进行详细记录，办理信用卡业务的企业应当在“信用卡”明细科目中按开出信用卡的银行和信用卡种类设置明细账，对其收付情况进行详细记录。

企业设立“其他货币资金”总账账户，记录其他货币资金的增减和余额，并根据其他货币资金的具体项目设立“其他货币资金——外埠存款”“其他货币资金——银行汇票存款”“其他货币资金——银行本票存款”“其他货币资金——信用卡存款”“其他货币资金——信用证保证金存款”“其他货币资金——存出投资款”等明细账进行核算。

1. 外埠存款

外埠存款是指企业到外地进行临时或零星采购时，汇往采购地银行并开立采购专户的款项。采购资金存款不计利息，除采购员差旅费可以支取少量库存现金外，一律转账。采购专户只付不收，付完结束账户。

【例2－8】珠江公司20×0年4月9日从银行汇款300 000元到上海银行，用于在上海某供应商的材料采购支付。

借：其他货币资金——外埠存款	300 000	
贷：银行存款		300 000

珠江公司业务员20×0年4月15日用此款项购入原材料220 000元，增值税28 600元，余款退回珠江公司银行账户。

借：原材料	220 000	
应交税费——应交增值税（进项税额）	28 600	
银行存款	51 400	
贷：其他货币资金——外埠存款		300 000

2. 银行汇票存款

银行汇票存款是指企业为了取得银行汇票，按照规定存入银行的款项。

【例2－9】珠江公司20×0年4月20日向银行申请开一张300 000元的银行汇票，由采购员持往上海购买原材料。

借：其他货币资金——外埠存款	300 000	
贷：银行存款		300 000

珠江公司业务员20×0年4月28日用此款项购入原材料220 000元，增值税28 600元，余款汇回珠江公司银行账户。

借：原材料	220 000	
应交税费——应交增值税（进项税额）	28 600	
银行存款	51 400	
贷：其他货币资金——银行汇票存款		300 000

3. 银行本票存款

企业为取得银行本票按规定存入银行的款项。企业向银行提交“银行本票申请书”并将款项交存银行，取得银行本票时应当根据银行盖章退回的申请书存根联进行账务处理。企业使用银行本票后应根据发票账单等有关凭证进行账务处理。如企业因本票超过付款期等原因未曾使用而要求银行退款时，应根据银行收回本票时盖章退回的一联进账单进行账务处理。

【例2－10】珠江公司20×0年5月10日向银行申请开一张250 000元的银行本票，由采购员持往北京购买原材料。

借：其他货币资金——银行本票存款	250 000	
贷：银行存款		250 000

珠江公司业务员20×0年5月16日用此本票支付购入材料款200 000元，增值税款

26 000元，余额汇回珠江公司的银行账户。

借：原材料　　200 000
　　应交税费——应交增值税（进项税额）　　26 000
　　银行存款　　24 000
　贷：其他货币资金——银行本票存款　　250 000

4. 存出投资款

存出投资款是指企业已存入证券公司但尚未进行购买交易性金融资产的款项。

（1）存出投资款时：

借：其他货币资金——存出投资款
　贷：银行存款

（2）用存出投资款购入金融资产时：

借：交易性金融资产
　贷：其他货币资金——存出投资款

5. 信用证存款

信用证存款是指采用信用证结算方式的企业为开具信用证而存入银行信用证保证金专户的款项。

企业向银行申请开出信用证，用于支付境外供货单位的购货款项。

（1）企业根据开户银行盖章退回的“信用证委托书”回单，编制会计分录：

借：其他货币资金——信用证存款
　贷：银行存款

（2）企业在收到境外供货单位信用证结算凭证及所附发票账单，并经核对无误后，应进行账务处理。

借：物资采购
　　应交税费——应交增值税（进项税额）
　贷：其他货币资金——信用证存款

（3）企业收到未用完的信用证存款余额时：

借：银行存款
　贷：其他货币资金——信用证存款

6. 信用卡存款

企业为取得信用卡而存入银行信用卡专户的款项。企业申领信用卡，按规定填制申请表。并按银行要求交存备用金，之后银行会给申请企业发放信用卡。

（1）企业根据银行盖章退回的交存备用金的进账单，编制分录：

借：其他货币资金——信用卡存款
　贷：银行存款

（2）企业在收到开户银行转来的信用卡存款的付款凭证及所附发票账单，并经核对无误后，应进行账务处理。

借：管理费用（相关费用科目）
　贷：其他货币资金——信用卡存款

第四节　交易性金融资产

一、交易性金融资产的概念

交易性金融资产是指企业为了近期出售而持有的金融资产，一般以公允价值计量且其变动计入当期损益。具体来讲，若金融资产满足下列条件之一，就表明企业持有该金融资产的目的是交易性的：

（1）取得该金融资产的目的是在近期内出售。

（2）该金融资产在初始确认时属于进行集中管理的可辨认金融工具组合的一部分，且有客观证据表明企业近期实际存在短期获利模式。

（3）该金融资产属于衍生工具，但符合财务担保合同定义的衍生工具以及被指定为有效套期工具的衍生工具除外。

二、交易性金融资产的取得

交易性金融资产应当按照取得时的公允价值作为初始成本，发生的交易费用不构成投资的成本，而是直接计入当期损益（投资收益）。公允价值通常为相关金融资产的交易价格。交易费用是指可直接归属于购买、发行或处置金融工具的增量费用。增量费用是指企业没有发生购买、发行或处置相关金融工具的情形就不会发生的费用，包括支付给代理机构、咨询公司、券商、证券交易所、政府有关部门等的手续费、佣金、相关税费及其他必要支出，但不包括债券溢价、折价、融资费用、内部管理成本和持有成本等与交易不直接相关的费用。

企业取得交易性金融资产所支付的价款中，如果包含已宣告但尚未发放的现金股利或已到付息期但尚未领取的债券利息，应当单独确认为应收股利、应收利息，不应计入交易性金融资产的初始成本。

企业取得交易性金融资产时，按其公允价值借记“交易性金融资产——成本”科目，按发生的交易费用借记“投资收益”科目，按已宣告但尚未发放的现金股利或已到付息期但尚未领取的利息借记“应收股利”科目或“应收利息”科目，按实际支付的金额贷记“银行存款”等科目。收到上述现金股利或债券利息时，借记“银行存款”科目，贷记“应收股利”或“应收利息”科目。

【例2－11】20×0年1月1日，珠江公司从证券交易市场购入中正公司的股票100 000股，每股市场价格为3元，另外在交易时发生的相关税费8 000元。珠江公司根据其管理该股票的业务模式和该股票的合同现金流量特征，将该股票分类为以公允价值计量且其变动计入当期损益的金融资产。

珠江公司编制如下会计分录：

借：交易性金融资产——成本	300 000	
投资收益	8 000	
贷：银行存款		308 000

三、交易性金融资产持有收益的确认

企业取得的债券作为交易性金融资产的，在持有期间应于每一资产负债表日或付息日计提债券利息，计入当期投资收益。企业取得的股票作为交易性金融资产的，在持有期间被投资方宣布发放股利，投资方只有在同时符合下列条件时，才能确认股利收入并计入当期投资收益：

（1）企业收取股利的权利已经确立。

（2）与股利相关的经济利益很可能流入企业。

（3）股利的金额能够可靠地计量。

交易性金融资产持有期间，被投资方宣告发放的现金股利同时满足股利收入的确认条件时，投资方按应享有的份额借记“应收股利”科目，贷记“投资收益”科目；资产负债表日或付息日，投资方按债券面值和票面利率计提利息时，借记“应收利息”科目，贷记“投资收益”科目。收到上述现金股利或债券利息时，借记“银行存款”科目，贷记“应收股利”或“应收利息”科目。

【例2-12】 承**【例2-11】**，珠江公司持有中正公司股票100 000股，20×1年3月10日，中正公司宣告20×0年度利润分配方案，每股分派现金股利0.32元，发放日为20×1年4月10日。

珠江公司会计处理如下：

（1）20×1年3月10日中正公司宣告分配现金股利：

借：应收股利	32 000	
贷：投资收益		32 000

（2）20×1年4月10日收到中正公司发放的现金股利：

借：银行存款	32 000	
贷：应收股利		32 000

四、交易性金融资产的期末计量

交易性金融资产的期末计量是指采用一定的价值标准，对交易性金融资产的期末价值进行后续计量，并以此列示于资产负债表中。交易性金融资产在最初取得时是按取得当时的公允价值入账的，反映了企业取得交易性金融资产的实际成本，公允价值入账后随即成为账面价值。

根据企业会计准则的规定，资产负债表日，交易性金融资产应按公允价值反映，公允价值的变动计入当期损益。此时的公允价值是指会计期末即资产负债表日的公允价值，会计期末的公允价值代表了交易性金融资产的现时价值。

资产负债表日，交易性金融资产的公允价值高于其账面余额时，应按二者之间的差额调增交易性金融资产的账面余额，同时确认公允价值上升的收益，借记“交易性金融资产——公允价值变动”科目，贷记“公允价值变动损益”科目；交易性金融资产的公允价值低于其账面余额时，应按二者之间的差额做相反的会计分录，调减交易性金融资产的账面余额，同时确认公允价值下跌的损失。

【例 2－13】20×0 年 12 月 31 日，珠江公司持有中正公司股票的收盘价为每股价格 3.6 元，则持有 100 000 股股票当日的公允价值为 360 000 元，应调高该股票的账面价值 60 000 元。

珠江公司 20×0 年 12 月 31 日确认公允价值变动损益：

借：交易性金融资产——公允价值变动　　60 000

　贷：公允价值变动损益　　60 000

五、交易性金融资产的处置

企业处置交易性金融资产时，一方面应注销有关账户的账面余额，另一方面应确认处置损益。交易性金融资产的处置损益是指处置交易性金融资产实际收到的价款，减去所处置交易性金融资产账面余额后的差额。如果在处置交易性金融资产时，已计入应收项目的现金股利或债券利息尚未收回，还应从处置价款中扣除该部分现金股利或债券利息，之后再确认处置损益。处置交易性金融资产时，该交易性金融资产在持有期间已确认的累计公允价值变动净损益应确认为处置当期投资收益，同时调整公允价值变动损益。

处置交易性金融资产时，应按实际收到的处置价款借记“银行存款”科目，按该交易性金融资产的初始成本，贷记“交易性金融资产——成本”科目；按该项交易性金融资产的累计公允价值变动金额，贷记或借记“交易性金融资产——公允价值变动”科目；按已计入应收项目但尚未收回的现金股利或债券利息贷记“应收股利”或“应收利息”科目；按上列差额贷记或借记“投资收益”科目。同时，将该交易性金融资产持有期间已确认的累计公允价值变动净损益确认为处置当期投资收益，借记“公允价值变动损益”科目，贷记“投资收益”科目，或做相反的会计分录。

【例 2－14】承【例 2－11】和【例 2－12】，珠江公司于 20×1 年 4 月 20 日将持有的中正公司股票出售，实际收到出售价款 390 000 元。出售日，珠江公司股票的账面价值为 360 000 元，其中成本为 300 000 元，公允价值变动（借方）60 000 元。

珠江公司出售股票的会计处理如下：

借：银行存款　　390 000

　贷：交易性金融资产——成本　　300 000

　　　交易性金融资产——公允价值变动　　60 000

　　　投资收益　　30 000

同时将已记入“公允价值变动损益”科目的金额转入投资收益：

借：公允价值变动损益　　60 000

　贷：投资收益　　60 000

思考题

1. 什么是资产，资产的确认条件是什么？

2. 企业如何对货币资金实施管理与控制？我国有关部门对现金的使用范围是如何规定的？

3. 非金融类企业的货币资金包括哪些？

4. 银行的结算方式主要有哪些?

5. 交易性金融资产应具备哪些特征?

6. 交易性金融资产的初始计量原则是什么?期末,交易性金融资产应如何进行计量?

第三章　流动资产（下）

学习目标

1. 熟悉应收票据的分类、掌握应收票据的会计核算。
2. 理解应收账款的管理、掌握应收账款的会计核算。
3. 掌握坏账准备的计提方法和会计核算。
4. 了解存货的概念、分类和存货发生减值的迹象。
5. 掌握存货的初始计量和可变现净值的确定方法。

导入阅读

2022年，随着房企大面积流动性危机的出现，风险不可避免地传至上游建工企业。个别建筑施工类行业巨头也被拖入债务泥潭。例如，江苏南通六建建设集团有限公司于2022年9月8日被司法拍卖100%股权，起拍价仅约2亿元，资产缩水99%。此外，受房企“爆雷”拖累，建工类上市公司涉诉案屡屡发生。例如，8月30日，上海建工集团股份有限公司在半年报中披露了牵涉数项诉讼案，涉诉对象包括恒大集团有限公司、苏州乾宁置业有限公司等多家房企。据其披露，截至8月12日，其合计诉讼涉案金额38.54亿元。整个建工行业一方面受到地产行业“爆雷”牵连，另一方面还面临钢材涨价、人工成本上涨等问题。

建筑施工企业应收账款高起等现象，反映出国内外经济环境日趋复杂，再叠加疫情的影响，导致地方财政资金紧张和房地产企业流动性紧张。这反映出建筑施工行业一味追求“垫资拼规模”，而忽视了在资金统筹管理和债务管理方面存在的隐患；此外，应收账款高起的本质就是销售债权周转率低下，这和公司业务模式也有较大关系。例如BOT（建设—经营—转让）、PPP（政府与社会资本合作模式）等，这类业务模式投资规模大，且资金收回周期普遍较传统模式更长，进一步加剧了建筑施工企业应收账款高起的现象。

昔日的建筑巨头如南通六建等，无奈走向了破产拍卖股权的地步，令人唏嘘，但同时也给整个行业该如何发展带来反思。应收账款重压下，建筑施工企业资金困局待解。

第一节　应收票据

一、应收票据的定义和分类

应收票据（notes receivable）是指企业因销售商品、产品、提供劳务等采用商业汇票方式进行结算而收到的商业汇票。应收票据是企业未来收取货款的权利，这种权利和将来应收取的货款金额以书面文件形式约定下来，是一种债权凭证。

商业汇票按承兑人分类可分为银行承兑汇票和商业承兑汇票。

银行承兑汇票（banker's acceptance）是指由在承兑银行开立存款账户的存款人签发，向开户银行申请并经银行审查同意承兑的，保证在指定日期无条件支付确定的金额给收款人或持票人的票据。对出票人签发的商业汇票进行承兑是银行基于对出票人资信的认可而给予的信用支持。

购货企业应于汇票到期前将票款足额交存开户银行，以备由承兑银行在汇票到期日或到期日后见票当日付款。销货企业应在汇票到期时将汇票连同进账单送交开户银行以便转账收款。

商业承兑汇票（trade acceptance）是指收款人开出经付款人承兑，或由付款人开出并承兑的汇票。使用汇票的单位必须是在人民银行开立账户的法人，要以合法的商品交易为基础，而且汇票经承兑后，承兑人（即付款人）便负有到期无条件支付票款的责任。同时汇票可以向银行贴现，也可以流通转让。在商品交易中，销货人向购货人索取货款的汇票时，存款人必须在汇票的正面签“承兑”字样，加盖银行预留印鉴。在汇票到期前，付款人应向开户银行交足票款。汇票到期后，银行凭票从付款单位账户划转给收款人或贴现银行。汇票到期时，若付款人账户不足支付，开户银行将汇票退给收款人，由收、付双方自行解决；同时对付款人比照空头支票规定，处以票面金额百分之一的罚金。

商业汇票按照是否计息分类，分为不带息商业汇票（non-interest-bearing note）和带息商业汇票（interest-bearing note）。带息票据应注明利率，除另有说明外，票据利率为年利率。商业汇票的承兑期限一般不超过 6 个月，到期一律通过银行转账结算；商业汇票可以向银行申请贴现，也可以背书转让；商业汇票不仅可用于同城结算，也可以用于异地结算。

二、应收票据的确认

1. *应收票据的确认*

企业应在收到商业汇票时，按应收票据的票面金额入账。对于带息的票据，应在期末计提利息，计提利息的同时增加应收票据的账面余额。

2. *应收票据的到期日与到期值的确定*

应收票据的期限有按日计算和按月计算两种。如约定按日计算，则应以足日为准，在其计算时按算尾不算头的方式确定。例如 4 月 20 日开出的 60 天商业汇票的到期日为 6 月 19 日。如约定按月计算，则应以足月为标准，在计算时按到期月份的对日确定；若到期月份无此对日，应按到期月份的最后一日确定。

【例 3－1】 珠江公司 20×0 年 8 月 31 日开出的 6 个月商业汇票，到期日应为下年 2 月 28 日（若有 29 日为 29 日）；若此汇票为 8 个月时，到期日应为下年的 4 月 30 日。按月计算的票据，以到期月份中与出票日相同的那一天为到期日。月末出票的票据，不论月份大小，以到期月份的月末一天为到期日。

带息票据的到期价值为票据面值加上应计利息，计算公式为：

票据到期价值 = 票据面值 × （1 + 票面利率 × 票据期限）

上式中，利率一般以年利率表示；票据期限则用月或日表示，在实际业务中，为了计算方便，常把一年定为360天。如，一张面值为1 000元，期限为90天，票面利率为10%的商业汇票的到期价值为：

1 000 × （1 + 10% × 90/360） = 1 025（元）

三、应收票据的会计处理

（一）应收票据的取得

企业在取得商业汇票时，按照票据的票面金额借记“应收票据”科目。

【例3－2】20×0年4月1日，珠江公司采用商业汇票结算方式向中正公司销售甲产品500件，每件售价800元，增值税发票注明的销项税额为52 000元，中正公司签发期限6个月、年利率为5.1%的商业承兑汇票452 000元。

借：应收票据——中正公司	452 000	
贷：主营业务收入		400 000
应交税费——应交增值税（销项税额）		52 000

（二）会计期末的处理

对于带息应收票据，应于期末按照应收票据的票面金额和票面利率计提利息。计提的利息增加应收票据的账面金额，借记“应收票据”科目，贷记“财务费用”科目。对于不带息票据，期末不需要作会计处理。

【例3－3】承【例3－2】，珠江公司持有中正公司开出、承兑的商业汇票，于20×0年4月30日计提票据利息。

4月30日，公司应计提1个月的利息：

应计提的利息 = 452 000 × 5.1% × 1/12 = 1 921（元）

借：应收票据——市中正公司	1 921	
贷：财务费用		1 921

（三）应收票据到期

1. 票据到期收回

收回到期不带息应收票据，按收到的票面金额贷记“应收票据”予以终止确认。若收到到期带息应收票据，应先将当期未计提的利息补提，借记“应收票据”，贷记“财务费用”，然后按照收到的本息金额贷记“应收票据”予以终止确认。

【例3－4】承【例3－2】，20×0年10月1日，商业汇票到期，珠江公司收到票据的承兑付款。如果已确认了前面5个月的利息收入，收到货款时确认最后一个月的利息收入。

可收回的票据金额 = 452 000 × （1 + 5.1% × 6/12） = 463 526（元）

借：应收票据——中正公司	1 921	
贷：财务费用		1 921
借：银行存款	463 526	

贷：应收票据——中正公司 463 526

2. 票据到期遭拒付

由于银行承兑汇票是由银行到期无条件支付，因此不存在遭拒付的问题，但是商业承兑汇票有遭拒付的可能。如果到期的应收票据因付款人无力支付票款而无法按期收回，则按应收票据的账面余额进行会计处理。尚未确认的利息收入暂时不确认，待实际收到时再确认利息收入。

【例3－5】承【例3－2】，20×0年10月1日，假设上述应收票据为商业承兑汇票，到期没能收回款项，则按“应收票据”的账面价值463 526元转账，463 526元与452 000元的票据面值之间差额为已确认的5个月的利息收入。

借：应收账款——中正公司 463 526

贷：应收票据——中正公司 463 526

到期不能收回的带息应收票据，转入“应收账款”科目核算后，期末不再计提利息。未确认的利息，在有关备查簿中登记，待实际收到时再冲减收到的当期财务费用。

（四）应收票据的贴现

1. 票据贴现值的计算

票据贴现值＝票据到期价值－贴现利息＝票据面额×（1－年贴现率×未到期天数÷360天）

贴现利息＝票据到期价值×贴现率×贴现期

票据到期价值＝票据面值×（1＋票面利率×票面期限）

【例3－6】承【例3－2】，20×0年5月10日，珠江公司持票到银行申请贴现，此为同城贴现，贴现利率为7.8%。该公司5月10日到银行申请贴现。

按各月的实际天数计算：其中5月有22天（含5月10日，不含10月1日），6月有30天，7月有31天，8月有31天，9月有30天。

贴现天数＝22＋30＋31＋31＋30＝144（天）

贴现利息＝452 000×（1＋5.1%×6/12）×7.8%×144/360＝14 462.01（元）

票据贴现值＝463 526－14 462.01＝449 063.99（元）

2. 票据贴现的会计处理

应收票据贴现（notes receivable discounted）按照接受是否具有追索权，划分为“带追索权”和“不带追索权”两种情况。带追索权的票据贴现，贴现企业因背书在法律上负连带责任；不带追索权的票据贴现，企业将应收票据的风险和未来经济利益全部转让给银行。如果是带有追索权的票据贴现，承兑人到期无力支付票据给接受贴现的一方时，背书人或贴现人在法律上要承担连带清偿责任，即贴现方必须向接受贴现的银行或其他金融机构偿还该票据的到期金额。此时贴现一方承担了“或有负债”，对于这项或有负债，企业采用以下方法进行处理：一方面在贴现票据时冲销该应收票据或者在应收票据贴现账户进行记录；另一方面在当期的资产负债表附注中披露因贴现应收票据而承担的或有负债的金额。银行承兑汇票贴现为不带追索权，而商业承兑汇票贴现为带追索权。

（1）不设“应收票据贴现”科目的会计处理。

企业不设“应收票据贴现”科目核算，持未到期票据向银行贴现时，应根据银行盖章退回的贴现凭证，直接冲减“应收票据”的账面余额。企业按获得的贴现金额借记“银行存款”科目，按贴现利息与尚未确认的利息收入之间的差额借记“财务费用”科目，按“应收票据”的账面余额贷记“应收票据”科目。

【例3－7】承【例3－2】，珠江公司于20×0年5月10日持商业汇票到银行申请贴现，此时已确认了1个月的利息收入，其“应收票据”的账面余额为453 921元。

借：银行存款	449 063.99	
财务费用	4 857.01	
贷：应收票据——中正公司		453 921

说明：计入财务费用的金额＝贴现利息－未确认的利息收入＝14 462.01－1 921×5＝4 857.01（元）。

如果是带息票据贴现，计算出的贴现利息小于尚未确认的利息收入（没有分期确认的利息），则差额记入“财务费用”的贷方。如果是不带息票据，则贴现利息全部记入“财务费用”的借方。

贴现票据到期时，如果承兑人到期能支付款项，则贴现企业无须进行会计处理，银行将从承兑人那里收到票据的到期值。

如果票据到期，承兑人的银行账户余额不足，申请贴现的企业将承担连带还款义务。贴现企业在收到银行退回的应收票据、付款通知和拒付理由书或付款人未付票款通知书时，按票据到期价值还款给接受其贴现的银行。如果申请贴现企业的银行余额不足支付票据到期值给贴现银行，银行将该笔款项作逾期贷款处理。

【例3－8】承【例3－7】，假设20×0年10月1日票据到期时，付款人中正公司无力偿还票款。票据款应由珠江公司向银行偿付到期值463 526元，而不是贴现金额449 063.99元。

借：应收账款——中正公司	463 526	
贷：银行存款		463 526

假设票据到期时，珠江公司银行存款不足，银行作逾期处理时，应转为短期借款。

借：应收账款——中正公司	463 526	
贷：短期借款		463 526

（2）设置“应收票据贴现”科目的会计处理。

企业设置“应收票据贴现”科目核算时，持未到期票据向银行贴现时，应根据银行盖章退回的贴现凭证，贷记“应收票据贴现”科目，不冲减“应收票据”的账面金额。企业持票到银行贴现时，按收到的贴现金额借记“银行存款”科目，按贴现利息与尚未确认的利息收入之差借记“财务费用”科目，按“应收票据”的账面余额贷记“应收票据贴现”科目。“应收票据贴现”为“应收票据”科目的备抵科目。

【例3－9】承【例3－7】，珠江公司于20×0年5月10日持票到银行申请贴现，此时已确认了1个月的利息收入，其“应收票据”的账面余额为453 921元。

借：银行存款	449 063.99	

财务费用　　4 857.01

贷：应收票据贴现——中正公司　　453 921

贴现票据到期时，如果承兑人能支付票据款项，贴现企业则借记“应收票据贴现”科目，贷记“应收票据”科目。

【例3－10】承【例3－9】，于20×0年10月1日银行从承兑人处如期收到票据到期金额。珠江公司根据银行相关通知及收款凭证进行会计处理。

借：应收票据贴现——中正公司　　453 921

贷：应收票据——中正公司　　453 921

假设票据到期，承兑人的银行余额不足支付，申请贴现企业将承担付款的连带责任。珠江公司除了应退还给银行全部款项（资金不足记入“短期借款”），并确认应收账款外，还要将“应收票据”科目与“应收票据贴现”科目对冲。

【例3－11】承【例3－9】，假设20×0年10月1日票据到期时，付款人中正公司无力偿还票款。票据款应由珠江公司向银行偿付到期值479 934元，而不是贴现金额476 814元。

借：应收账款——中正公司　　463 526

贷：银行存款　　463 526

同时：

借：应收票据贴现——中正公司　　453 921

贷：应收票据——中正公司　　453 921

第二节　应收账款

一、应收账款的概念

应收账款（account receivable）是指企业在正常经营过程中，因销售商品或产品、提供劳务而向客户收取的款项，包括收取的价款和垫付的运杂费。应收账款可以为企业带来未来现金流入的债权，其是由销售日常商品或提供劳务等经营活动产生的，可收回性高，但也存在不确定性。作为金融资产的一种，会计报告要求应收账款单独作为一类予以确认和披露。

由于赊销较为普遍，因此应收账款也是企业非常重要的一项流动资产。企业应加强对应收账款的管理，根据企业生产的经营状况，控制应收账款的限额和回收时间，采取有效的措施积极组织催收，避免企业资金被其他单位长期占用，以及时弥补企业生产经营过程中的资金耗费，确保企业的持续经营和扩大再生产。财务会计的控制措施表现为两方面：一方面加强对应收账款的核算，同时设置总账和明细账核算；另一方面对应收账款进行账龄分析和进行坏账准备的计提。

二、应收账款的初始确认

应收账款是在商业信用条件下由于赊销业务而产生的，因而在销售成立时既确认了收入又确认了应收账款。也就是说，一般情况下，确认收入的同时确认应收账款。应收账款的确认和收入的确认紧密相关。应收账款是企业让渡商品或提供劳务得到的对价，因此收入的确认需要企业完成有关的交付商品或者提供劳务的合同义务，同时企业取得有关对价，即收取销售货款的权力。

三、应收账款的初始计量

当企业发生应收账款时，按实际发生额入账。在一般情况下，应根据买卖双方成交的实际金额记账，它包括发票金额和代购货单位垫付的运杂费两个部分。在有折扣（包括商业折扣和现金折扣）的情况下，还要考虑折扣因素。

（1）商业折扣（trade discount）是企业为了促进商品销售在商品标价上给予的价格扣除。例如，一家制造商可能给予零售商30%的价格优惠。商业报价扣除商业折扣以后的实际成交价格才是应收账款的入账价值，商业折扣对会计核算不产生任何影响。

（2）现金折扣（cash discount）是指在信用销售方式下，销货方为了鼓励购货方尽早付款而承诺给予其一定比例的付款折扣。常见的表示方式为“2/10，n/30”，即客户在10天内付款可享受发票金额2%的折扣，若在11～30天内付款则必须支付全部价款。现金折扣有利于企业及时收回货款、减少应收款的持有成本，但同时要承担折扣费用的支出。一项现金折扣政策是否对企业有利，应视其减少的应收款持有成本能否大于增加的折扣费用的支出金额。若减少的持有成本大于增加的折扣费用支出，则于企业有利，可采纳，否则就不可采纳。

理论上，关于现金折扣的会计处理有两种方法：净额法和总额法。净额法是假定客户一定会提前付款享受现金折扣，因此在应收账款的初始确认时以扣除现金折扣后的净额入账；而在实际收回应收账款时，如果客户没有享受到现金折扣，则将该现金折扣作为财务费用处理。总额法认为客户不一定会享受现金折扣，而且该现金折扣本身是为了激励客户尽快付款而应由企业承担的一笔财务费用，因此在应收账款确认后的期间，如果客户实际享受了现金折扣，则将该现金折扣作为财务费用处理。但是我国会计法明确规定，针对现金折扣采用总额法。

四、应收账款的会计处理

（一）账户的设置

为了核算企业应收账款的增减情况，需要设置“应收账款”账户。该账户的借方登记企业实现销售收入时应收的款项，包括应收取的货款、增值税额、代购货单位垫付的包装费和运杂费，以及未能按期收回的商业承兑汇票结算款项；贷方登记已收回的款项、改用商业汇票结算的应收账款、已转为坏账损失的应收款项、以债务重组方式收回的债权等。期末借方余额反映尚未收回的各种应收账款。本账户应按不同的购货单位或接受劳务的单位设置明细账户，进行明细核算。

不单独设置“预收账款”账户的企业，预收的账款也在本账户记录。此时，应收账款明细账的期末贷方余额则为企业的预收账款。

（二）应收账款的会计处理

应收账款的会计处理主要包括一般经营中应收账款的形成和收回、应收账款与应收票据间的转换，以及债务重组方式下债权的收回等。

【例 3－12】20×0 年 4 月 1 日，珠江公司采用委托收款结算方式向中正公司销售产品一批，货款为 300 000 元，增值税额为 39 000 元，以银行存款代垫运杂费 1 000 元，货已发出，已办理委托银行收款手续。4 月 26 日接到银行收款通知，该笔款项已收到。

（1）4 月 1 日，委托银行收款时：

借：应收账款——中正公司	340 000	
贷：主营业务收入		300 000
应交税费——应交增值税（销项税额）		39 000
银行存款		1 000

（2）4 月 26 日，收款入账时：

借：银行存款	340 000	
贷：应收账款——中正公司		340 000

在有现金折扣的情况下，企业发生的应收账款应按发票中的货款、税额以及代垫的运杂费等借记"应收账款"科目。实际发生现金折扣时，将其计入"财务费用"。

【例 3－13】20×0 年 4 月 6 日，珠江公司向中正公司销售产品一批，销售额为 80 000元，增值税额为 10 400 元，规定的现金折扣条件为"2/10，n/30"，产品已发出，各有关托收手续已办妥。

4 月 6 日发出产品，办妥托收手续，编制会计分录如下：

借：应收账款——中正公司	90 400	
贷：主营业务收入		80 000
应交税费——应交增值税（销项税额）		10 400

若中正公司在 10 天内交付货款，收到全部款项的 98%，其余 2% 计入财务费用：

借：银行存款	88 800	
财务费用	1 600	
贷：应收账款——中正公司		90 400

若中正公司第 20 天交付货款，收到款项时编制会计分录：

借：银行存款	90 400	
贷：应收账款——中正公司		90 400

第三节　其他应收项目

一、其他应收款

其他应收款（other receivables）是指企业除买入返售金融资产、应收票据、应收账款、预付账款、应收股利、应收利息、应收代位追偿款、应收分保账款、应收分保合同准备金、长期应收款等以外的其他各种应收及暂付款项。其主要内容包括应收赔款、罚款，如因企业财产等遭受意外损失而向有关保险公司收取的赔款等；应收的出租包装物租金；应向职工收取的各种垫付款项，如为职工垫付的水电费、应由职工负担的医药费；

备用金（向企业各职能科室、车间、个人周转使用等拨出的备用金）；存出保证金（如租入包装物所支付的押金），等等。

企业应设置“其他应收款”科目对其他应收款的收付业务进行核算，并按其他应收款的项目以及债务人进行明细核算。需要注意，企业发生的用于投资的各种款项在尚未进行投资之前，属于企业的其他货币资金，该类款项一般通过“其他货币资金”科目进行核算，不属于其他应收款的范围。

企业因内部业务需要，往往会准备一定数额的备用金。备用金（petty cash）是指企业内部各车间、部门、职能科室等周转使用的货币资金，主要包括预付给科室、车间及非独立核算的经营单位等用于日常开支的款项。会计上，企业一般以“其他应收款”科目核算备用金业务。如果企业发生的备用金业务较多，也可以单独设置“备用金”科目进行核算。无论备用金通过“其他应收款——备用金”科目核算，还是通过“备用金”科目核算，都应按用款单位详细记录备用金的具体情况。

根据预付方式不同，备用金分为定额备用金和非定额备用金两种。不同形式的备用金的会计处理方法也不一样。

（1）定额备用金是指用款单位按定额持有的备用金。实行定额备用金制度的企业，应定期向财会部门报销领用的备用金。财会部门根据报销数直接用现金补足备用金定额，报销数和拨补数都不再通过“其他应收款”科目核算。

【例 3－14】20×0 年 1 月 1 日，珠江公司为供应科核定的备用金定额为 10 000 元，以现金拨付。

借：其他应收款——备用金——供应科	10 000	
贷：库存现金		10 000

供应科报销日常管理支出 2 500 元：

借：管理费用	2 500	
贷：库存现金		2 500

（2）非定额备用金是指用款单位不按固定额度持有的备用金。一般是为了满足临时性需要而暂付给有关部门和个人的现金，使用后实报实销。

【例 3－15】20×0 年 3 月 5 日，珠江公司推销员李某出差，预借款 6 000 元，以现金付讫。

借：其他应收款——备用金——李某	6 000	
贷：库存现金		6 000

李某出差回来，报销 3 800 元，退回现金 2 200 元：

借：销售费用	3 800	
库存现金	2 200	
贷：其他应收款——备用金——李某		6 000

二、预付账款

预付账款（prepayments）是指企业按照购货合同的规定，预先以货币资金或货币等价物支付供应单位的款项。在日常核算中，预付账款按实际付出的金额入账，如预付的材料、商品采购货款、必须预先发放但会在之后收回的农副产品预购定金等。对购货企业来说，预付账款是一项流动资产。

为了反映和监督预付账款的支出和结算情况，需要设置“预付账款”账户，该账户总括反映企业按照购货合同规定预付给供应单位的款项，属于资产类账户。借方登记企业向供应单位预付、补付的款项，贷方登记企业收到所购物资的应付金额及退回多付款项。期末借方余额反映企业实际预付的款项，期末贷方余额反映企业尚未补付的款项。

【例 3－16】20×0 年 9 月 10 日，珠江公司订购甲材料，根据购货合同规定，预付给宏达公司货款 32 000 元。待珠江公司收到货款时，所列物品的发票价款为 30 000 元，税款 3 900 元，珠江公司按发票金额又补付了 1 900 元。

预付宏达公司货款时：

借：预付账款——宏达公司　　32 000

　贷：银行存款　　32 000

收到宏达公司发来的物品并按发票金额补付款项时：

借：物资采购——甲材料　　30 000

　　应交税费——应交增值税（进项税额）　　3 900

　贷：预付账款——宏达公司　　32 000

　　　银行存款　　1 900

三、坏账

（一）坏账的确认

坏账（bad debt）是指企业无法收回或收回的可能性极小的应收款项。企业因坏账而遭受的损失称为坏账损失。坏账的确认都要遵循财务报告的基本目标和会计核算的一般原则，尽量做到真实、准确、切合本单位的实际。一般来说，应收账款符合下列条件之一的就将其确认为坏账：

（1）有确凿证据表明该应收款项不能收回，如债务单位已撤销、破产。

（2）有证据表明该应收款项收回的可能性不大，如单位资不抵债、现金流量严重不足、发生严重的自然灾害等导致其停产而无法在短期内偿付债务的。

（3）因债务人逾期未履行偿债义务超过三年仍然不能收回的应收账款。

上述 3 个条件中的每一个条件都是充分条件，其中第 3 个条件需要会计人员作出职业判断。

企业应当在资产负债表日对应收款项的账面价值进行检查，有客观证据表明该应收款项发生减值的，应当将该应收款项的账面价值减记至预计未来现金流量现值，减记的金额确认减值损失，计提坏账准备。

企业应当设置“坏账准备”科目，核算应收款项的坏账准备计提、转销等情况。企业当期计提的坏账准备应当计入“信用减值损失——计提坏账准备”。“坏账准备”科目的贷方登记当期计提的坏账准备金额，借方登记实际发生坏账而冲减的坏账准备金额，期末余额一般在贷方，反映企业已计提但尚未转销的坏账准备。

（二）坏账的会计处理方法

1. 直接转销法

直接转销法（direct write-off method）指平时不对可能发生的坏账进行预计，而是到坏账实际发生时直接冲销应收账款。

【例 3－17】截至 20×0 年年末，中正公司欠珠江公司应收账款 30 000 元已超过 3 年，珠江公司多次催收无果，估计无法收回，珠江公司应作坏账损失处理。

借：信用减值损失——计提坏账准备　　30 000
　贷：应收账款——中正公司　　30 000

如果已冲销的应收账款以后确定又能收回 10 000 元：

借：应收账款——中正公司　　10 000
　贷：信用减值损失——计提坏账准备　　10 000

收回款项时：

借：银行存款　　10 000
　贷：应收账款——中正公司　　10 000

直接转销法的优点是账务处理简单易懂；缺点是这种方法不符合权责发生制及收入与费用配比的会计原则，而且手续烦琐。在转销坏账损失的前期，直接转销法对于坏账的情况不做任何处理，从而忽视了坏账损失与赊销业务的因果关系。由于长年挂账，可能虚增企业的利润、虚增资产负债表中应收账款的可实现价值。因此，现行准则不允许采用直接转销法。

2. 备抵法

备抵法（allowance method）是根据应收款项可收回金额按期估计坏账损失并形成坏账准备，在实际发生时再冲销坏账准备的方法。采用备抵法核算坏账，一方面要按期估计坏账损失计入信用减值损失；另一方面应设置“坏账准备”账户，待实际发生坏账时冲销坏账准备和应收账款。“坏账准备”科目是“应收账款”“其他应收款”等科目的备抵科目，其贷方反映坏账准备的计提数，借方反映坏账准备的转销数或收回的以前年度已确认并转销的坏账。会计期末时该科目如有余额，一般为贷方余额，表示已计提但尚未转销的坏账准备数额。

估计坏账损失时借记“信用减值损失——计提坏账准备”科目，贷记“坏账准备”科目；坏账损失实际发生时（符合前述的三个条件之一），借记“坏账准备”科目，贷记“应收账款”科目。至于如何估计坏账损失，则有年末余额百分比法、账龄分析法、销货百分比法和预计损失法等。

（1）年末余额百分比法。

应收账款的年末余额百分比法（percent of accounts receivable method）会假设企业有一定比率的应收款项无法收回。这个比率是根据企业以往的经验计算出来的，同时会受经济趋势和客户财务状况等当前因素的影响。我们用企业的应收款项总额乘以该比率就可以得出坏账估计额，该数额即为资产负债表上填列的坏账准备余额。

采用年末余额百分比法时，坏账准备的计提（即坏账损失的估计）分首次计提和以后年度计提两种情况。

①首次计提：坏账准备提取数 = 应收账款年末余额 × 计提比例。

②以后年度计提可进一步分为以下四种情况：

情况 1：应收账款年末余额 × 计提比例 > “坏账准备”年末余额（指坏账准备计提前的余额，下同），按差额补提坏账准备。

情况 2：应收账款年末余额 × 计提比例 < “坏账准备”年末余额，按差额冲减坏账准备。

情况 3：应收账款年末余额 × 计提比例 = “坏账准备”年末余额，不补提亦不冲减坏账准备，即不做会计处理。

情况 4：年末计提前“坏账准备”出现借方余额，应按其借方余额与“应收账款年末余额 × 计提比例”之和计提坏账准备。

总之，在采用年末余额百分比法时始终要掌握这样一个原则，即当年坏账准备计提后，一定要保持“坏账准备贷方余额 = 应收账款年末余额 × 计提比例”这一等式的成立。

【例 3 - 18】 珠江公司 20 ×0 年年末应收款项余额为 400 万元，“坏账准备”账户贷方余额为 40 万元，20 ×1 年发生坏账损失 15 万元，年末应收账款余额为 450 万元。20 ×2年收回已注销的坏账 10 万元，年末应收账款余额为 480 万元。该企业按应收款项余额的 10% 计提坏账准备。

A. 20 ×0 年发生坏账：

借：坏账准备　　150 000

　贷：应收账款——× ×　　150 000

此时，“坏账准备”为贷方余额 250 000 元。

B. 20 ×1 年应提坏账准备 = 4 500 000 × 10% - 250 000 = 200 000（元）：

借：信用减值损失——计提坏账准备　　200 000

　贷：坏账准备　　200 000

C. 20 ×2 年收回上期已注销的坏账：

借：应收账款—× ×　　100 000

　贷：坏账准备　　100 000

此时“坏账准备”为贷方余额 550 000 元。

D. 20 ×2 年年末计提坏账准备：

应提坏账准备 = 4 800 000 × 10% - 550 000 = - 70 000（元），为应冲销多计提的坏账准备。

借：坏账准备　　70 000

　贷：信用减值损失——计提坏账准备　　70 000

采用年末余额百分比法计提坏账准备，能使年末调整后的“坏账准备”科目余额直接体现为应收账款年末余额按照预定比例提取的坏账损失数额，从而可以恰当地反映应收账款预期可变现净额。这种方法的缺点是未能很好地解决收入与费用的配比问题，坏账损失的发生与企业赊销金额有关，该方法没有考虑应收账款的拖欠时间以及客户的信用情况。

（2）账龄分析法。

账龄分析法（aging of account receivable）是指根据应收账款的时间长短来估计坏账

损失的一种方法，又称“应收账款账龄分析法”。采用账龄分析法时，将不同账龄的应收账款进行分组，并根据前期坏账实际发生的有关资料，确定各账龄组的估计坏账损失百分比，再将各账龄组的应收账款金额乘以对应的估计坏账损失百分比数，计算出各组的估计坏账损失额之和，即为当期的坏账损失预计金额。

在估计坏账损失之前，可将应收账款按其账龄编制一张“应收账款账龄分析表”，借以了解应收账款在各个顾客之间的金额分布情况及其拖欠时间的长短。

【例 3－19】珠江公司 20×0 年年末应收账款余额为 200 万元，该企业将应收账款的账龄划分为未过信用期限、过期 1 个月、过期 2 个月、过期 3 个月、过期 3 个月以上五类。20×0 年年末的应收账款账龄与计提坏账准备的比例及金额如表 3－1 所示。

表 3－1　20×0 年年末的应收账款账龄与计提坏账准备的比例

单位：元

应收账款账龄	应收账款金额	估计损失率	估计损失金额
未到期	100 000	1%	1 000
过期 1 个月	800 000	3%	24 000
过期 2 个月	400 000	5%	20 000
过期 3 个月	200 000	7%	14 000
过期 3 个月以上	500 000	12%	60 000
合计	2 000 000		119 000

根据表 3－1 计算结果及“坏账准备”科目年末调整前余额，作如下调整分录：

①根据年末调整前“坏账准备”科目的贷方余额为 100 000 元。

应计提的坏账准备＝119 000－100 000＝19 000（元）

借：信用减值损失——计提坏账准备　　19 000

　贷：坏账准备　　19 000

②根据年末调整前“坏账准备”科目的借方余额为 50 000 元（除非发生较大金额的坏账，一般情况下，坏账准备的余额不会出现借方余额）。

应计提的坏账准备＝119 000－（－50 000）＝169 000（元）

借：信用减值损失——计提坏账准备　　169 000

　贷：坏账准备　　169 000

由于应收账款是一个静态会计要素，此时的应收账款余额可能与前期有关，属于各年的连续计算结果。按应收账款余额和规定的坏账计提比率计算出来的是累计应计提的坏账准备，考虑此前“坏账准备”余额，用两者的差额得出本期应计提（补提）的或应冲销已计提的坏账准备金额。

（3）赊销百分比法（或称销售收入百分比法）。

赊销百分比法（percentage of credit sales method）是按本期赊销金额的一定比例计算的本期坏账准备计提数，是根据利润表中各项目之间的关系来估计坏账的一种方法。这种做法的依据是企业认为在其一定时期的赊销收入中有一定比例的坏账是无法收回的。

一般认为，企业当期赊销业务越多，坏账的可能性越大。企业可以根据过去的经验和有关资料估计坏账损失与赊销金额之间的比率，也可以用其他更合理的方法进行估计。

赊销百分比法着眼于损益表的正确，强调企业各年的坏账损失费用与当期的收入相配比。其出发点是：坏账损失的产生与赊销业务直接相关，坏账损失估计数应在赊销净值的基础上乘以一定的比率来计算。因此，赊销百分比法的基础是赊销净额，它反映的是一个时期的数字，以其为基础计算出的坏账损失估计数也是时期数，即当期应计提的坏账准备金额。

【例 3 - 20】 珠江公司 20×0 年年末根据以往的经验估计坏账损失占赊销额的 5%，本期期初“坏账准备”贷方余额为 15 000 元，本期赊销额为 3 000 000 元。

本期应提坏账准备 = 3 000 000 × 5% = 150 000（元）

借：信用减值损失——计提坏账准备　　150 000

　贷：坏账准备　　150 000

赊销百分比法以赊销收入为计算基础。由于收入是动态会计要素，赊销收入为本期发生额，与前期无关，因此计算出来的应计提的坏账准备就是本期应计提的坏账准备，与前期坏账准备的余额无关，不需要考虑坏账准备的余额。

当经济状况发生变化，企业需要放宽或缩紧原来的信用政策时，就有必要修正以前年度的坏账提取率。采用赊销百分比法时，“坏账准备”科目可能会出现借方余额。如果出现借方余额，应调整下期的坏账准备提取比例。由于赊销百分比法可以根据本年度实际的销货情况、信用政策随时修正坏账提取率，因此本年度确定的坏账与本年度的销售收入相配比，使以前年度的“坏账准备”余额不受本年度坏账计提数的影响，符合权责发生制的要求。

第四节　存货

一、存货概述

（一）存货的概念

存货（inventory）是指企业在日常活动中持有以备出售的产成品或商品，处在生产过程中的在产品，在生产过程或提供劳务过程中耗用的材料和物料等。存货一般在一年或者一个营业周期内被出售或耗用，具有较强的流动性，属于企业的流动资产。

（二）存货的特点

与企业的其他资产相比，存货具有以下特点：

（1）存货是一项具有实物形态的有形资产，有别于金融资产、无形资产等没有实物形态的资产，因此存货需做好储存和保管工作。

（2）存货属于流动资产，具有较强的变现能力和较大的流动性，存货经常处于不断销售、重置或耗用、重置之中，周转很频繁。其流动性不及现金和应收账款，但明显强于固定资产、在建工程等非流动资产。

（3）企业持有存货的目的主要是在正常生产经营过程中销售或耗用，如产成品或库存商品可以直接出售，原材料投入生产形成产成品或半成品后可供出售，原材料、物料、周转材料等在生产过程或提供劳务过程中被耗用等。在判断一项资产是否属于存货时，应当考虑持有该资产的目的。

（4）一般情况下，存货的价值是一次性转移的，目的是从实现的销售收入中得到补偿。一方面存货的价值转移形成的成本费用会影响企业的利润，另一方面剩余的存货作为流动资产进入资产负债表，因此存货的核算非常重要，其核算的正确性既会影响利润表的准确性也会影响资产负债表的准确性。

（5）存货属于非货币性资产，它有时效性和发生潜在损失的可能。当存货长期不能销售或被耗用时，受市场价格以及其他因素变动的影响，其价值可能会发生减损，给企业带来损失。

存货是企业一项非常重要的资产。在实际经营过程中，存货的不断流转就是企业实现收入的过程，也是企业创造利润的源泉。存货核算关乎是否正确计算和确定产品生产成本和销售成本，从而确定企业利润的基础。因此，加强对存货的核算和管理就显得尤其重要。

（三）存货的内容与分类

在不同行业的企业中，存货包括的内容有所不同。在商品流通企业，存货主要包括各种商品；在工业企业，存货包括各种原材料、在产品、半成品、产成品、周转材料、委托加工物资、委托代销售商品等。

（1）原材料，指企业在生产过程中经加工改变其形态或性质并构成产品的主要实体，或是有助于产品形成的各种原料及主要材料、辅助材料、外购半成品（外购件）、修理用备件（备品备件）、包装材料、燃料等。

（2）在产品，指企业正在生产阶段加工或装配但尚未完工的生产物，或已加工完毕但尚未验收入库、不能对外销售的中间产品。在产品一般不需要入半成品库。

（3）半成品，指经过一定生产过程并已检验合格，交付半成品仓库保管，但尚未制造完工成为产成品，仍需进一步加工的中间产品。其不包括从一个生产车间转给另一个生产车间继续加工的自制半成品以及不能单独计算成本的自制半成品。

（4）产成品，指工业企业已经完成全部生产过程并验收入库，可供对外销售的产品。企业接受外来原材料加工制造的代制品和为外单位加工修理的代修品，在制造、修理、验收入库后应视为企业的产成品。

（5）周转材料，指企业能够多次周转使用，但不符合固定资产标准的材料，主要包括包装物和低值易耗品两类。包装物是指企业为了包装产品或商品而储备的以及在销售过程中周转使用的各种包装容器，如桶、箱、瓶、坛、袋等。

（6）委托加工物资，指企业委托外单位加工的各种材料、商品等物资。

（7）委托代销商品，指企业委托其他单位代销的商品。

需要注意的是，为建造固定资产等各项工程而储备的各种材料，虽然也具有存货的某些特征（如流动性），但它们并不符合存货的定义，因此不能作为企业的存货进行核算。企业的特准储备以及按国家指令专项储备的资产也不符合存货的定义，因而也不属于企业的存货。

企业的存货品种规格繁多，但作用各不相同。根据不同的标准，可以有不同的分类。常见的分类有按经济用途分类、按存放地点分类和按来源渠道分类三种，如图 3－1 所示。

- 存货的分类
  - 按经济用途分类
    - 原材料
      - 原料及主要材料
      - 辅助材料
      - 外购半成品
      - 修理用备件
      - 包装材料
      - 燃料
    - 在产品和自制半成品
    - 产成品和库存商品
    - 周转材料
    - 委托加工物资
    - 委托代销商品
  - 按存放地点分类
    - 库存存货
    - 在途存货
    - 委托加工存货
  - 按来源渠道分类
    - 外购存货
    - 自制存货
    - 委托加工存货
    - 投资者投入存货
    - 非货币交换取得存货
    - 债务重组取得存货
    - 接受捐赠存货
    - 其他来源取得存货

图 3－1　存货的分类

（四）存货的确认

存货的确认包括性质上的确认和范围上的确认。不同的企业需要根据具体情况确认存货。同样的资产在某些企业是以备出售的，可以作为存货；但在另外一些企业可能是其他资产。例如对于生产或销售汽车的企业，汽车可以确认为存货，但对于使用汽车的公司，汽车则作为固定资产持有。在资产负债表中将一项资产项目确认为存货，除了需要符合存货的定义之外，还必须同时满足以下两个条件：

（1）与该存货有关的经济利益很可能流入企业。

（2）存货的成本能够可靠地计量。

二、存货取得的计价

存货的计量包括存货的初始计量和期末计量。企业取得存货时应当按照取得时的成本（历史成本）进行初始计量，包括采购成本、加工成本和其他成本。

（一）外购存货的初始计量

对于原材料、商品、周转材料等通过购买而取得的存货的初始成本主要由采购成本构成。对于自制存货的成本，除了包括投入的原材料、半成品等的采购成本外，还包括加工成本。此外，外购和自制存货的成本还可以包括符合规定的其他成本。

企业在采购材料时，收到结算凭证的时间和材料验收入库的时间并不一定完全一致，相应地，其账务处理也有所不同。

（1）结算凭证到达的同时，材料验收入库。此时应根据入库材料的实际成本借记"原材料"科目；根据入库材料的增值税借记"应交税费——应交增值税（进项税额）"科目；根据实际付款金额贷记"银行存款""其他货币资金"等科目，或根据已承兑的商业汇票贷记"应付票据"科目。

【例3－21】珠江公司是增值税一般纳税人，适用增值税税率为13%。20×0年2月1日公司从本地购入甲材料一批600公斤，单价100元，取得增值税专用发票上注明的原材料价款为60 000元，增值税额为7 800元。发票账单等结算凭证已收到，货款已通过银行支付，材料已验收入库。珠江公司编制会计分录如下：

借：原材料	60 000	
应交税费——应交增值税（进项税额）	7 800	
贷：银行存款		67 800

（2）结算凭证先到，材料后入库。这种情况是指企业已获得了发票账单等结算凭证，已经付款或已开出、承兑商业汇票，可能对方已将材料发出，但尚未到达或已到达尚未验收入库。这时购货已成立，材料的所有权已属于买方。企业应根据发票账单等结算凭证记录支付货款和购入材料的实际成本。此时应根据有关结算凭证得到的已付款材料价格借记"在途物资"科目，根据可予抵扣的增值税借记"应交税费——应交增值税（进项税额）"科目；根据实际付款金额贷记"银行存款"或"其他货币资金"科目，或根据已承兑的商业汇票贷记"应付票据"科目等。

【例3－22】20×0年2月10日珠江公司购入乙材料一批400公斤，单价50元，共计货款20 000元，增值税进项税额为2 600元，发票等结算凭证已到，货税款已通过银行支付，但材料尚未运到。公司应于收到发票等结算凭证时编制会计分录如下：

借：在途物资	20 000	
应交税费——应交增值税（进项税额）	2 600	
贷：银行存款		22 600

待材料到达企业并验收入库时，再作入库的会计分录：

借：原材料	20 000	
贷：在途物资		20 000

（3）材料先到达并验收入库，结算凭证后到。在这种情况下，企业收到材料并验收入库，但由于发票账单未到，尚未付款或尚未签发商业承兑汇票。企业已获得材料的所有权，应于月末按材料的暂估价值借记"原材料"科目，贷记"应付账款——暂估应付账款"科目。于下月初用红字做同样的记账凭证予以冲回。待发票账单到达，企业付款

或开出、承兑商业汇票时，按正常程序，借记“原材料”科目、“应交税费——应交增值税（进项税额）”科目，贷记“银行存款”或“应付票据”等科目。

（4）购入材料发生短缺。企业在采购过程中如果发生材料短缺和毁损的情况，验收货物时应按实际收到的货物数量入账。对于短缺和毁损部分的成本，应根据造成短缺或毁损的原因分别处理，不能全部计入外购材料的采购成本。

①对于定额内合理的途中损耗，可计入外购材料的采购成本。

②对于能确定由供应单位、运输单位、保险公司或其他过失人赔偿的，应向有关单位或个人索赔，将损失部分的成本从“在途物资”科目转入“应收账款”或“其他应收款”科目。

③对于尚待查明原因和需要报经批准才能转销的损失，应先将其从“在途物资”科目转入“待处理财产损溢”科目，待查明原因后再分情况进行处理：属于应由有关单位或责任人赔偿的，将其损失从“待处理财产损溢”科目转入“应收账款”或“其他应收款”科目；属于自然灾害造成的损失，应按扣除残料价值和保险公司赔偿后的净损失，从“待处理财产损溢”科目转入“营业外支出——非常损失”科目；属于无法收回的其他损失，报经批准后，将其从“待处理财产损溢”科目转入“管理费用”科目。

④在上述②③两种情况下，由于短缺和毁损材料的成本要转出至其他科目，相应地，短缺和毁损材料所负担的增值税额和准予抵扣的消费税额应从“应交税费——应交增值税（进项税额转出）”和“应交税费——应交消费税”科目随同“在途物资”科目数额转入相应科目。

【例3－23】承**【例3－22】**，假设收到该批在途材料时发现短缺20公斤，经核实应由运输公司赔偿，应做会计分录如下：

借：原材料	19 000	
其他应收款——运输公司	1 130	
贷：在途物资		20 000
应交税费——应交增值税（进项税额转出）		130

如果该项短缺是定额内的损耗，短缺部分的成本可计入入库材料的采购成本，但实际入库的材料数量为380公斤，即材料的单位成本提高了。

（二）委托加工物资

委托加工物资是指企业发出的委托外单位加工的物资。委托加工业务在会计处理上主要包括拨付加工物资、支付加工费用和税金、加工完成收回加工完成产品和剩余物资等几个环节。

委托加工物资的实际成本包括加工中实际耗用的材料成本、支付的加工费、支付的税金（包括委托加工物资应负担的增值税和消费税，可抵扣的增值税和消费税不包括在内）、支付加工物资的往返运杂费等。委托加工物资通过设置“委托加工物资”科目进行核算。委托外单位加工完成并已验收入库的材料，按实际成本借记“原材料”科目，贷记“委托加工物资”科目。

如果委托加工的是应纳消费税产品，还需要缴纳消费税。对于在委托方提货时由受托方代收代交的消费税，应分以下情况处理：

（1）委托加工的物资收回后直接用于销售的，委托方应将受托方代收代交的消费税计入委托加工物资的成本。

（2）委托加工的物资收回后用于连续生产应税消费品的，委托方应按准予抵扣的受托方代收代交的消费税额，借记“应交税金——应交消费税”科目，贷记“应付账款”“银行存款”等科目。

【例 3－24】 20×0 年 4 月 12 日珠江公司委托外单位加工应税消费品一批，拨付原材料成本为 30 500 元，支付加工费 12 000 元及 13% 的增值税，支付往返运输费 1 000 元及 9% 的增值税。该产品适用的消费税税率为 15%，产品加工完成验收入库，加工费、运输费及增值税、消费税等已经支付。珠江公司按实际成本对存货进行日常核算，有关会计处理如下：

（1）发出委托加工材料：

借：委托加工物资	30 500	
贷：原材料		30 500

（2）支付加工费用及增值税：

加工费应支付的进项税额＝12 000 × 13% ＝1 560（元）

借：委托加工物资	12 000	
应交税费——应交增值税（进项税额）	1 560	
贷：银行存款		13 560

（3）支付往返运输费及增值税：

运输费应支付进项税额＝1000×9% ＝90（元）

借：委托加工物资	1 000	
应交税费——应交增值税（进项税额）	90	
贷：银行存款		1 090

（4）加工完成提货时，支付受托方代收代交的消费税按照受托方同类产品销售价格计算，没有受托方同类产品销售价格的按照组成计税价格计算：

（受托方）代收代交的消费税＝50 000×15% ＝7 500（元）

①珠江公司收回加工后的产品用于直接销售的，消费税记入委托加工物资成本：

借：委托加工物资	7 500	
贷：银行存款		7 500

②珠江公司收回加工后的产品用于连续生产应税消费品的，消费税记入“应交税费——应交消费税”借方：

借：应交税费——应交消费税	7 500	
贷：银行存款		7 500

（5）加工完成收回委托加工材料：

①珠江公司收回加工后的产品用于直接销售的：

借：库存商品	51 000	
贷：委托加工物资		51 000

②珠江公司收回加工后的产品用于连续生产应税消费品的：

借：库存商品　　43 500
　贷：委托加工物资　　43 500

三、发出存货的计价

在企业的生产经营活动中，存货始终处于一种流动状态，其形态和分布位置会不断地改变。随着存货的不断购入、发出、投入生产或销售，原有的存货不断流出，新的存货不断流入，从而构成了存货实物流转。在企业实际经营活动中，存货往往是分批次购进，每一批购进存货的单位成本可能不同，即使是企业自己生产的产品，每一批完工入库的单位制造成本也可能不同。那么，在存货按实际成本核算时，一个重要而又现实的问题是，当企业发出存货时，如何选用合理的单位成本来计算发出存货的成本呢？是采用最近一批购入或完工入库存货的单位成本，还是采用现有存货中最早购入或完工入库存货的单位成本，或是采用具体辨认法，即发出的是哪一批货就用那批货的单位成本？存货实物流转的方式由企业根据存货的特点和管理控制的需要而定。对于有些容易变质和陈旧的存货（如超市里的牛奶、面包等），通常采取先进先出的方式，即尽量把最先进来的存货先发出去，以避免变质和陈旧带来的存货损耗；有些存货（如煤堆、粮堆等）由于存放方式上的需要只能采取后进先出法，或者根据实际情况结合使用先进先出法和后进先出法；有些存货则对实物流转方式没有特别的要求。

选择的单位成本不同，计算出来的生产成本或销售成本、销售利润会不同，期末存货的成本也会不同。因此，发出存货的计价既影响资产负债表的准确性，也影响利润表的准确性。

存货流转包括实物流转和成本流转两个方面。实物流转是指存货进出企业的顺序，而成本流转是指存货成本核算中外购或自制存货的成本流入及出售或耗用存货的成本流出的顺序。存货的成本流转假设主要包括个别计价法、先进先出法、后进先出法、加权平均法等，不同的企业会根据自身的特点来选择适合本企业的存货成本流转假设进行存货计价。这些计价方法都是以历史成本为基础的，是国际上通用的存货计价方法。

（一）个别计价法

个别计价法又称个别认定法、具体辨认法或分批计价法等，是指在能够分别辨认存货批次的情况下，按每一批存货的实际进价确定发出存货的成本和期末存货成本。采用个别计价法必须具备两个条件：一是存货项目必须是可以具体辨认的；二是要对存货做详细记录，企业要为每一件存货建立一个单独的卡片或明细账户，以记录该存货的全部成本，并随实物的流动而转移。采用这种方法计算发出存货的成本和期末存货的成本最准确、合理，但实务操作的工作量繁重，困难较大，而且可能为企业随意操纵利润提供机会。

个别计价法适用于不能替代使用的存货，以及为特定项目专门购入或制造的存货，如汽车、珠宝、名画等贵重物品。它们的共同特点是存货数量少、单位价值高，而且存货的性能和款式往往各不相同。

（二）先进先出法

先进先出法是假设先购入的存货先发出，将现存最早的存货成本分配给最先出售或最先领用的存货，而用最近的存货成本来确定期末存货价值的一种方法。

【例 3－25】珠江公司 20×0 年 7 月甲材料月初结存 300 件，单位成本 22 元，该月收发材料如表 3－2 所示。

表 3－2　存货明细账

存货类别：
存货编号：　　　　　　　　　　　　　　　　　　　　　　　　　计量单位：件
存货名称：甲材料　　　　　　　　　　　　　　　　　　　　　　货币单位：元

20×0 年		摘要	收入			发出			结存		
月	日		数量	单价	金额	数量	单价	金额	数量	单价	金额
7	1	期初余额							300	22.00	6 600
7	8	购入	500	20.00	10 000				800		
7	16	发出				400			400		
7	23	购入	600	23.00	13 800				1 000		
7	28	发出				600			400		
7	30	购入	600	21.00	12 600				1 000		
7	31	合计	1 700		36 400	1 000			1 000		

采用先进先出法计算该企业发出存货和期末存货的成本如表 3－3 所示。

表 3－3　存货明细成本计算（先进先出法）

存货类别：
存货编号：　　　　　　　　　　　　　　　　　　　　　　　　　计量单位：件
存货名称：甲材料　　　　　　　　　　　　　　　　　　　　　　货币单位：元

20×0 年		摘要	收入			发出			结存		
月	日		数量	单价	金额	数量	单价	金额	数量	单价	金额
7	1	期初余额							300	22.00	6 600
7	8	购入	500	20.00	10 000				300 500	22.00 20.00	6 600 10 000
7	16	发出				300 100	22.00 20.00	6 600 2 000	400	20.00	8 000
7	23	购入	600	23.00	13 800				400 600	20.00 23.00	8 000 13 800
7	28	发出				400 200	20.00 23.00	8 000 4 600	400	23.00	9 200
7	30	购入	600	21.00	12 600				400 600	23.00 21.00	9 200 12 600
7	31	合计	1 700		36 400	1 000		21 200	400 600	23.00 21.00	9 200 12 600

先进先出法的成本流转符合一般存货流转的规律，发出存货按最早入库存货的单位成本计价，符合历史成本原则。期末存货成本按最近购货确定，比较接近现行的市场价值，其优点是使企业不能随意挑选存货计价以调整当期利润，缺点是会计核算比较烦琐。存货明细账上对增加存货，需按顺序逐笔分别记录；对减少存货，有时可能发出一批，需用几个单价计算确定成本，这样做的工作量太大，特别对于存货进出频繁的企业更是如此。当物价上涨时，企业会低估发出存货的成本，高估当期利润和期末存货价值，不符合稳健性原则，而且使企业多交所得税，对企业不利。该方法一般适用于收发次数不多且价格比较稳定的存货。

（三）后进先出法

后进先出法是假设后收进的存货先发出，将最近收进的存货成本分摊给最先发出的存货，而用现存最早的存货成本确定期末存货价值的一种方法。按照后进先出法，销售成本比较接近当时的市价，符合配比原则。

应注意的是，在永续盘存制和实地盘存制下，采用后进先出法计算的存货发出成本是不一样的。在永续盘存制下，是在每次发货的时点确定最后进的货最先发出，而在实地盘存制下，是在月末这一时点看最后进的货最先发出。由于所处的时点不同，所确定的“最后进货”是不一样的，因此所确定的成本也就不一样。

【例 3－26】 承 **【例 3－25】**，采用后进先出法计算该企业发出存货和期末存货的成本，数据如表 3－4 所示。

在永续盘存制下，采用后进先出法确定的存货成本为：

7 月 16 日发出存货成本 = 400 × 20.00 = 8 000（元）

7 月 28 日发出存货成本 = 600 × 23.00 = 13 800（元）

期末存货成本 = 300 × 22.00 + 100 × 20.00 + 600 × 21.00 = 21 200（元）

在实地盘存制下，采用后进先出法确定的存货成本为：

本月发出存货成本 = 600 × 21.00 + 400 × 23.00 = 21 800（元）

期末存货成本 = 300 × 22.00 + 500 × 20.00 + 200 × 23.00 = 21 200（元）

表 3－4　存货明细成本计算（后进先出法）

存货类别：

存货编号：　　　　　　　　　　　　　　　　　　　　计量单位：件

存货名称：甲材料　　　　　　　　　　　　　　　　　货币单位：元

20×0 年		摘要	收入			发出			结存		
月	日		数量	单价	金额	数量	单价	金额	数量	单价	金额
7	1	期初余额							300	22.00	6 600
7	8	购入	500	20.00	10 000				300 500	22.00 20.00	6 600 10 000
7	16	发出				400	20.00	8 000	300 100	22.00 20.00	6 600 2 000

（续上表）

20×0年		摘要	收入			发出			结存		
月	日		数量	单价	金额	数量	单价	金额	数量	单价	金额
7	23	购入	600	23.00	13 800				300 100 600	22.00 20.00 23.00	6 600 2 000 13 800
7	28	发出				600	23.00	13 800	300 100	22.00 20.00	6 600 2 000
7	30	购入	600	21.00	12 600				300 100 600	22.00 20.00 21.00	6 600 2 000 12 600
7	31	合计	1 700		36 400	1 000		21 800	300 100 600	22.00 20.00 21.00	6 600 2 000 12 600

后进先出法是指在物价持续上涨时期，本期发出存货按最近收货的单位成本计算。这样会使当期成本升高，利润降低，但可以降低通货膨胀给企业带来的不利影响，避免虚盈实亏，符合稳健性原则。但是这种方法的期末存货按最早入库存货的单位成本计价，物价上涨情况下会使资产负债表上期末存货价值偏低，不符合实际。与先进先出法一样，核算比较烦琐，一般适用于收发次数不多且价格比较稳定的存货。2006年2月15日发布的《企业会计准则第1号——存货》取消了后进先出法。

（四）移动加权平均法

移动加权平均法是指在每次收货后，立即根据当前的存货数量和总成本计算出新的平均单位成本，随后按此平均单位成本计算发出存货成本及结余存货成本的一种方法。

$$移动加权平均单位成本=\frac{原有库存存货实际成本+本次入库存货实际成本}{原有库存存货数量+本次入库存货数量}$$

本次发货成本＝本次发货数量×本次发货前存货的单位成本

本月月末库存存货成本＝本月末库存存货的数量×本月月末存货单位成本

【例3－27】承【例3－25】，采用移动加权平均法计算该企业发出存货和期末存货的成本，数据如表3－5所示。

$$第一批收货后的平均单位成本=\frac{6\ 600+10\ 000}{300+500}=20.75（元）$$

第一批发货的存货成本＝400×20.75＝8 300（元）

当时结存的存货成本＝400×20.75＝8 300（元）

$$第二批收货后的平均单位成本=\frac{8\ 300+13\ 800}{400+600}=22.10（元）$$

第二批发货的存货成本 = 600 × 22.10 = 13 260（元）

当时结存的存货成本 = 400 × 22.10 = 8 840（元）

第三批收货后的平均单位成本 = $\frac{8\ 840 + 12\ 600}{400 + 600}$ = 21.44（元）

该种存货月末结存 1 000 件，月末存货成本为 21 440 元；本月发出存货成本合计为 21 560元。

表 3－5　存货明细成本计算（移动加权平均法）

存货类别：

存货编号：　　　　　　　　　　　　　　　　　　　　　　计量单位：件

存货名称：甲材料　　　　　　　　　　　　　　　　　　　货币单位：元

20×0 年		摘要	收入			发出			结存		
月	日		数量	单价	金额	数量	单价	金额	数量	单价	金额
7	1	期初余额							300	22.00	6 600
7	8	购入	500	20.00	10 000				800	20.75	16 600
7	16	发出				400	20.75	8 300	400	20.75	8 300
7	23	购入	600	23.00	13 800				1 000	22.10	22 100
7	28	发出				600	22.10	13 260	400	22.10	8 840
7	30	购入	600	21.00	12 600				1 000	21.44	21 440
7	31	合计	1 700		36 400	1 000		21 560	1 000	21.44	21 440

移动加权平均法将不同批次不同单价的存货成本差异均衡化，计算的加权平均单位成本使发出存货成本和期末存货成本比较客观，而且能随时计算出发出存货和结存存货的成本，便于对存货进行日常管理。但采用这种方法每次收货都要重新计算一次平均单价，核算工作量较大，不适合收发货比较频繁的企业。

四、存货的期末计价

存货期末计价是指会计期末对存货价值的重新计量。根据我国企业会计准则的有关规定，在资产负债表日，企业应当按照成本与可变现净值孰低计量。当存货成本低于可变现净值时，存货按成本计量；当存货成本高于可变现净值时，存货按可变现净值计量，同时按照成本高于可变现净值的差额计提存货跌价准备，计入当期损益（资产减值损失）。

成本与市价孰低法要求企业比较存货的账面成本与市场价值，以两者中较低的一个作为计价基础。因此，在成本与市价孰低法下，企业应在每个会计期末取得存货的市场价值信息，将其与原有的账面成本进行比较。如果企业现有存货的市价低于原有的账面成本，则应按市价对存货重新计价作为期末存货的新账面成本列报；如果市价高于成本，则存货仍按原来的成本计价。

按照成本与可变现净值孰低对存货进行期末计量，需要确定存货的成本和可变现净值。存货的成本资料可通过存货的会计记录获得，因此，成本与可变现净值孰低法的运用关键是合理确定存货的可变现净值。存货可变现净值的特征表现为存货的预计未来净现金流量，而不是存货的售价或合同价。根据存货的定义，企业持有存货的基本目的有两个，即持有以备出售和持有以备继续加工或耗用。持有存货的目的不同，确定可变现净值的方法就有所不同。企业在确定存货的可变现净值时，应根据存货的持有目的，将存货区分为以出售为目的的存货和以加工为目的的存货，进而分别确定存货的可变现净值。

（一）以出售为目的的存货可变现净值的确定

以出售为目的的存货主要包括产成品、库存商品和准备处置的原材料等，这类存货的可变现净值应当以存货的估计售价减去估计的销售费用和相关税费后的金额确定。其中，估计的销售费用和相关税费可以根据以往的营业经验可靠估计，而存货的估计售价则应当根据存货是否有约定的销售合同分别确定。

（1）没有销售合同或者劳务合同约定的存货（不包括用于出售的原材料、半成品等存货），其可变现净值应当以产成品或商品的一般销售价格或市场销售价格为基础，减去估计的销售费用和相关税费后的金额确定，用公式表示为：

存货可变现净值 = 估计的市场销售价格 − 估计的销售费用和相关税费

存货减值损失 = 存货实际成本 − 存货可变现净值

一般销售价格或市场销售价格、估计的销售费用、相关税费等都需要以确凿的证据为依据。

【例 3−28】珠江公司 20×0 年 12 月 31 日库存商品的实际成本为 625 000 元，市场销售价格为 628 000 元，估计的销售费用为 3 000 元，估计的相关税费为 1 200 元。公司的库存商品没有与其他单位签订过销售合同，因此也没有合同约定的销售价格。在这种情况下，珠江公司库存商品的可变现净值按市场销售价格为基础确定：

存货可变现净值 = 628 000 − 3 000 − 1 200 = 623 800（元）

存货减值损失 = 625 000 − 623 800 = 1 200（元）

本例中，珠江公司库存商品的可变现净值 623 800 元，低于成本 625 000 元，差额 1 200元应确认为存货减值损失，20×0 年 12 月 31 日列示在资产负债表上存货项目的库存商品金额是可变现净值 623 800 元。如果可变现净值大于成本，则无需计提存货跌价损失，期末列示在资产负债表上存货项目的库存商品金额仍是成本 625 000 元。

（2）已签订销售合同或者劳务合同的存货，并且合同的订购数量多于或等于企业持有存货的数量，存货可变现净值应当以产成品或库存商品的合同价格作为计算基础。如果企业销售合同或劳务合同所规定的标的物还没有生产出来，但持有专门用于生产该标的物的原材料，则该原材料的可变现净值也应当以合同价格作为计算基础。存货可变现净值等于合同价格减去估计的销售费用和相关税费后的金额，用公式表示为：

存货可变现净值 = 合同约定的销售价格 - 估计的销售费用和相关税费

存货减值损失 = 存货实际成本 - 存货可变现净值

【例 3-29】20×0 年 11 月 10 日，珠江公司与中正公司签订了一份不可撤销的销售合同，双方约定，珠江公司 20×1 年 1 月 10 日向中正公司提供 A 设备 6 台，每台不含税价格 210 000 元。20×0 年 12 月 31 日，珠江公司库存 A 设备 5 台，账面成本为每台 203 000元；A 设备的市场估计销售价格为每台 215 000 元，每台设备的销售费用和相关税费估计分别为 5 000 元和 3 000 元。

A 设备的可变现净值计算如下：

可变现净值 = 5×210 000 - 5×5 000 - 5×3 000 = 1 010 000（元）

存货跌价损失 = 5×203 000 - 1 010 000 = 5 000（元）

珠江公司库存商品的可变现净值 1 010 000 元，账面成本为 1 015 000（5×203 000）元，应确认存货减值损失 5 000 元。20×0 年 12 月 31 日列示在资产负债表上存货项目的库存商品金额是可变现净值 1 010 000 元。

（二）以加工为目的的存货可变现净值的确定

以继续加工或耗用为目的的存货主要包括需要经过加工后再出售的原材料以及在产品、委托加工物资等，这类存货的可变现净值应当以所生产的产成品的估计售价减去至完工时估计将要发生的成本、估计的销售费用和相关税费后的金额确定。

以原材料为例，以加工为目的的存货确定存货跌价损失的计算公式如下：

存货可变现净值 = 加工完成的产成品的估计市场销售价格 - 至完工时估计尚需发生的生产成本 - 估计产成品的销售费用和相关税费

原材料存货跌价损失 = 原材料存货实际成本 - 原材料存货可变现净值

【例 3-30】珠江公司 20×0 年 12 月 31 日库存原材料的账面实际成本为 38 000 元，市场销售价格为 36 000 元。使用这些库存原材料加工成相应的产成品估计尚需投入成本 20 000 元，加工完成的产成品的实际生产成本估计为 58 000 元。由于原材料价格的下跌，用这些原材料生产的相应产成品的市场销售价格也下跌至 55 600 元，产成品估计销售费用和相关税费合计为 1 200 元。

根据以上资料，珠江公司相应产成品的估计可变现净值为 54 400 元（55 600 - 1 200），小于其估计实际成本 58 000 元。原材料存货的可变现净值和存货跌价损失计算如下：

原材料存货可变现净值 = 55 600 - 20 000 - 1 200 = 34 400（元）

原材料存货跌价损失 = 38 000 - 34 400 = 3 600（元）

期末列入资产负债表存货项目中的原材料存货是经计算的可变现净值 34 400 元。

（三）成本与可变现净值孰低的运用

1. 提取存货跌价准备应考虑的因素

在资产负债表日，企业应当重新确定存货的可变现净值。企业在定期检查时如果发现了以下情形之一，应当考虑计提存货跌价准备：

（1）市价持续下跌，并且在可预见的未来无回升的希望。

（2）企业使用该项原材料生产的产品的成本大于产品的销售价格。

（3）企业因产品更新换代，原有库存原材料已不适应新产品的需要，而该原材料的市场价格又低于其账面成本。

（4）因企业所提供的商品或劳务过时或消费者偏好改变而使市场的需求发生变化，导致市场价格逐渐下跌。

（5）其他足以证明该项存货实质上已经发生减值的情形。

2. 存货跌价准备的计算方法

企业运用可变现净值法对存货计价时，有三种不同的计算方法可供选择：

（1）单项比较法。单项比较法又称逐项比较法或个别比较法，指对存货中每一种存货的成本和可变现净值逐项进行比较，每项存货均取较低数确定存货的期末成本。

（2）分类比较法。分类比较法又称类比法，指按存货类别的成本与可变现净值进行比较，每类存货取其较低数确定存货的期末成本。

（3）综合比较法。综合比较法又称总额比较法，指按全部存货的总成本与可变现净值总额相比较，以较低数确定存货的期末成本。

【例 3－31】珠江公司 20×0 年 12 月 31 日库存甲、乙两类存货，甲类包括 A、B 两种存货，乙类包括 C、D、E 三种存货。各种存货分别按三种计算方法确定期末存货成本（如表 3－6 所示）。

表 3－6　成本与可变现净值法的运用

单位：元

存货种类		成本	可变现净值	单项比较法	分类比较法	综合比较法
甲类存货	A	48 600	48 200	48 200		
	B	56 000	55 000	55 000		
合计		104 600	103 200		103 200	
乙类存货	C	27 000	27 800	27 000		
	D	42 000	41 300	41 300		
	E	34 000	34 600	34 000		
合计		103 000	103 700		103 000	
总计		207 600	206 900	205 500	206 200	206 900

由表 3－6 可见，单项比较法计算的期末存货成本最低（205 500 元），分类比较法次之（206 200 元），综合比较法最高（206 900 元）。这是由于单项比较法所确定的均为各项存货的最低价，据此计算的结果比较准确，但存货品种繁多时采用这种方法的工作量太大；综合比较法比其他两种方法简单，但过于粗糙，不够准确；分类比较法介于两者之间，具有较强的操作性。

根据国际会计准则的规定，应当采用单项比较法或分类比较法在成本与可变现净值之间比较以确定期末存货价值。我国《企业会计准则第 1 号——存货》规定，企业通常应当按照单个存货项目计提存货跌价准备；对于数量繁多、单价较低的存货，可以按照存货类别计提存货跌价准备；与在同一地区生产和销售的产品系列相关、具有相同或类似最终用途或目的，且难以与其他项目分开计量的存货，可以合并计提存货跌价准备。

（四）成本与可变现净值孰低的会计处理

企业按照成本与可变现净值法对期末存货计价后，如果可变现净值高于账面成本，则期末存货仍按账面成本计价，无需作账务处理，资产负债表上的存货按原账面成本列示；如果可变现净值低于账面成本，则期末存货应按可变现净值计价，可变现净值低于账面成本的损失应采用一定的方法进行账务调整。具体会计处理方法有直接转销法和备抵法。

1. 直接转销法

直接转销法是指在确认存货跌价损失时，将可变现净值低于成本的损失直接冲销有关存货科目，将存货成本调整为可变现净值。采用该法，期末存货的账面余额是成本与可变现净值的较低者，而不是实际成本数。

采用直接转销法确认存货跌价损失时直接冲减有关存货的账面成本，若以后存货的可变现净值得以恢复，再恢复存货的成本，调账工作烦琐，而且存货科目无法反映存货的原始成本，不符合历史成本计价的原则、谨慎性原则和收入与费用配比的原则。

2. 备抵法

备抵法是指对于存货可变现净值低于成本的损失不直接冲减有关存货科目，而是另设“存货跌价准备”备抵科目予以反映。采用该法，期末存货的账面余额仍然是实际成本。资产负债表上，存货项目以存货的账面余额减去存货跌价准备后的差额即可变现净值列示。

备抵法对于确认的存货跌价损失通过“存货跌价准备”科目反映，能全面反映存货的历史成本和未实现的跌价损失，符合历史成本原则和谨慎性原则，而且每期期末预计存货跌价损失符合收入与费用配比原则。我国企业会计准则要求采用备抵法对存货跌价进行会计处理。

五、盘存清查

（一）存货清查的意义与方法

存货清查是指通过对存货进行实地盘点，然后将实地盘点的结果与账面记录的结果进行核对，从而确定存货的实存数与账存数是否相符的一种财产清查方法。

企业的存货具有较强的流动性，处于不断的销售、耗用和重置之中。企业的存货品种繁多，收发频繁，在日常收发过程中有可能出现计算或记录错误。企业的存货在保管过程中还可能会由于自然损耗、变质、损坏或者被挪用、盗窃等，使得企业存货的实际库存与账面记录不一致。存货是企业的一项重要资产，必须加强管理，以确保存货的安全和完整，因此企业需要对存货进行定期或不定期、局部或全面的清查。企业至少应当在会计年度结束前对存货进行一次全面的清查。

存货清查采用实地盘点、账实核对的方法。清查前，应确认已将所有已经收发的存货登记入账；清查中，应详细记录各种存货的编号、名称、规格和存放地点，并将实际盘点数与账面结余数进行核对；清查后，应对在清查过程中发现的存货盘盈、盘亏、毁损、变质等情况，认真查明原因，分清责任，根据清查结果编制“存货盘点报告单”，作为存货清查的原始依据。对于账实不符的情况，应该根据企业的管理权限，报经股东大会或董事会，或经理（厂长）会议或类似机构批准后，在会计期末结账前处理完毕。

（二）存货清查结果的会计处理

1. 会计科目的设置

为反映企业存货清查过程中发现的盘盈、盘亏、毁损等情况，按照规定做出相应的会计处理，企业需要设置“待处理财产损溢”总账科目。该科目属于双重性质、临时性科目，发生存货盘盈盘亏时先登记在该科目，待查明原因后再按照规定结转到相应科目。企业的盘盈、盘亏和毁损情况在会计期末结账前处理完毕，该科目应无余额。该科目借方登记存货的盘亏和毁损数额以及盘盈的转销数额，贷方登记存货的盘盈数额以及盘亏和毁损的转销数额。该科目可按盘盈、盘亏的资产种类进行明细核算。

2. 存货盘盈的会计处理

存货盘盈是指存货的实存数多于账存数的情况。企业发生存货盘盈，应按其重置成本作为入账价值，及时登记入账，以使账实相符。借记“原材料”“周转材料”“库存商品”等存货科目，贷记“待处理财产损溢——待处理流动资产损溢”科目；待查明原因，按管理权限报经批准后，借记“待处理财产损溢——待处理流动资产损溢”科目，贷记“管理费用”“营业外收入”等科目。

【例3-32】珠江公司20×0年10月28日在存货清查中发现盘盈一批原材料，重置成本为7 000元。

（1）发现盘盈，未查明原因前：

借：原材料	7 000	
贷：待处理财产损溢——待处理流动资产损溢		7 000

（2）查明原因，报经批准处理后：

借：待处理财产损溢——待处理流动资产损溢	7 000	
贷：管理费用		7 000

3. 存货盘亏的会计处理

存货盘亏是指存货的实存数少于账存数的情况。发生存货盘亏时，企业应将其账面价值及时转销，借记“待处理财产损溢——待处理流动资产损溢”科目，贷记“原材料”“周转材料”“库存商品”等存货科目，盘亏存货涉及增值税的，还应进行相应处理。待查明原因，按管理权限报经批准后，根据盘亏的原因分别进行会计处理：

（1）属于定额内自然损耗造成的短缺，计入管理费用。

（2）属于收发计量错误和管理不善等原因造成的短缺或毁损，应由保险公司或责任人赔偿的款项，计入其他应收款；验收入库的残料，记入原材料等科目；扣除可收回的赔款和残料价值后的净损失，计入管理费用。

按照增值税条例规定，非正常损失的购进货物，以及相关的劳务和交通运输服务的进项税额，非正常损失的在产品、产成品所耗用的购进货物（不包括固定资产）、劳务和交通运输服务的进项税额不得从销项税额中抵扣，所称非正常损失是指因管理不善造成货物被盗、丢失、霉烂变质，以及因违反法律法规造成货物或者不动产被依法没收、销毁、拆除的情形。按照此规定，因管理不善造成被盗、丢失、霉烂变质的货物，相应的进项税额不得从销项税额中抵扣，应当予以转出。

（3）属于自然灾害等非常原因造成的货物损失，扣除可收回的保险公司和责任人赔款以及残料价值后的净损失，计入营业外支出。

【例3－33】珠江公司20×0年10月28日在存货清查中发现盘亏一批原材料，账面成本为18 000元。

（1）发现盘亏，未查明原因前：

借：待处理财产损溢——待处理流动资产损溢　　18 000
　贷：原材料　　18 000

（2）查明原因，报经批准后分不同情况进行会计处理：

①假设存货短缺是由收发计量差错造成的，损失计入管理费用。

借：管理费用　　18 000
　贷：待处理财产损溢——待处理流动资产损溢　　18 000

②假设存货短缺是由于管理不善导致被盗，由责任人赔偿6 000元，其余损失计入管理费用，进项税额不得抵扣。

借：其他应收款——责任人　　6 000
　　管理费用　　14 340
　贷：待处理财产损溢——待处理流动资产损溢　　18 000
　　　应交税费——应交增值税（进项税额转出）　　2 340

③假设存货短缺是由于自然灾害造成的，由保险公司赔偿15 000元，其余损失计入营业外支出。

借：其他应收款——保险公司　　15 000
　　营业外支出　　3 000
　贷：待处理财产损溢——待处理流动资产损溢　　18 000

思考题

1. 应收票据有哪些种类，它在企业中发挥着怎样的作用？
2. 应收账款应该如何确认和计量？
3. 坏账的两种会计处理方法是什么，哪一种与公认的会计原则更为一致？为什么我国的企业会计准则要采用备抵法来处理坏账损失？
4. 什么是存货？与企业的其他资产相比，存货具有哪些特点？
5. 存货的确认条件是什么？如何确定存货的范围？

第四章　固定资产

学习目标

1. 了解固定资产的定义及特征。
2. 掌握固定资产的初始计量。
3. 掌握固定资产的后续计量。
4. 掌握固定资产的折旧方法。

导入阅读

重资产和轻资产模式主要区别在于公司固定资产占总资产比重的大小，重资产公司固定资产占比往往相对较高。一般来说，固定资产是重资产公司的主要竞争力来源，品牌和技术等不体现在资产负债表上的因素是轻资产公司的核心竞争力。重资产公司持有的有形资产，例如工厂、原材料、设备等占公司总资产比重较高。重资产公司往往固定资产周转率较低，资产折旧摊销等不变成本会持续侵蚀公司利润。此外，如果资产更新周期较短，重资产公司持续的资本开支是必要的。与重资产模式相比，轻资产公司的无形资产和不在报表中体现的资产，例如品牌价值、管理制度、技术创新等占比较高。轻资产模式的公司在经营过程中的不变成本占比相对较低，销售、管理和财务费用等可变成本占比相对较高。

我们可以通过财务报表来甄别企业是重资产还是轻资产经营模式。通常来讲，制造型企业都是重资产企业。例如，在2020年末，宝钢股份的存货、固定资产和在建工程合计1 977亿美元，占总资产3 578亿的55%。应该注意的是，并不是所有制造型企业都是重资产模式，例如全球500强企业可口可乐。根据其2021年的财报数据，存货为341.4亿美元，厂房、设备等资产为992亿美元，合计1 333.4亿美元，其总资产为9 435.4亿美元，重资产占比仅为14%。可口可乐的财务数据表明，它是一家轻资产企业。

另外，轻资产是电商的一个显著特征。但是与一般电商企业不同，京东很早就带上了重资产的标签。后来，京东重资产的特征持续强化。一方面，京东是自营电商，自己做“进销存”，而非纯平台模式；另一方面，京东大手笔投资建设物流基地、仓储中心，形成了沉甸甸的重资产。截至2022年9月30日，以物流基地为主的京东供应链基础设施资产规模已高达1 267亿元。

第一节　固定资产概述

一、固定资产的性质

（一）固定资产的概念

固定资产（fixed asset）是指为生产商品、提供劳务、出租或经营管理而持有的，使用寿命超过一个会计年度的有形资产，一般包括房屋、建筑物、机器、机械、运输工具以及其他与生产经营有关的设备、器具、工具等。

企业的固定资产，如厂房、机器设备、生产工具等通常是企业资产的重要组成部分。企业运用这些资产生产产品、销售商品和提供劳务，维持企业的日常经营活动。固定资产的投资额较大，占用企业资金较多，变现能力不如流动资产，因此。加强固定资产的管理和核算对于提高企业资金的利用效率，增加企业价值有重要意义。

（二）固定资产的特征

固定资产具有下述特征：

1. 固定资产是有形资产

固定资产具有实物形态，这一特征使得固定资产与无形资产、金融资产相区别。企业持有的某些具有固定资产特征的实物资产，如工业企业持有的工具、用具、玻璃器皿、备品备件、维修设备等资产。施工企业持有的模板、挡板等周转材料等，虽然其具备固定资产的特征，但是由于数量多、单价低，或容易破碎损坏，如果按固定资产折旧的方式实现价值的转移不符合成本效益原则，因此在实务中通常将其确认为存货以简化核算。

2. 持有固定资产的目的是用于经营而不是出售

企业持有固定资产是为了生产商品、提供劳务、出租或经营管理，而不是为了对外出售。这一特征是固定资产区别于存货的重要标志。

3. 使用寿命超过一年或长于一年的一个经营周期

固定资产的使用寿命是指企业使用固定资产的预计期间，或是该固定资产所能生产产品或提供劳务的数量。

（三）固定资产的确认

我国的企业会计准则规定，固定资产同时满足下列条件时才能予以确认：

1. 与该固定资产有关的经济利益很可能流入企业

在实务中，判断固定资产包含的经济利益是否很可能流入企业，主要是依据与该固定资产所有权相关的风险和报酬是否转移到了企业。与固定资产所有权相关的风险是指，由于经营情况变化造成的相关收益的变动以及由于资产闲置、技术陈旧等原因造成的损失；与固定资产所有权相关的报酬是指，在固定资产使用寿命内直接使用该资产而获得的收入以及处置该资产所实现的利得等。

2. 该固定资产的成本能够可靠地计量

成本能够可靠地计量是资产确认的一项基本条件。固定资产是企业资产的重要组成部分，企业为取得该资产而发生的支出也必须能够可靠地计量或合理地估计。如果企业能够合理地估计出固定资产的成本，则视固定资产的成本能够可靠地计量。

二、固定资产的分类

企业的固定资产根据不同的管理需要和核算要求，可以进行不同的分类，主要有以下三种分类方法：

（一）按经济用途分类

固定资产按经济用途分类，可分为生产经营用固定资产和非生产经营用固定资产。

1. 生产经营用固定资产

生产经营用固定资产是指直接服务于企业生产、经营过程的各种固定资产，包括生产经营用的房屋、建筑物、机器、设备、工具、器具等。

2. 非生产经营用固定资产

非生产经营用固定资产是指不直接服务于企业生产、经营过程的各种固定资产，如职工宿舍、食堂、浴室等使用的房屋、设备和其他固定资产等。

按照固定资产的经济用途分类，可以归类反映和监督企业固定资产的组成和变化情况，借以考核和分析企业固定资产的利用情况，促使企业合理地配备固定资产，充分发挥其效用。

（二）按使用情况分类

固定资产按使用情况的不同，可分为以下四类：

1. 使用中固定资产

使用中固定资产是指企业正在使用的经营用和非经营用固定资产。企业的房屋及建筑物无论实际是否在使用，都应视为使用中固定资产。由于季节性生产经营或者大修理等原因暂时停止使用的固定资产，也属于使用中固定资产。

2. 未使用固定资产

未使用固定资产是指企业尚未投入使用的固定资产。因改建、扩建等原因暂时脱离生产经营过程的固定资产也属于未使用固定资产。

3. 不需用固定资产

不需用固定资产是指企业不需要使用、准备处置的固定资产。

4. 出租固定资产

出租固定资产是指企业以经营租赁方式出租的除房屋和建筑物以外的固定资产。

（三）按所有权归属分类

固定资产按所有权归属可分为自有固定资产和租入固定资产两类：

（1）自有固定资产是指企业拥有的可供企业自行支配使用的固定资产。

（2）租入固定资产是指企业采用租赁方式从其他单位租入的固定资产，包括经营租入固定资产和融资租入固定资产。

三、固定资产的计价

为了正确反映固定资产价值的增加变动，在会计实务中视不同情况采用的计价标准有所不同：

1．原始价值

原始价值也称历史成本，是指企业在购建某项固定资产达到可使用状态前所发生的一切合理、必要的支出。达到预定可使用状态是指固定资产已达到购买方或建造方预定的可使用状态。企业新购建固定资产的计价、确定计提折旧的依据等均采用历史成本计价标准。采用这种方法确定的固定资产价值是实际发生并有支付凭证的支出，具有客观性和可验证性，是固定资产的基本计价标准。

2．净值

固定资产的净值也称为折余价值，是指固定资产的原始价值或重置完全价值减去已计提折旧后的净额。它可以反映企业实际占用在固定资产上的资金数额和固定资产的新旧程度。这种计价方法主要用于计算盘盈、盘亏、毁损固定资产的溢余或损失等。

3．重置价值

重置价值也称现时重置成本，是指在当前的生产能力和技术标准的条件下，重新购建同样的固定资产所需要的全部支出。按重置价值计价，可以比较真实地反映固定资产的现时价值，但实务操作比较复杂。因此，这种方法仅在固定资产清查中确定盘盈固定资产的价值，或在报表附注中对报表进行补充说明时采用。

四、固定资产核算的科目设置

为了核算固定资产，企业一般应设置“固定资产”“累计折旧”“在建工程”“工程物资”“固定资产清理”和“固定资产减值准备”等会计科目，核算固定资产的取得、计提折旧、处置等交易或事项。

1．固定资产

“固定资产”是资产类科目，核算企业持有的固定资产的原始价值。本科目借方记录因企业购入、接受投资、债务重组等原因增加的固定资产的原价；贷方记录因出售、报废、毁损、置换和投资转出等原因减少的固定资产的原价；期末借方余额反映企业期末固定资产的账面原价。为了获得固定资产的详细资料，企业应设置“固定资产卡片”和“固定资产登记簿”，按其类别、使用部门和每项固定资产进行明细核算。

2．累计折旧

“累计折旧”是固定资产的备抵科目，核算企业固定资产的累计折旧。本科目借方登记处置固定资产注销的折旧；贷方登记按期计提的固定资产折旧；期末贷方余额反映企业提取的固定资产累计折旧额。“累计折旧”科目只进行总分类核算，不进行明细分类核算。需要查明某项固定资产的已计提折旧，可以根据固定资产卡片上记载的该项固定资产的原始价值、折旧率和实际使用年限等资料进行计算。

3．在建工程

“在建工程”是资产类科目，核算企业基建、更新改造等在建工程发生的实际支出。本科目借方记录工程建设发生的各项支出；贷方记录在建工程达到预定可使用状态结转的工程成本；借方余额反映企业尚未达到预定可使用状态的在建工程的成本。本科目可按“建筑工程”“安装工程”“在安装设备”“技术改造工程”“大修理工程”和“其他支出”等进行明细核算。

4. 工程物资

“工程物资”是资产类科目，核算企业为在建工程准备的各种物资的实际成本，包括工程用材料、尚未安装的设备以及为生产准备的工具、器具等。本科目借方记录为工程购入的各项物资的实际成本，以及改扩建工程等转入的固定资产净值；贷方记录工程领用各项物资的实际成本；期末借方余额反映企业为在建工程准备的各种物资的实际成本。本科目可按“专用材料”“专用设备”“工器具”等进行明细核算。

5. 固定资产清理

“固定资产清理”科目核算企业因出售、报废、毁损、对外投资、非货币性资产交换、债务重组等转出的固定资产价值以及在清理过程中发生的税金费用等。本科目的借方反映因出售、报废、毁损、对外投资、非货币性资产交换、债务重组等转出的固定资产的账面价值，清理过程中所发生的相关税费及其他费用，以及清理完毕转出的清理净收益；贷方则反映出售固定资产的价款、残料价值、变价收入和保险公司的赔款收入等，以及清理完毕转出的清理净损失。“固定资产清理”科目的借方余额反映尚未清理完毕的固定资产清理净损失。该科目应按被清理的固定资产项目进行明细核算。

6. 固定资产减值准备

“固定资产减值准备”是固定资产的备抵科目，核算固定资产的减值准备。本科目的借方记录处置固定资产时注销的减值准备；贷方记录资产负债表日因固定资产发生减值计提的减值准备；期末贷方余额反映企业已计提尚未转销的固定资产减值准备。

第二节　固定资产的初始计量

企业取得固定资产后，先要正确确认计量固定资产的取得成本，即原始价值。具体来讲，取得时的成本包括买价、进口关税、运输和保险等相关费用，以及为使固定资产达到预计可使用状态前所发生的一切合理的、必要的支出。由于固定资产的取得方式和来源渠道不同，其初始计量方法也不同。

一、外购的固定资产

外购固定资产的成本包括实际支付的买价、进口关税和其他税费，以及使固定资产达到预定可使用状态前发生的可归属于该项资产的其他支出，如运输费、装卸费、安装费和专业人员服务费等。企业一揽子购买多项没有单独标价的固定资产，应当按照各项固定资产公允价值比例对总成本进行分配，以确定各项固定资产的成本。

企业外购的固定资产，有的不需要安装即可投入使用，有的需要安装才可达到使用状态。购入不需要安装的固定资产，达到预定可使用状态的，按确认的入账价值直接增加企业的固定资产；购入需要安装的固定资产，先通过“在建工程”科目归集工程成本，待固定资产达到预定可使用状态时，再转入“固定资产”科目。

购入固定资产涉及的增值税，按照增值税条例规定进行相应处理。2019 年 3 月 20 日国家税务总局发布第 39 号公告，规定从 2019 年 4 月 1 日起，一般纳税人取得不动产或者不动产在建工程的进项税额不再分2年抵扣，可以一次性在购入当期抵扣。

【例4-1】20×0年2月1日珠江公司购入一台不需要安装的设备，增值税专用发票上注明设备价格为100 000元，进项税额为13 000元，运杂费及装卸费为1 000元。款项已通过银行存款支付。其账务处理如下：

借：固定资产	101 000	
应交税费——应交增值税（进项税额）	13 000	
贷：银行存款		114 000

【例4-2】20×0年6月1日珠江公司购入一台需要安装的设备，取得的增值税专用发票上注明设备价款为60 000元，进项税额为7 800元。设备交由专业安装公司进行安装，安装时领用材料物资价值2 000元，支付安装费5 000元，增值税450元。设备安装完毕交付使用。其账务处理为：

（1）支付设备价税款时：

借：在建工程	60 000	
应交税费——应交增值税（进项税额）	7 800	
贷：银行存款		67 800

（2）领用安装材料，支付安装费时：

借：在建工程	7 000	
应交税费——应交增值税（进项税额）	450	
贷：原材料		2 000
银行存款		5 450

（3）设备安装完毕交付使用时：

固定资产的入账价值＝60 000＋7 000＝67 000（元）

借：固定资产	67 000	
贷：在建工程		67 000

购买固定资产的价款超过正常信用条件延期支付，实质上具有融资性质，固定资产的成本以购买价款的现值为基础确定。实际支付的价款与购买价款的现值之间的差额，符合借款费用资本化条件的应予以资本化，其余应当在信用期间内计入当期损益。

二、自行建造的固定资产

企业自行建造的固定资产，按建造该项资产达到预定可使用状态前所发生的必要支出作为入账价值。在建工程按其实施的方式不同可分为自营工程和出包工程两种。两种方式下固定资产建造期间发生的支出内容有所不同。

1. 自营工程

自营工程是指企业自行组织工程物资采购、自行组织施工人员从事工程施工的固定资产建造方式。自营建造的固定资产成本包括工程用物资成本、人工成本、应予以资本化的固定资产借款费用、交纳的相关税金以及应分摊的其他间接费用等。

企业自营工程主要通过“工程物资”和“在建工程”科目进行核算。工程项目较多且工程支出较大的企业，应当按照工程项目的性质分别核算。

企业自营建造固定资产，应当按照建造该项固定资产达到预定可使用状态前所发生的必要支出确定其工程成本，并单独核算。工程达到预定使用状态后，按其发生的实际成本结转企业的固定资产成本。

固定资产达到预定可使用状态后剩余的工程物资，如转作一般生产经营用材料，应按其实际成本或计划成本，从“工程物资”转至“原材料”科目核算。

盘盈、盘亏、报废、毁损的工程物资，减去保险公司、过失人赔偿部分后的余额，分情况处理：①如果工程项目尚未达到预定可使用状态，计入或冲减所建工程项目的成本；②如果工程项目已经达到预定可使用状态，属于筹建期间的，计入长期待摊费用；不属于筹建期间的，直接计入当期营业外支出。

工程达到预定可使用状态前因必须进行试运转所发生的净支出，计入工程成本，用净收入冲减工程成本。

所建造的固定资产已达到预定可使用状态，但尚未办理竣工结算手续的，应当自达到预定可使用状态之日起，根据工程预算、造价或者工程实际成本等，按暂估价值转入固定资产成本，待办理竣工结算手续后再作调整。

【例4－3】 20×0年珠江公司自行建造一座仓库用于储存物资，建造过程中发生以下支出：

（1）2月1日购入工程物资300 000元，支付的增值进项税额39 000元，价税款已支付，工程物资已验收入库。

（2）2月10日领用工程物资250 000元；领用生产用原材料一批，实际成本为40 000元；领用库存产成品5件，实际成本9 000元。

（3）10月31日发生应付工程人员工资60 000元，发生水电费36 000元，均以银行存款支付。

（4）12月30日工程完工并达到预定可使用状态。剩余物资转作原材料。

珠江公司有关会计处理如下：

（1）购入工程物资：

借：工程物资	300 000	
应交税费——应交增值税（进项税额）	39 000	
贷：银行存款		339 000

（2）领用工程物资：

借：在建工程——仓库	299 000	
贷：工程物资		250 000
原材料		40 000
产成品		9 000

（3）支付工程人员工资、水电费：

借：在建工程——仓库	96 000	
贷：应付职工薪酬		60 000
银行存款		36 000

（4）工程完工已达到预定可使用状态：

完工工程成本 = 299 000 + 96 000 = 395 000（元）

借：固定资产　　395 000

　贷：在建工程——仓库　　395 000

（5）剩余工程物资转作企业原材料：

借：原材料　　50 000

　贷：工程物资　　50 000

2. 出包工程

出包工程是指企业将建造固定资产的任务出包给建造承包商，由建造承包商组织建造完成固定资产的建造方式。出包工程多用于企业的房屋、建筑物的新建、改建及扩建工程等。

以出包方式建造固定资产的成本由建造该项固定资产达到预定可使用状态前所发生的必要支出构成，包括发生的建筑工程支出、安装工程支出以及需分摊计入各固定资产价值的待摊支出等，其中建筑工程支出、安装工程支出是构成在建工程成本的主要内容。企业建筑工程、安装工程采用出包方式发包给建造承包商承建的，企业作为发包方，只需要按照建造合同规定与建造承包方结算工程款项，结算的工程价款计入在建工程成本，而工程的具体支出，如人工费、材料费、机械使用费等由建造承包商核算，发包企业无需核算。待摊支出是指在建设期间发生的，不能直接计入某项固定资产价值，而应由所建造固定资产共同负担的相关费用，包括为建造工程发生的管理费、征地费、可行性研究费、临时设施费、公证费、监理费、应负担的税金、符合资本化条件的借款费用、建设期间发生的工程物资盘亏、报废及毁损净损失等，共同费用发生时先在在建工程的待摊支出中进行归集，工程完工后分摊计入有关单项固定资产成本。

企业采用出包方式进行固定资产的建造工程，其工程的具体支出在承包单位核算。企业作为发包方设置“在建工程”科目与承包单位进行工程款结算。

【例 4－4】 20×0 年珠江公司以出包方式建造一栋厂房，双方签订的合同规定，新厂房总造价 10 000 000 元，先预付工程款 6 000 000 元。生产所需设备由珠江公司负责购买，由承包方负责安装，珠江公司购进生产用设备，价款 3 000 000 元，增值税 390 000 元，价税款通过银行支付，设备已运达施工场地。设备安装完毕后，珠江公司向承包方支付了安装费 120 000 元。工程完工后，珠江公司向承包单位支付剩余工程款 4 000 000 元。珠江公司为建造工程发生管理费、可行性研究费、监理费等待摊支出共 393 600 元。其账务处理为：

（1）按合同规定预付工程款 6 000 000 元：

借：预付账款　　6 000 000

　贷：银行存款　　6 000 000

（2）购进生产用设备：

借：工程物资　　3 000 000

　　应交税费——应交增值税（进项税额）　　390 000

　贷：银行存款　　3 390 000

（3）设备交付承包方安装，支付承包方安装费：

借：在建工程——在安装设备　　3 000 000

　　　　　　——安装工程　　120 000

　贷：工程物资　　3 000 000

　　　银行存款　　120 000

（4）建筑工程完工，办理工程价款结算，支付剩余工程款4 000 000元：

借：在建工程——建筑工程　　10 000 000

　贷：预付账款　　6 000 000

　　　银行存款　　4 000 000

（5）珠江公司支付待摊支出：

借：在建工程——待摊支出　　393 600

　贷：银行存款　　393 600

（6）待摊支出在各工程项目间的分配：

$$待摊支出分配率=\frac{396\ 600}{10\ 000\ 000+3\ 000\ 000+120\ 000}\times 100\%=3\%$$

建筑工程应分摊待摊支出 = 10 000 000 × 3% = 300 000（元）

在安装设备应分摊待摊支出 = 3 000 000 × 3% = 90 000（元）

安装工程应分摊待摊支出 = 120 000 × 3% = 3 600（元）

借：在建工程——建筑工程　　300 000

　　　　　　——在安装设备　　90 000

　　　　　　——安装工程　　3 600

　贷：在建工程——待摊支出　　393 600

（7）工程建造完工，固定资产达到可使用状态，结转工程成本：

厂房成本 = 10 000 000 + 300 000 = 10 300 000（元）

设备成本 = 3 000 000 + 120 000 + 90 000 + 3 600 = 3 213 600（元）

借：固定资产——仓库　　10 300 000

　　　　　　——设备　　3 213 600

　贷：在建工程——建筑工程　　10 300 000

　　　　　　　——在安装设备　　3 090 000

　　　　　　　——安装工程　　123 600

三、投资者投入的固定资产

投资者投入的固定资产应当按照投资合同或协议约定的价值作为固定资产的入账价值，但合同或协议约定价值不公允的除外。投资合同或协议约定的价值不公允的，投资者投入的固定资产应当按照其公允价值作为初始入账价值。

投资者以固定资产对外投资，按照增值税条例规定，应视同销售缴纳增值税。投出固定资产根据一般计税方法计算增值税时，按照投出固定资产的公允价值计算应纳增值税（销项税额），接受投资方收到的固定资产符合抵扣条件的，应承担的增值税作为进项税额抵扣。

【例4－5】20×0年9月1日珠江公司收到中正公司投入的机器设备一台，中正公司记录该项固定资产的账面原价230 000元，已计提折旧60 000元；珠江公司接受投资时，投资合同约定该资产的公允价值为210 000元，增值税进项税额为27 300元（210 000×13%），折换珠江公司每股面值为1元的股票100 000股。设备不需要安装，直接投入使用。珠江公司账务处理为：

借：固定资产	210 000	
应交税费——应交增值税（进项税额）	27 300	
贷：股本		100 000
资本公积		137 300

四、非货币性资产交换取得的固定资产

非货币性资产交换是指交易双方主要以存货、固定资产、无形资产和长期股权投资等非货币性资产进行的交换。该交换不涉及或只涉及少量的货币性资产，即补价。其中，货币性资产，是指企业持有的货币资金和将以固定或可确定的金额收取的资产，包括现金、银行存款、应收账款和应收票据以及准备持有至到期的债券投资等。非货币性资产是指货币性资产以外的资产。非货币性资产交换的交易对象主要是非货币性资产。

非货币性资产交换有时也涉及少量货币性资产，即涉及少量补价。认定涉及少量货币性资产的交换为非货币性资产交换，通常以补价占整个资产交换金额的比例低于25%作为参考。

支付的货币性资产占换入资产公允价值（或占换出资产公允价值与支付的货币性资产之和）的比例，或者收到的货币性资产占换出资产公允价值（或占换入资产公允价值和收到的货币性资产之和）的比例低于25%的，视为非货币性资产交换；高于25%（含25%）的，视为以货币性资产取得的非货币性资产。

（一）非货币性资产交换的确认和计量

非货币性资产交换的确认和计量与非货币性资产交换是否具有商业实质密切相关。

企业应当遵循实质重于形式的原则判断非货币性资产交换是否具有商业实质。根据换入资产的性质和换入企业经营活动的特征等进行判断，若换入资产与换入企业其他现有资产相结合能够产生更大的效用，可导致换入企业受该换入资产影响产生的现金流量与换出资产有明显不同，则表明该项资产交换具有商业实质。

企业会计准则规定，满足下列条件之一的非货币性资产交换具有商业实质：

（1）换入资产的未来现金流量在风险、时间和金额方面与换出资产显著不同。这种情况通常包括下列情形：

①未来现金流量的风险、金额相同，时间不同。此种情形是指换入资产和换出资产产生的未来现金流量总额相同，获得这些现金流量的风险相同，但现金流量流入企业的时间明显不同。例如，某企业以一批库存商品换入一台设备，库存商品的流动性强，能够在较短时间内产生现金流量，设备是固定资产，需要较长时间才能为企业带来现金流量，两者产生现金流量的时间相差较大，库存商品与固定资产产生的未来现金流量显著不同。

②未来现金流量的时间、金额相同，风险不同。此种情形是指换入资产和换出资产产生的未来现金流量时间和金额相同，但企业获得现金流量的不确定性程度存在明显差异。例如，某企业以其持有的未到期的国库券换入一幢厂房以备出租，该企业预计未来每年收到的国库券利息与出租厂房的租金收入在金额和流入时间上相同，但是国库券利息收取的风险几乎为零，而租金的取得有一定的风险，两者现金流量的风险或不确定性程度存在明显差异，那么国库券与厂房的未来现金流量显著不同。

③未来现金流量的风险、时间相同，金额不同。此种情形是指换入资产和换出资产产生的未来现金流量总额相同，预计为企业带来现金流量的时间跨度相同，风险也相同，但各年产生的现金流量金额存在明显差异。

（2）换入资产与换出资产的预计未来现金流量现值不同，且其差额与换入资产和换出资产的公允价值相比是重大的。

这种情况是指换入资产对换入企业的特定价值（即预计未来现金流量现值）与换出资产存在明显差异。这里所指资产的预计未来现金流量现值，应当按照资产在持续使用过程中和最终处置时所产生的预计税后未来现金流量，以及根据企业自身而不是市场参与者对资产特定风险的评价，选择恰当的折现率对其进行折现后的金额加以确定。例如，某企业以一项商标权换入另一企业拥有的长期股权投资，该项商标权与该项长期股权投资的公允价值相同，两项资产未来现金流量的风险、时间和金额都相同，但对换入企业而言，换入该项长期股权投资使该企业对被投资方由重大影响变为控制关系，从而对换入企业的特定价值即预计未来现金流量现值与换出的商标权有较大差异；另一企业换入的商标权能够解决产品的出路问题，使其产品迅速进入市场，打开销路，从而对换入企业的特定价值即预计未来现金流量与换出的长期股权投资存在明显差异，因而两项资产的交换具有商业实质。

在确定非货币性资产交换是否具有商业实质时，企业应当关注交易各方之间是否存在关联方关系。关联方关系的存在可能导致发生的非货币性资产交换不具有商业实质。

（二）非货币性资产交换的确认和计量

非货币性资产交换同时满足下列条件的，应当以公允价值和应支付的相关税费作为换入资产的成本，公允价值与换出资产账面价值的差额计入当期损益：

（1）该项交换具有商业实质。

（2）换入资产或换出资产的公允价值能够可靠地计量。

换入资产和换出资产公允价值均能够可靠计量的，应当以换出资产的公允价值作为确定换入资产成本的基础，但有确凿证据表明换入资产的公允价值更加可靠的除外。未同时满足上述规定条件的非货币性资产交换，应当以换出资产账面价值和应支付的相关税费作为换入资产的成本，不确认损益。

符合下列情形之一的，表明换入资产或换出资产的公允价值能够可靠地计量：

（1）换入资产或换出资产存在活跃市场。对于存在活跃市场的存货、长期股权投资、固定资产、无形资产等非货币性资产，应当以该资产的市场价格为基础确定其公允价值。

（2）换入资产或换出资产不存在活跃市场、但同类或类似资产存在活跃市场。对于同类或类似资产存在活跃市场的存货、长期股权投资、固定资产、无形资产等非货币性资产，应当以同类或类似资产市场价格为基础确定其公允价值。

（3）换入资产或换出资产不存在同类或类似资产的可比市场交易，应当采用估值技术确定其公允价值。该公允价值估计数的变动区间很小，或者在公允价值估计数变动区间内，各种用于确定公允价值估计数的概率能够合理确定的，视为公允价值能够可靠地计量。

（三）非货币性资产交换的会计处理

企业的非货币性资产交换业务，视情况分为以公允价值为基础计量和以账面价值为基础计量两种会计处理方法。

1. 以公允价值为基础计量

具有商业实质且其换入或换出资产的公允价值能够可靠地计量的非货币性资产交换，不涉及补价的，应当按照换出资产的公允价值作为确定换入资产成本的基础，但有确凿证据表明换入资产的公允价值更加可靠的，则以换入资产的公允价值作为确定换入资产成本的基础。换出资产账面价值与其公允价值之间的差额，计入当期损益。

【例4－6】20×0年9月10日珠江公司以一台设备与中正公司生产的一批产品进行交换。珠江公司换出设备的账面原价为800 000元，已计提折旧200 000元，未计提减值准备，公允价值为700 000元。中正公司换出产品的账面价值为550 000元，公允价值为700 000元。珠江公司和中正公司均为增值税一般纳税人，适用的增值税税率为13%，计税价格等于公允价值。假定珠江公司和中正公司的交易价格公允，交易过程除增值税外不考虑其他税费，中正公司换入设备作为固定资产使用，珠江公司换入产品作为原材料使用。

分析：本例中，珠江公司以其使用中的设备换入中正公司生产的产品。换入的产品作为原材料并用于本企业生产产品，其流动性较强；而换出的设备作为固定资产，其价值是随着使用而逐渐地转换至所生产的产品成本中，并通过产品的出售而收回。珠江公司换入的产品的未来现金流量在风险、时间和金额方面与换出的设备显著不同，因而该交易具有商业实质。珠江公司换出和换入资产的公允价值能够可靠地计量。

（1）珠江公司的会计处理：

珠江公司换入产品的公允价值与其换出设备的公允价值相同，换入产品作为原材料核算，珠江公司以换出设备的公允价值作为换入产品的成本。

借：固定资产清理	600 000	
累计折旧	200 000	
贷：固定资产		800 000
借：原材料	700 000	
应交税费——应交增值税（进项税额）	91 000	
贷：固定资产清理		600 000
应交税费——应交增值税（销项税额）		91 000
资产处置损益——非货币性资产交换收益		100 000

（2）中正公司的会计处理：

借：固定资产　　700 000

　　应交税费——应交增值税（进项税额）　　91 000

　　贷：主营业务收入　　700 000

　　　　应交税费——应交增值税（销项税额）　　91 000

借：主营业务成本　　550 000

　　贷：库存商品　　550 000

非货币性资产交换具有商业实质且公允价值能够可靠地计量。发生补价的情况下，应分情况处理：支付补价的，应以换出资产的公允价值加上支付的补价（或换入资产的公允价值）和应支付的相关税费，作为换入资产的成本；收到补价的，应以换出资产的公允价值减去补价（或换入资产的公允价值），加上应支付的相关税费，作为换入资产的成本。

换出资产公允价值与其账面价值的差额，应分情况处理：

①换出资产为存货的，应作为销售处理，按其公允价值确认收入，同时结转相应的成本。

②换出资产为固定资产、无形资产的，换出资产公允价值与其账面价值的差额计入营业外收入或营业外支出。

③换出资产为长期股权投资的，换出资产公允价值与其账面价值的差额计入投资损益。

【例4－7】承**【例4－6】**，假设珠江公司换出设备的公允价值为800 000元，换入产品的公允价值为700 000元，由此中正公司另支付100 000元补价给珠江公司。珠江公司换出设备的销项税额为104 000元（800 000×13%），换入产品的进项税额为91 000元（700 000×13%）。两公司商定，本次非货币性交换形成的应交增值税销项税额与进项税额的差额13 000元（104 000－91 000）由中正公司补偿给珠江公司，与补价一起以银行存款结清。

分析：该项交换交易涉及补价，补价所占比例计算如下：

珠江公司：收到的补价10万元÷换出资产公允价值80万元＝12.5%

中正公司：支付的补价10万元÷换入资产公允价值80万元＝12.5%

由于该项交易所涉及的补价占交换的资产价值的比例低于25%，且根据**【例4－6】**的分析，可以认定该项交易属于具有商业实质且公允价值能够可靠地计量、涉及补价的非货币性资产交换。

（1）珠江公司会计处理：

换入产品的成本＝800 000－100 000＝700 000（元）

借：固定资产清理　　600 000

　　累计折旧　　200 000

　　贷：固定资产　　800 000

借：原材料　　700 000

　　银行存款　　113 000

　　应交税费——应交增值税（进项税额）　　91 000

贷：固定资产清理　　600 000
应交税费——应交增值税（销项税额）　　104 000
资产处置损益——非货币性资产交换收益　　200 000
（2）中正公司的会计处理：
借：固定资产　　800 000
应交税费——应交增值税（进项税额）　　104 000
贷：主营业务收入　　700 000
应交税费——应交增值税（销项税额）　　91 000
银行存款　　113 000
借：主营业务成本　　550 000
贷：库存商品　　550 000

2. 以账面价值为基础计量

如果非货币性资产交换交易不具有商业实质，或换出资产公允价值不能可靠地计量，则换入资产的成本按照换出资产的账面价值加上应支付的相关税费确定，不确认损益。

非货币性交易虽具有商业实质，但换入资产或换出资产的公允价值不能可靠计量的，按照不具有商业实质的非货币性资产交换的原则进行会计处理。

在不具有商业实质的非货币性资产交换中，不涉及补价的，企业换入的资产应当按换出资产的账面价值加上应支付的相关税费，作为换入资产的成本。

【例 4－8】 20×0 年 9 月 10 日珠江公司以其账面价值为 18 000 元、公允价值为 20 000元的 A 材料，换入中正公司账面价值为 22 000 元、公允价值为 20 000 元的 B 材料。珠江公司支付运杂费 400 元，中正公司支付运杂费 500 元。两公司均未对存货计提跌价准备，增值税税率均为 13%。假设珠江公司和中正公司的换入材料均为其生产经营所用，两种材料预计未来现金流量现值相同。

分析：本例中，珠江公司与中正公司交换的非货币性资产均为材料，且换入材料均为其生产经营所用，材料的性质、用途相同，换入资产与换出资产的预计未来现金流量也相同。因此，该项交易不具有商业实质。同时，该项交易不涉及补价，属于不涉及补价的非货币性资产交换。该项非货币性资产交换应以换出资产的账面价值为基础计量换入资产的入账价值，且两公司均不确认非货币性交易损益。

（1）珠江公司的会计处理：
借：原材料——B 材料（18 000＋400）　　18 400
应交税费——应交增值税（进项税额）　　2 600
贷：原材料——A 材料　　18 000
应交税费——应交增值税（销项税额）　　2 600
银行存款　　400
（2）中正公司会计处理：
借：原材料——A 材料（22 000＋500）　　22 500
应交税费——应交增值税（进项税额）　　2 600

贷：原材料——B 材料　22 000

　　应交税费——应交增值税（销项税额）　2 600

　　银行存款　500

不具有商业实质的非货币性资产交换中，在涉及补价的情况下，换入资产的入账价值应分别通过以下不同情况确定：

（1）支付补价的，按换出资产账面价值加上支付的补价和应支付的相关税费，作为换入资产的入账价值，不确认损益。其计算公式为：

换入资产入账价值 = 换出资产账面价值 + 支付的补价 + 应支付的相关税费

（2）收到补价的，按换出资产账面价值，减去收到的补价加上应支付的相关税费，作为换入资产的入账价值，不确认损益。其计算公式为：

换入资产入账价值 = 换出资产账面价值 − 收到的补价 + 应支付的相关税费

【例 4－9】20×0 年 9 月 12 日珠江公司以一台设备换入中正公司的一辆小轿车，该设备的账面原值为 600 000 元，已计提折旧 200 000 元，公允价值为 450 000 元；中正公司小轿车账面原值为 400 000 元，已计提折旧 20 000 元，公允价值为 360 000 元。双方协议，中正公司支付珠江公司 90 000 元补价，珠江公司负责把该设备运至中正公司，交换小轿车。在这项交易中，珠江公司支付运杂费 20 000 元。珠江公司未对该设备计提减值准备。设备和小轿车均适用增值税一般计税方法，增值税税率为 13%。假设交易双方的公允价值均不可靠。

分析：本例中，珠江公司以其设备与中正公司的小轿车交换，交易中涉及少量的货币性资产，即涉及补价 90 000 元，珠江公司收到的补价 90 000 元占换出资产的公允价值 450 000 元的比例为 20%，该比例小于 25%，因此，该项交易属于非货币性资产交换。同时，换入换出资产的公允价值不能可靠地计量，因此，采用账面价值计量。珠江公司换入小轿车的入账价值应为换出设备的账面价值减去收到的补价，加上支付的相关税费的金额来确定。

珠江公司的会计处理：

（1）将固定资产净值转入固定资产清理：

借：固定资产清理　458 500

　　累计折旧　200 000

　贷：固定资产——设备　600 000

　　　应交税费——应交增值税（销项税额）　58 500

（2）支付运杂费：

借：固定资产清理　20 000

　贷：银行存款　20 000

（3）换入小轿车：

小轿车入账价值 = 458 500 + 20 000 - 46 800 - 90 000 = 341 700（元）

借：固定资产——小轿车　　341 700
　　应交税费——应交增值税（进项税额）　　46 800
　　银行存款　　90 000
　贷：固定资产清理　　478 500

3. 非货币性资产交换中涉及多项资产交换的会计处理

在非货币性资产交换中，如果同时换入多项资产，即企业以一项非货币性资产同时换入另一企业的多项非货币性资产，或以多项非货币性资产同时换入另一企业的多项非货币性资产时，企业无法将换出的某一项资产与换入的某一特定资产相对应。因此，若非货币性资产交换中涉及多项资产的会计处理，应按照换入资产的成本占换入资产成本总额的比例进行确认。

非货币性资产交换同时换入多项资产的，在确定各项换入资产的成本时，应当分情况处理：

（1）非货币性资产交换具有商业实质的，且换入资产的公允价值能够可靠计量的，应当按照换入各项资产的公允价值占换入资产公允价值总额的比例，对换入资产的成本总额进行分配，确定各项换入资产的成本。

（2）非货币性资产交换不具有商业实质的，或者虽具有商业实质但换入资产的公允价值不能可靠计量的，应当按照换入各项资产的原账面价值占换入资产原账面价值总额的比例，对换入资产的成本总额进行分配，确定各项换入资产的成本。

【例 4 - 10】 20×0 年 9 月 13 日珠江公司以一项账面价值为 2 200 000 元，已计提减值准备 200 000 元，公允价值为 1 800 000 元的长期股权投资，换入中正公司两项非货币性资产，包括一辆账面净值为 300 000 元，公允价值为 300 000 元的小轿车；一台账面净值为 1 700 000 元，公允价值为 1 600 000 元的设备。双方协议，珠江公司支付给中正公司补价 100 000 元，珠江公司支付相关运费 10 000 元。假设不考虑其他税费，交换具有商业实质，且公允价值可靠。

分析：支付补价 100 000 元占换出资产公允价值与支付补价之和 1 900 000 元的比例为 5.3%，小于 25%，属于非货币性资产交换。

珠江公司的会计处理：

（1）计算换入资产入账价值总额：

珠江公司换入资产入账价值总额 = 180 + 10 + 1 = 191（万元）

（2）计算各项换入资产的入账价值：

珠江公司换入小轿车应分配的入账价值 = 191 × 30/（30 + 160） = 30.158（万元）

珠江公司换入设备应分配的入账价值 = 191 × 160/（30 + 160） = 160.842（万元）

（3）会计处理：

借：固定资产——小轿车　　301 580
　　　　　　——设备　　1 608 420
　　长期股权投资减值准备　　200 000
　　资产处置收益——非货币性资产交换损失　　200 000

贷：长期股权投资　　　　2 200 000
　　银行存款　　　　110 000

第三节　固定资产的后续计量

固定资产的后续计量是指企业在取得固定资产之后，对固定资产价值发生的变化，运用合理计量属性适当地予以计量。固定资产后续计量包括固定资产折旧、固定资产的后续支出和固定资产减值。

一、固定资产折旧

固定资产折旧（depreciation）是指固定资产由于损耗而减少的价值。固定资产计提折旧的原因在于它的服务能力或使用价值逐渐衰减或消失。造成这种服务潜能下降的原因很多，归纳起来可以分为有形损耗和无形损耗两种。有形损耗是指固定资产在使用过程中由于使用和自然力的影响在使用价值和价值上的损耗；无形损耗是指由于科学技术进步、消费者偏好变化等原因，在其使用价值完全消失之前而提前报废所带来的损失。不论是有形损耗还是无形损耗，固定资产损失的这部分价值都应当在固定资产的有效使用寿命内进行分摊，形成折旧费用，计入各期成本或费用。

（一）计提折旧额应考虑的因素

固定资产的应计提折旧额应当在其使用年限内系统而合理地计提。要保证合理、正确地计提固定资产的折旧，必须先了解影响折旧的因素主要有哪些。影响固定资产折旧的因素主要包括四个方面：

1. 固定资产原始价值

固定资产原始价值即固定资产原价，也称原值，是指固定资产取得时的实际成本，或固定资产初始入账的成本。它是确定固定资产折旧额的主要因素。

2. 固定资产预计净残值

固定资产的预计净残值是指假定固定资产预计使用寿命已满并处于使用寿命终了时的预期状态，企业此时从该项资产处置中获得扣除预计处置费用后的金额。

企业在确定固定资产预计净残值时，应对未来固定资产处置过程中可能获得的处置收入以及可能发生的处置费用分别进行估计。但是在实务中，对固定资产的残余价值和清理费用很难准确估计。为简化处理，计算折旧时通常按照固定资产原值的一定比率来估计净残值率。固定资产原值乘以固定资产预计净残值率即为预计净残值。

3. 固定资产使用寿命

固定资产使用寿命是指固定资产预计使用的期限。有些固定资产的使用寿命也可以用该资产所能生产的产品或提供服务的数量来表示，如估计的生产总量、工作时间或行驶里程等。企业应定期复核固定资产的使用寿命，当固定资产使用寿命的预期数与原先的估计数有重大差异时，应调整固定资产的折旧年限。

企业应根据固定资产的性质和消耗方式，合理地确定固定资产的预计使用年限和预计净残值，并根据科技发展、环境及其他因素，选择合理的固定资产折旧方法。固定资产预计使用年限、预计净残值和折旧方法等一经确定不得随意变更。

4. 固定资产已计提的减值准备

固定资产已计提的减值准备是指企业已计提的固定资产减值准备累计金额。固定资产在计提减值准备时，一方面将相应的资产减值损失作为费用计入当期损益，另一方面计提减值减少了固定资产的账面价值，也就减少了固定资产的应计提折旧额。因此，每当计提了固定资产减值准备，就应当重新调整应计提折旧额。

（二）固定资产折旧方法

固定资产折旧方法是指将固定资产应计提折旧额在固定资产使用寿命内进行系统分摊的方法。企业应当根据与固定资产有关的经济利益的预期实现方式，合理选择固定资产的折旧方法。常用的折旧方法包括直线法、工作量法和加速折旧法。

1. 直线法

直线法也称年限平均法，是将固定资产的应计提折旧额在其预计使用年限内平均分摊的折旧方法。采用这种折旧方法，各会计年度折旧额相等，不受固定资产使用程度或生产量的影响。直线法下折旧额的基本计算公式如下：

$$年折旧额=\frac{原始价值-预计净残值}{预计使用年限}$$

在实际工作中固定资产折旧是根据折旧率计算的。折旧率是指折旧额占原始价值的比重，用公式表示为：

$$年折旧率=\frac{1-预计净残值}{预计使用年限}\times100\%$$

$$月折旧率=\frac{年折旧率}{12}$$

$$年折旧额=固定资产原始价值\times年折旧率$$

$$月折旧额=固定资产原始价值\times月折旧率$$

$$=年折旧额\div12$$

【例4-11】珠江公司20×0年1月购入一台设备，原始价值为200 000元，预计使用年限为5年，预计净残值为4%，采用直线法计算的折旧额为：

$$年折旧率=\frac{1-4\%}{5}=19.2\%$$

$$月折旧率=\frac{19.2\%}{12}=1.6\%$$

年折旧额 =200 000 ×19.2% =38 400（元）

月折旧额 =200 000 ×1.6% =3 200（元）

直线法的优点是计算简便，易于理解；缺点是只注重固定资产的使用时间，而忽视了它的使用情况，没有考虑固定资产的服务效能在不同时期内发挥的程度，另外也会造成固定资产各年使用成本不均衡。一般来说，固定资产所需要的维修和保养费用会随着固定资产的使用时间的延长而不断增大，而直线法没有考虑这一因素，其结果是固定资产的使用成本不均衡，早期负担费用偏低，后期负担费用偏高。年限平均法适用于不受季节性影响、各期使用程度均衡的固定资产。

2. 工作量法

工作量法是以固定资产预计可完成的工作总量为分摊标准，根据各年实际完成的工作量计算应计提折旧额的方法。工作量法的计算原理与年限平均法相同，只是将分配标准由使用年限改为工作量。因此，工作量法实际是年限平均法的一种演变，也属于直线法。在工作量法下，固定资产各年的折旧额与其当年的工作量直接挂钩，工作量越大，计提的折旧额就越大。固定资产的工作量视不同的资产有不同的表现形式，如运输设备的工作量变现为运输里程，机器设备的工作量表现为工作小时、产品产量等。工作量法下折旧额的有关计算公式如下：

$$\text{单位工作量应负担折旧额} = \frac{\text{固定资产原价} - \text{预计净残值}}{\text{预计工作总量}}$$

某项固定资产某年折旧额 = 该项固定资产当年工作量 × 单位工作量应负担折旧额

某项固定资产某月折旧额 = 该项固定资产当月工作量 × 单位工作量应负担折旧额

【例4-12】珠江公司拥有一辆运货卡车，其原价为800 000元，预计总行驶里程为600 000公里，预计净残值率为4%，本月行驶6 600公里。该辆汽车的月折旧额计算如下：

$$\text{单位里程折旧} = \frac{800\ 000 \times (1-4\%)}{600\ 000} = 1.28 \text{（元/公里）}$$

本月折旧额 = 6 600 × 1.28 = 8 448（元）

工作量法的优点是计提折旧额考虑了固定资产的使用程度，克服了年限平均法只注重资产使用时间而不考虑使用频率的不足，而且计算简便。工作量法适用于如汽车、大型机器设备等固定资产，物质磨损是影响这类资产使用寿命的主要因素。

3. 加速折旧法

加速折旧法也称递减折旧法，是指在固定资产使用前期多计提折旧，后期少计提折旧，在固定资产使用年限内所计提的折旧额呈递减趋势的一种折旧方法。加速折旧法可相对加快折旧的速度，使固定资产成本在有效使用年限中加快得到补偿。加速折旧的计提方法有多种，应用较普遍的有双倍余额递减法和年数总和法两种。

（1）双倍余额递减法。

双倍余额递减法是在不考虑固定资产预计净残值的情况下，以每期期初固定资产账面净值乘以双倍的直线法折旧率计算固定资产折旧的一种方法。固定资产账面净值即固定资产原值减去累计折旧后的金额。有关计算公式为：

$$\text{年折旧率} = \frac{2}{\text{预计使用年限}} \times 100\%$$

$$月折旧率=\frac{年折旧率}{12}$$

月折旧额＝固定资产账面净值×月折旧率

在双倍余额递减法下，各年折旧率是固定的，但各年计提固定资产折旧的基数呈递减趋势，各年的折旧额也呈递减趋势。由于最初的计算不考虑固定资产的预计净残值，在应用这种方法时必须注意不能使固定资产的账面折余价值低于它的预计净残值。为此，实行双倍余额递减法计提折旧的固定资产，应当在其折旧年限到期以前两年内，将固定资产净值扣除预计净残值后的余额平均摊销。

【例4－13】 承 **【例4－11】**，按双倍余额递减法计提折旧如下：

$$年折旧率=\frac{2}{5}\times100\%=40\%$$

第一年应计提折旧额＝200 000×40%＝80 000（元）

第二年应计提折旧额＝120 000×40%＝48 000（元）

第三年应计提折旧额＝72 000×40%＝28 800（元）

从第四年起改按年限平均法（直线法）计提折旧。

第四、第五年的年折旧额＝（43 200－8 000）/2＝17 600（元）

按双倍余额递减法编制折旧计算表，如表4－1所示。

表4－1 双倍余额递减法折旧计算表

单位：元

年次	年折旧率 ①＝2/5×100%	年折旧额 ②＝期初④×①	累计折旧额 ③＝期初③＋②	账面净值 ④＝期初④－本期③
取得时				200 000
1	40%	80 000	80 000	120 000
2	40%	48 000	128 000	72 000
3	40%	28 800	156 800	43 200
4		17 600	174 400	25 600
5		17 600	192 000	8 000
合计		192 000		

（2）年数总和法。

年数总和法又称年限合计法，是以固定资产的应计提折旧额乘以一个逐期递减的折旧率来计算各期折旧额的方法。这个逐期递减的折旧率是一个分数，分子是每年年初固定资产尚可使用年限，分母是固定资产预计使用年限的总和。这种方法的特点是各年的折旧率是变动的且是递减的，计算基数是固定的，为固定资产的应计提折旧总额。其计算公式如下：

$$年折旧率=\frac{尚可使用年数}{预计使用年限的年数总和}=\frac{预计使用年限-已使用年限}{12}$$

$$预计使用年限的年数总和=\frac{预计使用年限\times（预计使用年限+1）}{2}$$

$$月折旧率=\frac{年折旧率}{12}$$

月折旧额=（固定资产原值－预计净残值）×月折旧率

【例4－14】 承 **【例4－11】**，按年数总和法计提折旧如下：

应计提折旧额＝200 000×（1－4%）＝192 000（元）

$$预计使用年限的年数总和=\frac{5\times（5+1）}{2}=15$$

第一至五年的年折旧率分别为：5/15，4/15，3/15，2/15，1/15。

$$第一年应计提折旧额=192\ 000\times\frac{5}{15}=64\ 000（元）$$

$$第二年应计提折旧额=192\ 000\times\frac{4}{15}=51\ 200（元）$$

$$第三年应计提折旧额=192\ 000\times\frac{3}{15}=38\ 400（元）$$

$$第四年应计提折旧额=192\ 000\times\frac{2}{15}=25\ 600（元）$$

$$第五年应计提折旧额=192\ 000\times\frac{1}{15}=12\ 800（元）$$

按年数总和法可编制折旧计算表，如表4－2所示。

表4－2　年数总和法折旧计算表

单位：元

年次	年折旧率①	年折旧额 ②＝①×④	累计折旧额 ③＝期初③＋②	应计提折旧额④
取得时				192 000
1	5/15	64 000	64 000	192 000
2	4/15	51 200	115 200	192 000
3	3/15	38 400	153 600	192 000
4	2/15	25 600	179 200	192 000
5	1/15	12 800	192 000	192 000

加速折旧法具有以下优点：

（1）均衡固定资产使用成本。固定资产的使用成本主要包括折旧费和修理维护费。一般来说，在固定资产使用早期发生的维护修理费较少，后期较多。加速折旧法在固定资产使用的早期计提的折旧费较多，后期计提的折旧费较少，刚好可以均衡各个会计期间负担的固定资产使用成本。

（2）符合收入与费用配比原则。一般来说，固定资产在使用早期，其性能良好、服务能力较强，可为企业创造更多经济效益。随着固定资产的使用，其服务能力和效率降低，获取收益的能力也随之降低，加速折旧法早期多提费用，后期少提费用，符合收入与费用配比原则。

（3）符合谨慎性原则。加速折旧法在固定资产使用早期更多地计提了折旧费，从而使早期利润减少，推迟利润实现的时间，因而产生税收上的利益，符合稳健原则。

（4）降低无形损耗的风险。由于科学技术日新月异，无形损耗对固定资产的价值减损难以估计，加速折旧法使固定资产成本在有效使用年限内加快得到补偿，可降低无形损耗的风险。

（三）固定资产折旧的会计处理

固定资产计提折旧时，应以月初可提取折旧的固定资产原值为依据。企业各月计算提取折旧时，可以在上月计提折旧的基础上，对上月固定资产增减情况进行调整后计算当月应计提的折旧额。其计算公式如下：

当月固定资产应计提折旧额＝上月固定资产计提的折旧额＋上月增加固定资产应计提折旧额－上月减少固定资产应计提折旧额

为核算固定资产的折旧业务，企业应当设置“累计折旧”总账科目。该科目是固定资产的备抵科目，记录企业计提的累计折旧额。企业按月计提的固定资产折旧，应根据固定资产的用途，分别借记“制造费用”“销售费用”“管理费用”“在建工程”“其他业务成本”等科目，贷记“累计折旧”科目。企业处置固定资产时应同时结转累计折旧额，借记“固定资产清理”“累计折旧”科目，贷记“固定资产”科目。该科目期末贷方余额反映企业固定资产的累计折旧额。

【例4－15】珠江公司20×0年12月份计提本月的固定资产折旧合计160 000元，其中生产车间使用的固定资产折旧为90 000元，管理部门使用的固定资产折旧为12 000元，销售部门使用的固定资产折旧为28 000元，在建工程使用的固定资产折旧为30 000元。珠江公司应编制如下的会计分录：

根据上述固定资产折旧计算表编制会计分录如下：

借：制造费用	90 000	
管理费用	12 000	
销售费用	28 000	
在建工程	30 000	
贷：累计折旧		160 000

二、固定资产的后续支出

固定资产的后续支出是指固定资产在使用过程中发生的与固定资产使用效能直接相

关的各种支出。

企业的固定资产投入使用后，为了适应新技术发展的需要或者为维护或提高固定资产的使用效能，往往需要对现有固定资产进行维护、修理、换新、改建、扩建或者改良。一般来说，为了维护固定资产的正常使用而发生的修理、维护费用，这种支出与当期的收入相关，应作为收益性支出计入当期损益。为了提高固定资产的性能、质量或延长其使用寿命而发生的改建、扩建、改良等支出应作为资本化支出计入固定资产成本。

（一）费用化的后续支出

固定资产在使用过程中由于物理损耗、自然侵蚀等原因会发生不同程度的损坏，为了保证固定资产的正常运转和使用，保持良好的使用状态，发挥其最佳使用效能，企业必须定期或不定期地对固定资产进行维护保养，对有损坏的部分进行修理。

固定资产修理的主要目的是恢复其使用价值。固定资产修理按照其修理范围的大小、费用支出的多少、修理间隔时间的长短等分为日常修理和大修理两种。日常修理的特点是修理范围小、费用支出少、修理次数多、间隔时间短。大修理的特点是修理范围大、费用支出多、修理次数少、间隔时间长。

固定资产的维护保养、日常修理和大修理，都是对固定资产使用性能的恢复和维持，确保固定资产可以正常工作，它并不导致固定资产性能的改变。因此，发生的支出应该做费用化处理，按照固定资产的用途和部门的不同直接计入当期损益，不再进行资本化处理。一般情况下对日常修理和大修理也不再区分和采用不同方法进行处理。按照我国企业会计准则的相关规定，企业生产车间（部门）和性质管理部门发生的固定资产修理费用计入管理费用；企业专设销售机构发生的固定资产修理费用计入销售费用。

【例 4－16】珠江公司 20×0 年 2 月 2 日对行政管理部门使用的设备进行日常维护，领用修理配件成本 2 000 元，用银行存款支付修理费 1 000 元，其会计处理如下：

借：管理费用	3 000	
贷：原材料		2 000
银行存款		1 000

（二）资本化的后续支出

与固定资产有关的后续支出，如果延长了固定资产的使用寿命、提高了固定资产的生产能力或使固定资产的性能发生改变，则应将该后续支出资本化，计入固定资产的成本。固定资产因改建、扩建、改良等发生的支出一般应予以资本化。

企业对原有固定资产进行改建、扩建时，应将相关固定资产的原价、已计提的累计折旧和减值准备予以转销，将固定资产的账面价值转入在建工程账户，同时暂停计提折旧，发生的资本化后续支出在在建工程账户中累积。当改建、扩建固定资产达到预定可使用状态时，将在建工程账户记录的原固定资产的账面价值，加上由于改建、扩建而使该项固定资产达到预定可使用状态前发生的支出，将改建、扩建过程中发生的变价收入作为固定资产入账价值，重新转入固定资产账户。企业应按重新确认的固定资产原价、预计使用寿命、预计净残值和适用的折旧方法，对固定资产计提折旧。

【例 4－17】20×0 年 9 月，珠江公司对一原值为 20 000 000 元的厂房进行扩建，该厂房已计提折旧 8 000 000 元。扩建过程中发生支出 5 000 000 元，取得变价收入 100 000

元。款项已通过银行结算，其账务处理为：

（1）将厂房转入扩建：

借：在建工程　　12 000 000

　　累计折旧　　8 000 000

　贷：固定资产　　20 000 000

（2）发生扩建支出：

借：在建工程　　5 000 000

　贷：银行存款　　5 000 000

（3）取得变价收入：

借：银行存款　　100 000

　贷：在建工程　　100 000

（4）扩建完工，交付使用：

借：固定资产　　16 900 000

　贷：在建工程　　16 900 000

三、固定资产减值

固定资产减值是指固定资产的可收回金额低于账面价值所发生的损失。固定资产的可收回金额是根据固定资产的公允价值减去处置费用后的净额与资产预计未来现金流量的现值两者之间的较高者确定的。

《企业会计准则第 8 号——资产减值》规定，企业应当在期末或者至少在每年年度终了，对固定资产逐项进行检查。如发现存在下列情况，应当计算固定资产的可收回金额，以确定资产是否发生减值：

（1）资产的市价当期大幅度下跌，其跌幅明显高于因时间的推移或者正常使用而预计的下跌。

（2）企业经营所处的经济、技术或者法律等环境以及资产所处的市场在当期或者将在近期发生重大变化，从而对企业产生不利影响。

（3）市场利率或者其他市场投资报酬率在当期已经提高，从而影响企业计算资产预计未来现金流量现值的折现率，导致资产可收回金额大幅度降低。

（4）有证据表明资产已经陈旧过时或者其实体已经损坏。

（5）资产已经或者将被闲置、终止使用或者计划提前处置。

（6）企业内部报告的证据表明资产的经济绩效已经低于或者将低于预期，如资产所创造的净现金流量或者实现的营业利润（或者亏损）远远低于（或者高于）预计金额等。

（7）其他表明资产可能已经发生减值的迹象。

如果固定资产的可收回金额低于其账面价值，企业应计提固定资产减值准备，确认固定资产减值损失。在具体工作中，计提固定资产减值准备需要经过以下几个步骤：①考虑固定资产发生减值的迹象；②计算确定固定资产可收回金额；③比较固定资产账面价值与可收回金额之间的差额；④确定固定资产减值金额并进行账务处理。

按照我国《企业会计准则第 8 号——资产减值》规定，固定资产减值损失一经确认，在以后会计期间不得转回。同时，固定资产减值损失确认后，减值资产的折旧应当在未来期间做相应调整，以使该资产在剩余使用寿命内，按调整后的账面价值计提折旧。

企业应设置“固定资产减值准备”科目核算提取的固定资产减值准备。企业发生固定资产减值时，借记“资产减值损失”科目，贷记“固定资产减值准备”科目。

【例 4－18】20×0 年末，珠江公司经减值测试发现一项固定资产发生减值，该固定资产原值为 600 000 元，已计提折旧 120 000 元，可收回金额为 450 000 元，减值金额为 30 000 元。其账务处理为：

借：资产减值损失　　30 000

　贷：固定资产减值准备　　30 000

第四节　固定资产的处置

一、固定资产处置的含义及内容

固定资产处置是指由于各种原因而使企业安排固定资产退出生产经营活动的固定资产终止确认行为。固定资产处置具体包括出售、报废、毁损、盘亏和对外投资转出、捐赠转出、非货币性资产交换换出、债务重组转出等内容。

根据《企业会计准则第 4 号——固定资产》的规定，固定资产满足下列条件之一的，就应当予以终止确认：①该固定资产处于处置状态；②该固定资产预期通过使用或处置不能产生经济利益。固定资产处于处置状态包括固定资产报废、持有待售、转让或者发生固定资产的毁损。

持有待售的固定资产，是指在当前状态下仅根据出售同类固定资产的惯例就可以直接出售且极可能出售的固定资产，如已经与买主签订了不可撤销的销售协议等。企业对于持有待售的固定资产，应当调整该项固定资产的预计净残值，使该项固定资产的预计净残值能够反映其公允价值减去处置费用后的余额，但不得超过持有待售条件时该项固定资产的原账面价值，原账面价值高于预计净残值的差额，应作为资产减值损失计入当期损益。持有待售固定资产从划归为持有待售之日起停止计提折旧和减值测试。

二、固定资产处置的会计处理

（一）固定资产的报废

固定资产的报废有的属于正常报废，有的属于非正常报废。前者主要指使用磨损报废和由于技术进步而发生的提前报废，后者主要指自然灾害和责任事故导致的报废。两者的会计处理基本相同。

【例 4－19】20×0 年 3 月，珠江公司有一台设备，因使用期满经批准报废。该设备原价为 185 000 元，已计提折旧 180 000 元，已计提减值准备 2 000 元。在清理过程中，发生清理费用 4 000 元，取得残料变价收入 5 500 元，款项已通过银行结算。其账务处理为：

(1) 固定资产转入清理：

借：固定资产清理　　3 000
　　累计折旧　　180 000
　　固定资产减值准备　　2 000
　贷：固定资产　　185 000

(2) 发生清理费用：

借：固定资产清理　　4 000
　贷：银行存款　　4 000

(3) 收到残料变价收入：

借：银行存款　　5 500
　贷：固定资产清理　　5 500

(4) 结转固定资产净损益：

借：营业外支出——非流动资产处置损失　　1 500
　贷：固定资产清理　　1 500

（二）固定资产的出售

【例4-20】 20×0年5月20日，珠江公司将一幢建筑物出售，建筑物原值为55 000 000元，已计提折旧12 500 000元，议定售价为68 000 000元，建筑物出售前发生清理费用250 000元，销售不动产增值税税率为9%，原购进时的进项税额已做抵扣处理。上述款项均通过银行结算。

(1) 固定资产转入清理：

借：固定资产清理　　42 500 000
　　累计折旧　　12 500 000
　贷：固定资产　　55 000 000

(2) 支付固定资产清理费用：

借：固定资产清理　　250 000
　贷：银行存款　　250 000

(3) 收到价款和增值税：

借：银行存款　　74 120 000
　贷：固定资产清理　　68 000 000
　　　应交税费——应交增值税（销项税额）　　6 120 000

(4) 结转处置固定资产利得：

借：固定资产清理　　25 250 000
　贷：资产处置损益——非流动资产处置利得　　25 250 000

（三）固定资产盘亏

企业应当定期或不定期对固定资产盘点清查，在编制年度财务报表前至少应进行一次全面清查。通过盘点清查，一方面可以掌握固定资产的实有数及其分布情况，检查账实是否相符，从而加强对固定资产的管理，保证企业财产的安全完整；另一方面可以了解固定资产的使用情况和性能状况，检查固定资产有无使用不当或长期闲置、是否需要维修保养等情况，以便充分挖掘企业固定资产的潜力，及时调整和处理不适用的固定资产。

在固定资产清查过程中，发现固定资产盘盈、盘亏的，应及时查明原因，编制“固定资产盘盈盘亏报告表”，据此进行账务处理。

思考题

1. 什么是固定资产？固定资产折旧不涉及企业资金的变化，为什么其在企业中仍然很重要？
2. 影响固定资产折旧的因素通常有哪些？企业应对哪些固定资产计提折旧？
3. 如何评价固定资产折旧的年限平均法和加速折旧法？
4. 为什么企业资产减值损失一经确定，就不得在以后会计期间转回？

第五章　投资性房地产与无形资产

学习目标

1. 掌握投资性房地产的初始确认与计量。
2. 掌握投资性房地产的后续计量。
3. 了解投资性房地产的处置。
4. 掌握无形资产的初始确认与计量。
5. 掌握内部研发开发支出的确认与计量。
6. 掌握无形资产的后续计量。

导入阅读

近年来，在创新驱动发展的引领下，A 股上市公司研发费用增长势头明显，科技创新能力有了质的提升，而对于传统行业来说，研发能力可以在同质化的产品中带来新的卖点；在新兴行业中，研发能力更是企业发展的核心要义，比如医学、半导体等容易被“卡脖子”的领域，在研发层面，如果真的突破，不仅能打破技术壁垒，还能开拓更大的市场份额。纵观近十年，A 股上市的企业，到底谁的研发投入多？投入多就代表研发能力强吗？

A 股上市公司在 2018 年以前，利润表中的研发费用纳入管理费用核算，2018 年，财政部颁布了《关于修订印发 2018 年度一般企业财务报表格式的通知》，强制规定研发费用单列。

Wind 数据统计显示，有 3 633 家 A 股上市公司在 2019 年年报中披露了研发费用，2019 年研发费用合计 7 556.3 亿元，同比增长 21.6%；在 2020 年三季报中披露研发费用的 A 股上市公司有 3 613 家，研发费用合计 5 646.7 亿元，同比增长 15.2%。整体来看，近十年 A 股上市公司的研发费用从 2 400 亿元左右一路增长至 2021 年底的 1.5 万亿元左右，十年复合增速 22.35%。分行业来看，研发支出最高的行业是建筑建材及基础建设，并不是医药生物、电子半导体等高新技术行业。TOP 50 企业中，汽车行业的席位最多，占据了 10 家，其次是建筑装饰（包含基建），达到了 9 家，然后依次是通信（5 家）、电子（4 家）和钢铁（4 家）。

各行业竞争持续激烈的背景下，领域内不少企业不断加大研发投入，通过提升技术壁垒巩固领先地位。研发费用逐年增多有利于企业研发实力不断提升，从而推动 A 股上市公司整体质量不断提高，促进我国经济的良性健康发展。同时，研发投入力度加大也有利于加快科技创新速度，推动我国产业链高端化发展。

第一节 投资性房地产

一、投资性房地产的概念

随着我国房地产市场的日益活跃和迅猛发展，企业持有的房地产不仅可以用作自身生产、经营、管理的场所，也可以进行对外销售，还可以用于其他目的，例如赚取租金或增值收益。其中，企业为赚取租金或资本增值，或者两者兼有而持有的房地产即投资性房地产。

投资性房地产（investment property）是指为赚取租金或资本增值，或两者兼有而持有的房地产，主要包括已出租的建筑物、已出租的土地使用权、持有并准备增值后转让的土地使用权等。投资性房地产有别于企业自用的房地产和房地产开发企业作为存货的房地产。企业自用的房地产是企业自用的厂房、办公楼等生产经营场所，企业应当将其作为固定资产或无形资产处理。作为存货的房地产是房地产开发企业销售的或为销售而正在开发的商品房和土地，是房地产开发企业的开发产品，应当作为存货处理。与自用房地产和作为存货的房地产相比，投资性房地产要么是通过让渡房地产使用权以赚取使用费收入，要么是通过持有并准备增值以赚取增值收益，这两个特性使得投资性房地产在一定程度上具备了金融资产的属性。为了区别于企业自有的房地产和作为存货的房地产，需要将投资性房地产作为一项单独的资产予以确认、计量和列报。

二、投资性房地产的确认条件和初始计量

（一）投资性房地产的确认条件

投资性房地产只有在符合定义的前提下，同时满足下列条件的，才能予以确认：

（1）与该投资性房地产有关的经济利益很可能流入企业。

（2）该投资性房地产的成本能够可靠地计量。

对已出租的土地使用权、已出租的建筑物，其作为投资性房地产的确认时点一般为租赁期开始日，即土地使用权、建筑物进入出租状态、开始赚取租金的日期。但对企业持有以备经营出租的空置建筑物或在建建筑物，董事会或类似机构作出书面决议，明确表明将其用于经营出租且持有意图短期内不再发生变化，即使尚未签订租赁协议，也应视为投资性房地产。这里的“空置建筑物”是指企业新购入、自行建造或开发完工但尚未使用的建筑物，以及不再用于日常生产经营活动且经整理后达到可经营出租状态的建筑物。对持有并准备增值后转让的土地使用权，其作为投资性房地产的确认时点为企业将自用土地使用权停止自用、准备增值后转让的日期。

（二）投资性房地产的初始计量

投资性房地产应当按照成本进行初始计量。投资性房地产的成本一般包括取得投资性房地产时和直至使用该项投资性房地产达到预定可使用状态前实际发生的各项必要的、合理的支出，如购买价款、土地开发费、建筑安装成本、应予资本化的借款费用等。

（三）外购投资性房地产的初始计量

企业外购的土地使用权和建筑物，按照取得时的实际成本进行初始计量。取得时的实际成本包括购买价款、相关税费和可直接归属于该资产的其他支出。企业购入的房地产，部分出租（或资本增值）、部分自用，用于出租（或资本增值）的部分应当予以单独确认的，按照不同部分的公允价值占公允价值总额的比例将成本在不同部分之间进行分配。

采用成本模式进行后续计量的企业外购投资性房地产时，应按照确定的实际成本，借记“投资性房地产”科目，贷记“银行存款”等科目。

采用公允价值模式计量的企业，应当在“投资性房地产”科目下设置“成本”和“公允价值变动”两个明细科目，分别核算投资性房地产的取得成本和持有期间的累计公允价值变动金额。外购投资性房地产时，应当按照确定的实际成本，借记“投资性房地产——成本”科目，贷记“银行存款”等科目。

【例5－1】20×0年1月1日，珠江公司外购一栋写字楼并于当日直接租赁给中正公司使用。珠江公司对投资性房地产采用成本模式进行后续计量，该写字楼的实际取得成本为15 000万元，以银行存款支付，假设不考虑相关税费。

珠江公司的账务处理如下：

借：投资性房地产　　150 000 000

　贷：银行存款　　150 000 000

【例5－2】20×0年1月1日，珠江公司外购一栋写字楼并于当日直接租赁给中正公司使用。珠江公司对投资性房地产采用公允价值模式进行后续计量，该写字楼的实际取得成本为15 000万元，以银行存款支付。20×0年12月31日，该写字楼的公允价值为15 200万元，假设不考虑相关税费。

珠江公司的账务处理如下：

（1）取得该投资性房地产时：

借：投资性房地产——成本　　150 000 000

　贷：银行存款　　150 000 000

（2）该投资性房地产公允价值上升时：

借：投资性房地产——公允价值变动　　2 000 000

　贷：公允价值变动损益　　2 000 000

（四）自行建造投资性房地产的初始计量

企业自行建造的投资性房地产，其成本由建造该项资产达到预定可使用状态前发生的必要支出构成，包括土地开发费、建筑安装成本、应予以资本化的借款费用、支付的其他费用和分摊的间接费用等。建造过程中发生的非正常损失直接计入当期损益（营业外支出），不计入建造成本。

采用成本模式计量的企业，自行建造的投资性房地产达到可使用状态时，应按照确定的实际成本，借记“投资性房地产”科目，贷记“投资性房地产——在建”科目或“在建工程”“开发产品”等科目。

采用公允价值模式计量的企业，自行建造的投资性房地产达到可使用状态时，应按照确定的实际成本，借记“投资性房地产——成本”科目，贷记“投资性房地产——在建”科目或“在建工程”“开发产品”等科目。

【例 5 - 3】20×0 年 1 月，珠江公司自行建造用于出租的写字楼。在建设期间，珠江公司购进为工程准备的一批物资，价款为 1 500 万元，增值税为 240 万元。该批物资已验收入库，款项以银行存款支付。该批物资全部用于写字楼工程项目。珠江公司为建造工程，领用本公司生产的库存商品一批，成本 160 万元，计税价格 200 万元，另支付在建工程工人薪酬 360 万元。珠江公司对投资性房地产采用公允价值模式进行后续计量。20×0 年 6 月，该办公楼的建设达到了预定可使用状态并投入使用。

珠江公司的账务处理如下：

（1）购买物资时：

借：工程物资	17 400 000	
贷：银行存款		17 400 000

（2）领用物资和库存商品时：

借：在建工程	17 400 000	
贷：工程物资		17 400 000
借：在建工程	1 920 000	
贷：库存商品		1 600 000
应交税费——应交增值税（销项税额）		320 000

（3）支付工人工资时：

借：在建工程	3 600 000	
贷：应付职工薪酬		3 600 000

（4）转入投资性房地产时：

借：投资性房地产——成本	22 920 000	
贷：在建工程		22 920 000

三、投资性房地产的后续计量

投资性房地产的后续计量可以选择成本模式或公允价值模式，但同一企业只能采用一种模式对其所有投资性房地产进行后续计量，不得同时采用两种计量模式，即不得对一部分投资性房地产采用成本模式进行后续计量，对另一部分投资性房地产采用公允价值模式进行后续计量。

（一）采用成本模式进行后续计量

企业选择成本模式，就应当对其所有投资性房地产采用成本模式进行后续计量。采用成本模式进行后续计量的投资性房地产，对投资性房地产会计处理的基本要求与固定资产或无形资产相同，即应当按照《企业会计准则第 4 号——固定资产》或《企业会计准则第 6 号——无形资产》的有关规定，按期（月）计提折旧或摊销。按期（月）计提折旧时，按照计算的建筑物月折旧额，借记“其他业务成本”科目，贷记“投资性房地产累计折旧”科目；按期（月）摊销成本时，应按照计算的土地使用权月摊销额，借记“其他业务成本”科目，贷记“投资性房地产累计摊销”科目。投资性房地产取得的租金收入，借记“银行存款”等科目，贷记“其他业务收入”等科目。

投资性房地产存在减值现象的，适用《企业会计准则第8号——资产减值》的有关规定。经减值测试后确定发生减值的，应当计提减值准备，借记“资产减值损失”科目，贷记“投资性房地产减值准备”科目。已经计提减值准备的投资性房地产，其减值损失在以后的会计期间不得转回。

【例5-4】 20×4年12月15日，珠江公司与中正公司签订了一项租赁协议，将一栋经营管理用的写字楼出租给中正公司，租赁期为3年，租赁期开始日为20×4年12月31日，年租金为240万元，于每年年初收取。相关资料如下：

（1）20×4年12月31日，珠江公司将该写字楼停止自用，出租给中正公司，拟采用成本模式进行后续计量，预计尚可使用年限为46年，预计净残值为40万元，采用年限平均法计提折旧，未计提减值准备。该写字楼于20×4年12月31日达到预定可使用状态时的账面原价为3 940万元，预计使用年限为50年，预计净残值为40万元，采用年限平均法计提折旧。

（2）20×5年1月1日，预收当年租金240万元，款项已收存银行。珠江公司按月将租金收入确认为其他业务收入，并结转相关成本。

珠江公司的账面处理如下：

（1）20×4年12月31日写字楼已计提折旧（3 940－40）÷50×4＝312（万元）：

借：投资性房地产　　39 400 000

　　累计折旧　　3 120 000

　贷：固定资产　　39 400 000

　　　投资性房地产累计折旧　　3 120 000

（2）20×5年1月1日预收租金：

借：银行存款　　2 400 000

　贷：预收账款　　2 400 000

20×5年1月31日确认租金收入＝240÷12＝20（万元）

计提的折旧金额＝（3 940－40）÷50÷12＝6.5（万元）

或计提的折旧金额＝［3 940－（3 940－40）÷50×4－40］÷46÷12＝6.5（万元）

借：预收账款　　200 000

　贷：其他业务收入　　200 000

借：其他业务成本　　65 000

　贷：投资性房地产累计折旧　　65 000

（二）采用公允价值模式进行后续计量

企业有确凿证据表明其投资性房地产的公允价值能够持续可靠取得的，可以对投资性房地产采用公允价值模式进行后续计量。

采用公允价值模式进行后续计量的投资性房地产，应当同时满足以下两个条件：

（1）投资性房地产所在地有活跃的房地产交易市场。所在地，通常指投资性房地产所在的城市。对于大中型城市，所在地应当为投资性房地产所在的城区。

（2）企业能够从活跃的房地产交易市场上取得同类或类似房地产的市场价格及其他

相关信息，从而对投资性房地产的公允价值作出合理的估计。同类或类似的房地产，对建筑物而言，是指所处地理位置和地理环境相同、性质相同、结构类型相同或相近、新旧程度相同或相近、可使用状况相同或相近的建筑物；对土地使用权而言，是指同一位置区域内所处地理环境相同或相近、可使用状况相同或相近的土地。

投资性房地产的公允价值，是指在公平的交易中，熟悉情况的当事人之间自愿进行房地产交换的价格。确定投资性房地产的公允价值时，可以参照活跃市场上同类或类似房地产的现行市场价格（市场公开报价）；无法取得同类或类似房地产现行市场价格的，可以参照活跃市场上同类或类似房地产的最近交易价格，并考虑交易情况、交易日期、所在区域等因素，对投资性房地产的公允价值作出合理的估计；也可以基于预计未来获得的租金收益和相关现金流量的现值计量。

投资性房地产采用公允价值模式进行后续计量的，不计提折旧或摊销，应当以资产负债表日的公允价值计量，公允价值的变动计入当期损益。资产负债表日，若投资性房地产的公允价值高于其账面余额的差额，应按二者之间的差额调增投资性房地产的账面余额，同时确认公允价值上升的收益，借记“投资性房地产——公允价值变动”科目，贷记“公允价值变动损益”科目；若公允价值低于其账面余额的差额，则作相反的会计分录。

【例5－5】珠江公司是一家从事房地产经营开发的企业。20×0年10月1日，珠江公司与中正公司签订租赁协议，约定将珠江公司开发的一栋精装修的写字楼于开发完成的同时租赁给中正公司使用，租赁期为10年。当年10月1日，该写字楼开发完成并开始出租，写字楼的造价为8 000万元。20×0年12月31日，该写字楼的公允价值为8 200万元。假设珠江公司采用公允价值计量模式。

珠江公司的账务处理如下：

（1）20×0年10月1日，珠江公司开发完成写字楼并出租：

借：投资性房地产——成本　　80 000 000

　贷：开发成本　　80 000 000

（2）20×0年12月31日，按照公允价值为基础调整其账面价值，公允价值与原账面价值之间的差额计入当期损益：

借：投资性房地产——公允价值变动　　2 000 000

　贷：公允价值变动损益　　2 000 000

四、投资性房地产后续计量模式的变更

为保证会计信息的可比性，企业对投资性房地产的计量模式一经确定，不得随意变更。只有在房地产市场比较成熟、有确凿证据表明投资性房地产的公允价值能够持续可靠取得并可以满足公允价值模式条件的，才允许企业将投资性房地产从成本模式计量变更为公允价值模式计量。

成本模式转为公允价值模式的，应当作为会计政策变更处理，并按计量模式变更时公允价值与账面价值的差额调整期初留存收益。已采用公允价值模式计量的投资性房地产，不得从公允价值模式转为成本模式。

【例 5－6】珠江公司拥有一栋专门用于出租的厂房，从 20×0 年 1 月 1 日起，珠江公司将出租厂房的后续计量由成本模式变更为公允价值模式，并将其作为会计政策变更进行了追溯调整。该厂房于 20×0 年 12 月 31 日建造完成，达到预定可使用状态并于当日用于出租，成本为 18 000 万元，已计提折旧 1 600 万元，已计提减值准备 400 万元。假设 20×4 年 1 月 1 日该厂房的公允价值为 17 000 万元。

假定珠江公司按净利润的 10% 提取法定盈余公积金，不提取任意盈余公积金，不考虑所得税等其他因素。

珠江公司的账务处理如下：

借：投资性房地产　　170 000 000

　　投资性房地产累计折旧　　16 000 000

　　投资性房地产减值准备　　4 000 000

　贷：投资性房地产　　180 000 000

　　　利润分配——未分配利润　　9 000 000

　　　盈余公积金　　1 000 000

五、投资性房地产的后续支出

投资性房地产的后续支出，是指已确认为投资性房地产的项目在持有期间发生的与投资性房地产使用效能直接相关的各种支出，如改扩建支出、装修装潢支出、日常维修支出等。

如果投资性房地产发生的后续支出延长了投资性房地产的使用寿命或明显改良了投资性房地产的使用效能，使流入企业的经济利益超出了原先的估计，满足投资性房地产确认条件的，应当计入投资性房地产的成本。例如，企业为了提高投资性房地产的使用效能，往往需要对投资性房地产进行改建、扩建而使其更加坚固耐用，或者通过装修而改善其室内装潢，该扩建或装修支出满足确认条件的，应当将其资本化，计入投资性房地产的成本。

如果投资性房地产发生的后续支出只是维护或恢复投资性房地产原有的使用效能，不能使流入企业的经济利益超过原先的估计，应当在发生时计入当期损益。例如，企业为了保持投资性房地产的正常使用效能而对其进行日常维护和修理所发生的支出，不能满足投资性房地产的确认条件的，应当将其费用化，计入当期损益。

（一）资本化的后续支出

企业对某项投资性房地产进行改扩建等再开发且将来仍作为投资性房地产的，再开发期间应继续将其作为投资性房地产，不计提折旧或摊销。

采用成本模式进行后续计量的，投资性房地产转入再开发时，应将其转为在建的投资性房地产，即按其账面价值借记“投资性房地产——在建”科目，按其累计已计提折旧或累计已摊销金额，借记“投资性房地产累计折旧（摊销）”科目，按其账面原价，贷记“投资性房地产”科目；发生的资本化改扩建支出或装修装潢支出，计入投资性房地产的成本，借记“投资性房地产——在建”科目，贷记“银行存款”等科目；改扩建或装修装潢完成后，应当从在建的投资性房地产转回到在用的投资性房地产，借记“投资性房地产”科目，贷记“投资性房地产——在建”科目。

【例 5－7】20×0 年 5 月，珠江公司与中正公司的一项写字楼经营租赁合同即将到期。对该写字楼按照成本模式进行后续计量，原价为 3 000 万元，已计提折旧 600 万元。为了提高写字楼的租金收入，珠江公司决定在租赁期满后对写字楼进行改扩建，并与南方公司签订了经营租赁合同，约定自改扩建完工时将写字楼出租给南方公司。5 月 15 日，与中正公司的租赁合同到期，写字楼随即进入改扩建工程。12 月 15 日，写字楼改扩建工程完工，共发生支出 150 万元，即日按照租赁合同出租给南方公司。假设珠江公司对投资性房地产采用成本模式进行后续计量。

本例中，改扩建支出属于资本化的后续支出，应当计入投资性房地产的成本。

珠江公司的账务处理如下：

（1）20×0 年 5 月 15 日，投资性房地产转入改扩建工程：

借：投资性房地产——厂房（在建）	24 000 000	
投资性房地产累计折旧	6 000 000	
贷：投资性房地产——厂房		30 000 000

（2）20×0 年 5 月 15 日—12 月 15 日：

借：投资性房地产——厂房（在建）	1 500 000	
贷：银行存款		1 500 000

（3）20×0 年 12 月 15 日，改扩建工程完工：

借：投资性房地产——厂房	25 500 000	
贷：投资性房地产——厂房（在建）		25 500 000

采用公允价值模式进行后续计量的，投资性房地产转入再开发时，按其账面余额借记“投资性房地产——在建”科目，按其账面原价贷记“投资性房地产——成本”科目，按其累计公允价值变动金额贷记（或借记）“投资性房地产——公允价值变动”科目；发生的资本化改扩建支出或装修装潢支出，计入投资性房地产的成本，借记“投资性房地产——在建”科目，贷记“银行存款”等科目；改扩建或装修装潢完成后，应当从在建的投资性房地产转回到在用的投资性房地产，借记“投资性房地产——成本”科目，贷记“投资性房地产——在建”科目。

【例 5－8】20×0 年 3 月，珠江公司与中正公司的一项写字楼经营租赁合同即将到期。为了提高写字楼的租金收入，珠江公司决定在租赁期满后对写字楼进行改扩建，并与南方公司签订了经营租赁合同，约定在改扩建完工时将写字楼出租给南方公司。3 月 15 日，与中正公司的租赁合同到期，写字楼随即进入改扩建工程。12 月 15 日，写字楼改扩建工程完工，共发生支出 150 万元，即日起按照租赁合同出租给南方公司。3 月 15 日，写字楼账面余额为 1 200 万元，其中成本 1 000 万元，累积公允价值变动 200 万元。假设珠江公司采用公允价值计量模式。

珠江公司的账务处理如下：

（1）20×0 年 3 月 15 日，投资性房地产转入改扩建工程：

借：投资性房地产——厂房（在建）	12 000 000	
贷：投资性房地产——成本		10 000 000

——公允价值变动 2 000 000

（2）20×0 年 3 月 15 日—12 月 15 日：

借：投资性房地产——厂房（在建） 1 500 000

贷：银行存款 1 500 000

（3）20×0 年 12 月 15 日，改扩建工程完工：

借：投资性房地产——成本 13 500 000

贷：投资性房地产——厂房（在建） 13 500 000

（二）费用化的后续支出

与投资性房地产有关的后续支出，不满足投资性房地产确认条件的，应当在发生时计入当期损益。企业在发生投资性房地产费用化的后续支出时，借记“其他业务成本”等科目，贷记“银行存款”等科目。

【例 5-9】20×0 年 1 月珠江公司购入一栋建筑物，并于当日对外出租。珠江公司对投资性房地产采用公允价值模式进行后续计量。20×0 年 5 月，珠江公司对该建筑物进行日常维护所发生的费用为 50 万元，款项以银行存款支付。

珠江公司的账务处理如下：

借：其他业务成本 500 000

贷：银行存款 500 000

六、投资性房地产的转换与处置

（一）投资性房地产的转换

房地产的转换是因房地产用途发生改变而对房地产进行的重新分类。这里所说的房地产转换是针对房地产用途发生改变而言，而不是后续计量模式转变。

企业必须有确凿证据表明房地产用途发生改变，才能将投资性房地产转换为非投资性房地产或者将非投资性房地产转换为投资性房地产，例如自用的办公楼改为出租等。这里的确凿证据包括两个方面：一是企业董事会或类似机构应当就改变房地产用途形成正式的书面决议；二是房地产因用途改变而发生实际状态的改变，如从自用状态改为出租状态。

房地产转换形式主要有以下五种：

投资性房地产开始自用，相应地由投资性房地产转换为固定资产或无形资产。投资性房地产开始自用是指企业将原来用于赚取租金或资本增值的房地产改为用于生产商品、提供劳务或者经营管理。例如，企业将出租的厂房收回，并用于生产本企业的产品。又如，从事房地产开发的企业将出租的开发产品收回，作为企业的固定资产使用。

作为存货的房地产改为出租，通常指房地产开发企业将其持有的开发产品以经营租赁的方式出租，相应地由存货转换为投资性房地产。

自用土地使用权停止自用，用于赚取租金或资本增值，相应地由无形资产转换为投资性房地产。

自用建筑物停止自用，改为出租，相应地由固定资产转换为投资性房地产。

房地产企业将用于经营出租的房地产重新开发用于对外销售，从投资性房地产转换为存货。

1. 投资性房地产转换为自用房地产

企业将原本用于赚取租金或资本增值的房地产改用为生产商品、提供劳务或者经营管理，投资性房地产相应地转换为固定资产或无形资产。例如，企业将出租的厂房收回，用于生产本企业的产品。在此种情况下，转换日为房地产达到自用状态，企业开始将房地产用于生产商品、提供劳务或者经营管理的日期。

（1）企业将采用成本模式进行后续计量的投资性房地产转换为自用房地产，应当按该投资性房地产在转换日的账面余额，累计折旧或摊销、减值准备等，分别转入“固定资产”“累计折旧”“固定资产减值准备”等科目；按投资性房地产的账面余额借记“固定资产”或“无形资产”科目，贷记“投资性房地产”科目；按已计提的折旧或摊销借记“投资性房地产累计折旧（摊销）”科目，贷记“累计折旧”或“累计摊销”科目；原已计提减值准备的，借记“投资性房地产减值准备”科目，贷记“固定资产减值准备”或“无形资产减值准备”科目。

【例 5－10】 20×0 年 6 月 1 日，珠江公司将出租在外的厂房收回，开始用于本公司生产商品。该项房地产账面价值为 3 750 万元，其中，原价 5 200 万元，累计已计提折旧 1 250万元，已计提减值准备 200 万元。假设珠江公司采用成本计量模式。

珠江公司的账务处理如下：

借：固定资产	52 000 000	
投资性房地产累计折旧	12 500 000	
投资性房地产减值准备	2 000 000	
贷：投资性房地产		52 000 000
累计折旧		12 500 000
固定资产减值准备		2 000 000

（2）企业将采用公允价值模式进行后续计量的投资性房地产转换为自用房地产，应当以其转换日的公允价值作为自用房地产的账面价值，公允价值与原账面价值的差额计入当期损益。在转换日按该项投资性房地产的公允价值，借记“固定资产”或“无形资产”科目，按该项投资性房地产的成本，贷记“投资性房地产——成本”科目，按该项投资性房地产的累计公允价值变动，贷记或借记“投资性房地产——公允价值变动”科目，按其差额贷记或借记“公允价值变动损益”科目。

【例 5－11】 20×0 年 5 月 1 日，珠江公司因租赁期满，将出租的写字楼收回，开始作为办公楼用于本公司的行政管理。20×0 年 5 月 1 日，该写字楼的公允价值为 4 750 万元。该项房地产在转换前采用公允价值模式计量，原账面价值为 4 700 万元，其中，成本为 4 500 万元，公允价值变动为增值 200 万元。

珠江公司的账务处理如下：

借：固定资产	47 500 000	
贷：投资性房地产——成本		45 000 000
——公允价值变动		2 000 000
公允价值变动损益		500 000

2. 投资性房地产转换为存货

房地产开发企业将用于经营出租的房地产重新开发、对外销售的，从投资性房地产转换为存货。这种情况下，转换日为租赁期届满、企业董事会或类似机构作出书面决议明确表明将其重新开发用于对外销售的日期。

（1）企业将采用成本模式进行后续计量的投资性房地产转换为存货时，应当按照该项房地产在转换日的账面价值借记“开发产品”科目，按照已计提的折旧或摊销借记“投资性房地产累计折旧（摊销）”科目，原已计提减值准备的，借记“投资性房地产减值准备”科目，按其账面余额，贷记“投资性房地产”科目。

【例 5－12】珠江公司将其开发的部分写字楼用于对外经营租赁。20×0 年 5 月 1 日，因租赁期满，珠江公司将出租的写字楼收回，并作出书面决议，将该写字楼重新开发用于对外销售，即由投资性房地产转换为存货。当日该写字楼账面价值为 3 800 万元，其中，原价 5 500 万元，累计已计提折旧 1 500 万元，已计提减值准备 200 万元。假设珠江公司采用成本计量模式。

珠江公司的账务处理如下：

借：开发产品	38 000 000	
投资性房地产累计折旧	15 000 000	
投资性房地产减值准备	2 000 000	
贷：投资性房地产		55 000 000

（2）企业将采用公允价值模式进行后续计量的投资性房地产转换为存货时，应当以其转换日的公允价值作为存货的账面价值，公允价值与原账面价值的差额计入当期损益。在转换日按该项投资性房地产的公允价值，借记“开发产品”科目，按该项投资性房地产的成本，贷记“投资性房地产——成本”科目；按该项投资性房地产的累计公允价值变动，贷记或借记“投资性房地产——公允价值变动”科目，按其差额，贷记或借记“公允价值变动损益”科目。

【例 5－13】珠江公司将其开发的部分写字楼用于对外经营租赁。20×0 年 5 月 1 日，因租赁期满，珠江公司将出租的写字楼收回，并作出书面决议，将该写字楼重新开发用于对外销售，即由投资性房地产转换为存货，当日的公允价值为 6 000 万元。该项房地产在转换前采用公允价值模式计量，原账面价值为 5 700 万元，其中，成本为 5 000 万元，公允价值增值为 700 万元。

珠江公司的账务处理如下：

借：开发产品	60 000 000	
贷：投资性房地产——成本		50 000 000
——公允价值变动		7 000 000
公允价值变动损益		3 000 000

3. 其他资产转换为投资性房地产

企业将作为存货的房地产改用于出租，或将自用的土地使用权改用于出租或资本增值，或将自用房屋建筑物改用于出租，应将上述资产转换为投资性房地产。

（1）企业将自用建筑物或土地使用权转换为以成本模式计量的投资性房地产时，应当按该项建筑物或土地使用权在转换日的原价、累计折旧（摊销）、减值准备等，分别转入“投资性房地产”“投资性房地产累计折旧（摊销）”“投资性房地产减值准备”等科目，按其账面余额，借记“投资性房地产”科目，贷记“固定资产”或“无形资产”科目，按已计提的折旧或摊销，借记“累计折旧”或“累计摊销”科目，贷记“投资性房地产累计折旧（摊销）”科目，原已计提减值准备的，借记“固定资产减值准备”或“无形资产减值准备”科目，贷记“投资性房地产减值准备”科目。

（2）企业将自用建筑物或土地使用权转换为以公允价值模式进行后续计量的投资性房地产，应当按该项建筑物或土地使用权在转换日的公允价值，借记“投资性房地产——成本”科目，按已计提的累计折旧或累计摊销，借记“累计折旧”或“累计摊销”科目；原已计提减值准备的，借记“固定资产减值准备”“无形资产减值准备”科目；按其账面余额，贷记“固定资产”或“无形资产”科目。同时，转换日的公允价值小于账面价值的，按其差额借记“公允价值变动损益”科目；转换日的公允价值大于账面价值的，按其差额，贷记“其他综合收益”科目。当该项投资性房地产被处置时，因转换计入其他综合收益的部分应转入当期损益。

（3）企业将作为存货的房地产转换为采用成本模式进行后续计量的投资性房地产，应当按该项房地产在转换日的账面价值，作为投资性房地产的入账价值。转换时，按该项投资性房地产的账面价值，借记“投资性房地产”科目，按已计提的跌价准备，借记“存货跌价准备”科目，按其账面余额，贷记“开发产品”等科目。

（4）企业将作为存货的房地产转换为采用公允价值模式进行后续计量的投资性房地产，应当按该项房地产在转换日的公允价值，作为投资性房地产的入账价值。公允价值小于原账面价值的差额，计入当期损益；公允价值大于原账面价值的差额，计入其他综合收益，待该项投资性房地产被处置时，转入处置当期损益。转换时，按该项房地产的公允价值，借记“投资性房地产——成本”科目，按已计提的跌价准备，借记“存货跌价准备”科目，按其账面余额，贷记“开发产品”等科目。同时，转换日的公允价值小于账面价值的，按其差额，借记“公允价值变动损益”科目；转换日的公允价值大于账面价值的，按其差额，贷记“其他综合收益”科目。

（二）投资性房地产的终止确认与处置损益

投资性房地产的处置主要指投资性房地产的出售、转让、报废和毁损，也包括由于对外投资、非货币性资产交换、债务重组等原因转出投资性房地产的情形。当投资性房地产被处置，或者永久退出使用且预计不能从其处置中取得经济利益时，应当终止确认该项投资性房地产。

企业可以通过对外出售或转让的方式处置投资性房地产取得收益。对于那些由于使用而不断磨损直到最终报废，或者由于遭受自然灾害等非正常原因发生毁损的投资性房地产应当及时进行清理。此外，企业因其他原因，如非货币性交易等而减少投资性房地产也属于投资性房地产的处置。企业出售、转让、报废投资性房地产或者发生投资性房地产毁损，应当将处置收入扣除其账面价值和相关税费后的金额计入当期损益。

1. 采用成本模式计量的投资性房地产的处置

企业处置采用成本模式计量的投资性房地产，应将取得的处置收入作为其他业务收入，将所处置的投资性房地产的账面价值计入其他业务成本。处置时，应当按实际收到的金额借记“银行存款”等科目，贷记“其他业务收入”“应交税费——应交所得税（销项税额）”科目；按该项投资性房地产的账面价值，借记“其他业务成本”科目，按其账面余额，贷记“投资性房地产”科目，按照已计提的折旧或摊销，借记“投资性房地产累计折旧（摊销）”科目，原已计提减值准备的，借记“投资性房地产减值准备”科目。

【例5-14】20×0年5月珠江公司将其持有的一栋用于出租的办公大楼对外出售，售价为5 500万元，该办公大楼的账面余额为4 600万元，已计提折旧400万元。珠江公司对投资性房地产采用成本模式进行后续计量。不考虑其他因素。

珠江公司的账务处理如下：

借：银行存款	55 000 000	
贷：其他业务收入		55 000 000
借：其他业务成本	42 000 000	
投资性房地产累计折旧	4 000 000	
贷：投资性房地产		46 000 000

2. 采用公允价值模式计量的投资性房地产的处置

企业处置采用公允价值模式计量的投资性房地产，应将取得的处置收入作为其他业务收入，将所处置的投资性房地产的账面价值计入其他业务成本；同时，还应将该投资性房地产累计公允价值变动损益转出，计入处置当期其他业务成本；若存在原转换日计入其他综合收益的金额，也需一并转出，计入处置当期其他业务成本。

处置采用公允价值模式计量的投资性房地产，应当按实际收到的金额，借记“银行存款”的概念科目，贷记“其他业务收入”“应交税费——应交所得税（销项税额）”科目；按该项投资性房地产的账面余额，借记“其他业务成本”科目，按其成本，贷记“投资性房地产——成本”科目，按其累计公允价值变动，贷记或借记“投资性房地产——公允价值变动”科目。同时结转投资性房地产累计公允价值变动。若存在原转换日计入其他综合收益的金额，也一并结转。

【例5-15】20×0年3月10日，珠江公司与中正公司签订了租赁协议，将其开发的一栋写字楼出租给中正公司使用，租赁期开始日为20×0年4月10日。20×0年4月10日，该写字楼的账面余额为45 000万元，公允价值为48 000万元。20×0年12月31日，该项投资性房地产的公允价值为49 000万元。20×2年6月租赁期届满，珠江公司收回该项投资性房地产，并以56 000万元出售，出售款项已收讫。珠江公司采用公允价值模式计量，不考虑其他因素。

珠江公司的账务处理如下：

（1）20×0年4月10日，存货转换为投资性房地产：

借：投资性房地产——成本	480 000 000	
贷：开发产品		450 000 000
其他综合收益		30 000 000

（2）20×0年12月31日，公允价值变动：

借：投资性房地产——公允价值变动　　10 000 000
　贷：公允价值变动损益　　10 000 000

（3）20×2 年 6 月，出售投资性房地产：

借：银行存款　　560 000 000
　　公允价值变动损益　　10 000 000
　　其他综合收益　　30 000 000
　　其他业务成本　　450 000 000
　贷：投资性房地产——成本　　480 000 000
　　　　　　　　——公允价值变动　　10 000 000
　　其他业务收入　　560 000 000

或：

借：银行存款　　560 000 000
　贷：其他业务收入　　560 000 000
借：其他业务成本　　490 000 000
　贷：投资性房地产——成本　　480 000 000
　　　　　　　　——公允价值变动　　10 000 000
借：公允价值变动损益　　10 000 000
　贷：其他业务成本　　10 000 000
借：其他综合收益　　30 000 000
　贷：其他业务成本　　30 000 000

第二节　无形资产

一、无形资产的概述

（一）无形资产的概念及性质

无形资产（intangible assets）是指企业拥有或者控制的没有实物形态的可辨认非货币性资产。除满足资产的基本定义外，无形资产还具有“非实物性”和“可辨认性”两个性质。

1. 非实物性

无形资产没有实物形态，这是无形资产区别于其他资产的重要特征。具体来说，无形资产可能表现为某种权利、某种技术甚至某种信息。但需要指出的是部分货币性资产虽然符合非实物性的特征（例如银行存款、应收款项等），但不能作为无形资产确认。这是因为无形资产不具备完善的交易市场，不容易转换成现金；在为企业带来经济利益时也通常是不固定或不可确定的金额，不符合货币性资产的特征。

2. 可辨认性

可辨认性要求无形资产可以与其他的资产相区分。资产满足下列条件之一的，符合无形资产定义中的可辨认性标准：

（1）能够从企业中分离或者划分出来，并能单独用于出售、转移、授予许可、租赁或者交换。

（2）源自合同性权利或其他法定权利，无论这些权利是否可以从企业或其他权利和义务中转移或者分离。

根据我国企业会计准则对于无形资产定义的要求，无形资产具体包括专利权、商标权、非专利技术、著作权、土地使用权、特许权等。需要注意的是商誉不属于无形资产，因为其不能够独立于企业之外而存在，具有不可辨认性。

（二）无形资产的特征

无形资产具有的特征主要表现在以下四个方面：

（1）没有实物形态。无形资产所代表的是企业拥有的某些特殊权益或优势。它是通过拥有的某些特殊权益或优势使企业获得高于一般盈利水平的额外经济利益，具有极大的潜在价值。它与固定资产通过实物价值的磨损和转移为企业带来未来经济利益具有显著区别。

（2）将在较长时期内为企业提供经济利益。无形资产所代表的特殊权益或优势一般可以在较长的时期内存在，不会很快消逝，企业可以长期受益。但除了法律规定的年限之外，企业是无法判定无形资产经济年限的长短的。

（3）无形资产属于非货币性资产。由于无形资产没有发达的交易市场，因而其转化为现金的渠道有限，转化为现金的数额也难以估计。这一点有别于企业的应收账款，应收账款虽然没有实物形态，但是它转化为现金比较方便且数额是一定的，因而应收账款属于货币性资产而不是无形资产。

（4）所提供的未来经济利益具有高度的不确定性。无形资产能否为企业提供未来的超额利润在很大程度上受到企业外部因素的影响，如技术进步、市场需求变化、同行业竞争等，使得其预期的获利能力具有高度的不确定性，可能分布在零到很大金额的范围内。此外，无形资产的取得成本与其能为企业带来的未来经济利益之间并无内在联系，因而很难对其未来的获利能力作出合理估计。

（三）无形资产的分类

无形资产对企业来讲具有重要的意义，特别是在知识经济的条件下，无形资产的作用就更加突出，因此企业必须加强对无形资产的管理与核算。从不同的角度采取科学的方法对无形资产进行合理的分类，是做好无形资产管理和核算的一项重要基础工作。根据无形资产的特点，一般可将无形资产分类如下：

（1）无形资产按取得来源不同分类，可分为外购的无形资产、自行开发的无形资产、投资者投入的无形资产、企业合并取得的无形资产、债务重组取得的无形资产、以非货币性资产交换取得的无形资产以及政府补助取得的无形资产等。这种分类的目的主要是使无形资产的初始计量更加准确和合理。因为不同来源取得的无形资产，其初始成本的确定方法以及所包括的经济内容是不同的。

（2）无形资产按其使用寿命是否有期限，可分为有期限无形资产和无期限无形资产。有限期无形资产是指有效期由法律规定的无形资产，如专利权、商标权、著作权等。无限期无形资产是指法律并未规定有效期的无形资产。

二、无形资产的初始计量

由于无形资产没有实物形态，只是一种虚拟资产，因而其确认要比有形资产困难得多，作为无形的资产项目，只有同时满足以下三个条件，才能将其确认为无形资产：

（1）符合无形资产的定义。这是指无形资产既需要满足资产一般属性的要求，即由企业拥有或控制，同时也要满足无形资产没有实物形态和可辨认的特殊要求。

（2）与该资产有关的经济利益可能流入企业。无形资产带来的经济利益流入可能有两种表现形式：第一种形式是无形资产带来的经济利益包含在销售商品、提供劳务的收入中。第二种形式则是企业使用该项无形资产而减少或节约成本。判断无形资产的经济利益是否可能流入企业时，需要对无形资产在预期使用寿命内可能存在的各种内部或外部的经济因素作出稳健的估计。

（3）该无形资产的成本能够可靠地计量。成本能够可靠地计量是指“用一定的方法”可以计算出资产的价值，且计算出的价值可靠。具体而言，企业中高级人才离职后签署的“保密协议”能够防止竞争企业获得技术优势，客观上能够给企业带来经济收入，但这种经济收入难以计量，故不能作为企业的无形资产加以确认。

企业购入的无形资产、通过非货币性资产交换取得的无形资产、投资者投入的无形资产、企业合并取得的无形资产、债务重组取得的无形资产以及自行开发并依法申请取得的无形资产，如果满足上述三个条件的要求，都应确认为企业的无形资产。企业内部产生的品牌、报刊名等，因其发生的成本无法可靠地计量而不确认为企业的无形资产。

三、无形资产的取得

（一）外购的无形资产

外购方式是企业取得无形资产最重要的渠道之一。外购的无形资产，按照其取得成本进行初始计量。外购的无形资产成本包括购买价款、相关税费及直接归属于使该资产达到预定用途发生的支出。直接归属于使该项资产达到预定用途所发生的其他支出包括使无形资产达到预定用途所发生的专业服务费用、测试无形资产是否能够正常发挥作用的费用等。

企业采用分期付款方式购买无形资产，购入的无形资产超过正常信用条件延期支付价款，实质上构成融资性质的，应按规定将所取得无形资产购买价款的现值作为基础加以确定。购买价款与购买价款现值之间的差额，作为未确认融资费用，在付款期间内按照实际利率法进行摊销，计入各年财务费用中。

企业外购的无形资产，如果取得法律规定的可抵扣发票，其支付的增值税额可以抵扣，若无法取得法律规定的可抵扣发票，则支付的增值税额不能抵扣，应计入无形资产成本并按规定方法进行摊销。

需要注意的是，企业通过外购取得的土地使用权，通常应当按照取得时所支付的价款及相关的税费确认为无形资产。企业土地使用权用于自行开发建设建筑物时，土地使用权的账面价值与地上建筑物分开核算，分别进行摊销与折旧。但下列情况除外：①对于房地产开发企业而言，其所取得的用于建造对外出售建筑物的土地使用权，应当计入所建造的建筑物成本；②企业外购房屋建筑物时，实际支付的价款中包括土地以及建筑物的价值，需要按照合理方法对支付价款中土地及建筑物的价值进行拆分，确实无法分配的，应当全部作为固定资产核算。

企业改变土地使用权的用途，将其用于出租或增值时，应将无形资产转换为投资性房地产。

【例 5-16】珠江公司 20×0 年 1 月从中正公司购入一项专利权，按照协议约定以现金支付，实际支付的价款为 200 万元，并支付相关税费 1 万元和有关专业服务费用 5 万元，款项已通过银行转账支付。

无形资产初始计量的成本 = 200 + 1 + 5 = 206（万元）

珠江公司的账务处理如下：

借：无形资产——专利权　　2 060 000

　贷：银行存款　　2 060 000

（二）投资者投入的无形资产

如果企业的生产经营管理活动需要某些无形资产，可以接受投资者以无形资产的形式向企业进行投资，以换取企业的权益。投资者投入的无形资产，应当按照投资合同或协议约定的价值确定无形资产成本。投资合同或协议约定价值不公允的，应按无形资产的公允价值作为无形资产初始成本入账。无形资产的入账价值与折合资本额之间的差额作为资本溢价或股本溢价，计入资本公积。

【例 5-17】珠江公司与中正公司于 20×0 年 7 月以协议商定，中正公司以其商标权投资珠江公司，双方协议价格（等于公允价值）为 700 万元，珠江公司另支付印花税等相关税费 2 万元，款项已通过银行转账支付。

珠江公司接受中正公司作为投资的商标权的成本 = 700 + 2 = 702（万元）

珠江公司的账务处理如下：

借：无形资产——商标权　　7 020 000

　贷：实收资本（或股本）　　7 000 000

　　　银行存款　　20 000

（三）非货币性资产交换取得的无形资产

非货币性资产交换取得的无形资产是指企业以存货、固定资产、长期股权投资等非货币性资产与其他单位的无形资产进行交换而取得的无形资产。这种方式取得的无形资产的入账价值按照《企业会计准则第 7 号——非货币性资产交换》的规定来确定。

第一，以非货币性资产进行交换的业务具有商业实质，而且换入资产或换出资产的公允价值能够可靠地计量时，换入的无形资产应当以换出资产的公允价值加上应支付的相关税费作为换入无形资产成本（入账价值）。由于换出资产的公允价值与换出资产的账面价值的差额通过非货币性资产交换得以实现，该差额应作为交换损益计入当期损益。涉及补价时，要分两种情况进行处理：一是换入资产方支付补价的，换入无形资产成本应按照换出资产的公允价值加上支付的补价（即换入资产的公允价值）和应支付的相关税费确定，换入无形资产成本与换出资产账面价值加支付补价、应支付相关税费之和的差额，计入当期损益；二是换入资产方收到补价的，换入无形资产成本应按照换入资产的公允价值（或换出资产的公允价值减去补价）和应支付的相关税费确定，换入无形资产成本加收到补价之和与换出资产账面价值加应支付相关税费之和的差额，作为交换损益计入当期损益。

第二，以非货币性资产进行交换的业务不具有商业实质，而且换入资产或换出资产的公允价值不能可靠地计量时，换入的无形资产应当以换出资产的账面价值加上应支付的相关税费作为换入无形资产成本，不确认交换损益。涉及补价时，也要分两种情况进行处理：一是换入资产方支付补价的，换入无形资产成本应当以换出资产的账面价值加上支付的补价和应支付的相关税费确定；二是换入资产方收到补价的，换入无形资产成本应当以换出资产的账面价值减去收到的补价，再加上应支付的相关税费来确定。这两种情况下的交换业务均不确认交换损益。

【例 5－18】 20×0 年 8 月，珠江公司以一台设备换入中正公司的一项非专利技术。该设备的原价为 60 万元，已计提折旧 22 万元，已计提减值准备 4 万元，交换日的公允价值为 40 万元。非专利技术的账面价值为 50 万元，累计摊销为 15 万元，交换日的公允价值为 38 万元。珠江公司收到中正公司支付的 2 万元作为补价。假设不考虑相关税费，上述非货币性资产具有商业实质且公允价值能够可靠地计量。

珠江公司的账务处理如下：

借：固定资产清理	340 000	
累计折旧	220 000	
固定资产减值准备	40 000	
贷：固定资产		600 000
借：银行存款	20 000	
无形资产	380 000	
贷：固定资产清理		340 000
营业外收入——处置非流动资产利得		60 000

（四）自行研发的无形资产

一家成熟的、有竞争力的企业，每年都应该将一定数量的资金投入在研究和开发上，通过研究和开发活动取得专利权和非专利技术等无形资产，以取得和保持技术上的领先地位。会计上对于企业内部研究开发费用的确认与计量的方法存在一定的争议。例如，华为的管理层称近十年在研发费用上的投资总计高达 4 800 亿元人民币，而在 2018 年的财务报告中，商誉及无形资产的账户余额仅约为 80 亿元人民币。可见，华为投入研发中的资金很大一部分已经在发生时费用化了，而如果没有这些研发，没有依靠这些研发带来的技术，想必华为也不会成为如此伟大的企业。而这些研发费用所创造的价值却没有在财务报告中真实反映，这也是对于该项支出会计处理的争议所在。

从理论上来讲，自创专利权的成本包括研究与开发的费用以及成功以后依法申请专利过程中所发生的费用。争论的焦点在于研究与开发的费用是否应资本化、计入无形资产的价值。对于内部研究开发支出一般有三种处理方法：一是全部费用化。理由是企业在从事某项专利技术的研究与开发时，不一定保证成功，出于谨慎性考虑，应将研究与开发过程中的费用计入发生当期损益。这种处理方法比较简单，也便于会计人员实际操作。但是它不能真实地反映企业拥有资产的价值，因为对于成功的研发项目来说，后期的费用相对而言是很少的，较大数额的研究与开发费用不包含在内，会歪曲企业资产的实际价值。二是全部资本化。基本依据是企业的研究与开发活动应看作一个整体，因此应由企业总体的研究与开发活动来决定研究与开发费用的处理方法。如果企业总体的研究与开发计划产生未来收益的可能性很高，则全部费用都应资本化，而不论单个项目未来的收益如何。这种处理方法不符合无形资产确认条件的要求。因为无形资产的确认是以单个项目是否会带来未来经济利益为前提的，而不是从整体上来考虑的，因此是矛盾的。三是有选择性的资本化。这种方法要先指定研究与开发支出资本化的条件，符合条件的资本化，反之则应费用化。在采用此方法的国家中，这些条件的规定是不尽相同的。国际会计准则规定了六个方面：①完成该无形资产，使其能使用或销售，在技术上可行。②有意完成该无形资产并使用或销售它。③有能力使用或销售该无形资产。④该无形资产产生经济利益的方式。其中，企业应证明该无形资产生产的产品存在市场或无形资产自身存在市场；如果该无形资产将在内部使用，那么应证明该无形资产的有用性。⑤有足够的技术、财务资源和其他资源支持，以完成该无形资产的开发、使用或销售。⑥归属于该无形资产开发阶段的支出能够可靠地计量。下面就我国对企业内部研究与开发费用的确认与计量问题加以说明。

1. 研究阶段和开发阶段的划分

《企业会计准则第 6 号——无形资产》规定，对于企业内部研究与开发费用的确认与计量是分研究和开发两个阶段进行的。不同的阶段对其内部研究与开发费用的确认与计量的规定是不同的，因此研究阶段和开发阶段的划分极其重要。

研究阶段指为获取新技术和知识进行的有计划的调研，这一阶段具有计划性和探索性的特征。计划性指研究阶段是建立在有计划的基础上的，即已经获得董事会或相关管理层的批准，正在进行资料收集与市场调研等。探索性则指该时期的研究活动仅能获得研究报告等基础性成果，还无法形成实质的、具体的新产品、新技术，并且对于之后能否形成无形资产有较大不确定性。研究阶段的有关支出在发生时予以费用化并计入当期损益。

开发阶段指在进行商业性生产或使用前，将研究成果或其他知识应用于某项计划或设计，具体开始生产或改进产品、配方、材料等。不同于研究阶段，这一阶段具有针对性的特征，且相对于研究阶段，研发更进一步，因此在很大程度上已经具备一项新产品或技术形成的基本条件，形成成果的可能性较大。此时，如果企业能够证明满足无形资产的定义及相关确认条件，其所发生的开发支出可予以资本化，确认为无形资产的成本。

2. 内部研究开发费用的确认与计量原则

在对企业内部研究与开发过程进行了准确的划分以后，对这两个阶段发生的费用，在确认和计量上需要遵循不同的原则。

对于研究阶段来说，其研究工作能否在未来形成成果，即通过开发后是否会形成无形资产均有很大的不确定性，企业也无法证明其研究活动一定能够形成带来未来经济利益的无形资产，因此，研究阶段的有关支出在发生时应当费用化并计入当期损益。

对于开发阶段来说，由于其相对于研究阶段更进一步，且很大程度上已经具备形成一项新产品或新技术的基本条件，因此此时如果企业能证明满足无形资产的定义及费用资本化的条件，则所发生的开发支出可予以资本化，计入无形资产的成本。其经济内容包括开发无形资产时耗费的材料、劳务成本、注册费、在开发该无形资产过程中使用的其他专利权和特许权的摊销、按照规定资本化的利息支出，以及为该无形资产达到预定用途前所发生的其他费用。在开发无形资产过程中发生的除上述可直接归属于无形资产开发活动的其他销售费用、管理费用等间接费用、无形资产达到预定用途前发生的可辨认的无效和初始运作损失、为运行该无形资产发生的培训支出等，均不构成无形资产的开发成本。

开发阶段的费用支出是否应计入无形资产的成本，要视其是否满足资本化的条件而定。不能满足资本化条件的费用支出应计入当期损益。开发阶段的费用支出的资本化条件包括以下五个方面：

（1）将无形资产继续开发至完成状态，使其在技术上、财务上、资源上具有可行性。技术上的可行性指在当前完成的技术基础上，继续开发无形资产，使之达到能够使用或出售的状态，不存在技术上的障碍。在具体判断中，需要提供相关的证据以证明此时的技术成果足够完成无形资产的开发。财务、资源上的可行性则指企业具备无形资产开发的经济基础，这往往需要企业的资源配置、融资方案等作为证明。

（2）具有完成该无形资产并使用或出售的意图，且能够证明无形资产存在市场或利用该无形资产生产的产品存在市场。即使无形资产研发完成，但不进行或无法进行使用或出售，仍然无法为企业带来经济利益的流入。而是否使用或出售往往由管理层所决定，因此只有当企业具有使用或出售无形资产的意图，且具备将无形资产使用或出售的市场条件时，才可以将开发阶段的研究费用资本化。

（3）无形资产产生经济利益的方式，包括能够证明运用该无形资产生产的产品存在市场或无形资产自身存在市场。无形资产将在内部使用的，应当证明其有用性。无形资产确认的基本条件是能够为企业带来经济利益，或从其能够为企业带来经济利益的方式而言。有关的无形资产在形成以后，主要用于生产新产品或新工艺的，企业应对运用该无形资产生产的产品市场情况进行估计，应能够证明所生产的产品存在市场，能够带来经济利益的流入；有关的无形资产开发以后主要用于对外出售的，企业应能够证明市场上存在对该类无形资产的需求，开发以后存在外在的市场可以出售并带来经济利益的流入；如果无形资产开发以后不是用于生产产品，也不是用于对外出售，而是在企业内部使用，则企业应能够证明其在企业内部使用时对企业的有用性。

（4）有足够的技术、财务资源和其他资源支持，以完成该无形资产的开发，并有能力使用或出售该无形资产。这个条件要求：第一，具备完成该项无形资产开发的技术可靠性。开发无形资产并使其形成成果，技术上的可靠性是继续开发活动的关键。因此，必须有确凿证据证明企业继续开发该项无形资产有足够的技术支持和技术能力。第二，财务资源和其他资源支持。财务资源和其他资源支持是指能够完成该项无形资产开发的经济基础，因此，企业必须能够说明为完成该项无形资产的开发所需的财务资源和其他资源是否能够支持完成该项无形资产的开发。第三，能够证明企业在开发过程中所需的技术、财务和其他资源，以及企业获得这些资源的相关计划等。如在企业自有资金不足、无法提供支持的情况下，是否存在外部等其他方面的资金支持，如以银行等借款机构愿意为该无形资产的开发提供所需资金的声明来证实。第四，有能力使用或出售该无形资产以取得收益。

（5）归属于该无形资产开发阶段的支出能够可靠地计量。研发活动所形成的无形资产成本由可直接归属于该资产的创造、生产并使该资产能够以管理层预定的方式运作的所有必要支出构成。可直接归属成本包括开发该无形资产时耗费的材料、服务、管理费用、开发过程中使用其他无形资产的摊销、可资本化的利息支出等。需要注意的是，在企业同时实施多项开发活动时，所发生的支出应当按照一定的标准在各项开发活动中分配，无法明确分配的，应当予以费用化，计入当期损益。

3. 内部研究开发费用的账务处理

为了正确地计算企业的利润以及合理地对无形资产进行确认，需要设置“研发支出”科目，以反映企业内部在研发过程中发生的支出。“研发支出”科目应当按照研究开发项目，分“费用化支出”与“资本化支出”进行明细核算。企业的研发支出包括直接发生的和分配计入的两部分。直接发生的研发支出包括研发人员工资、材料费，以及相关设备折旧费等；分配计入的研发支出是指企业同时从事多项研究开发活动时所发生的支出按照合理的标准在各项研究开发活动之间进行分配计入的部分。研发支出无法明确分配的，应当计入当期损益，不计入开发活动的成本。

企业自行开发无形资产发生的研发支出，对于不满足资本化条件的应当借记“研发支出——费用化支出”科目，满足资本化条件的应当借记“研发支出——资本化支出”科目，贷记“原材料”“银行存款”“应付职工薪酬”等科目；研发项目达到预定用途，形成无形资产的，按照“研发支出——资本化支出”科目的余额，借记“无形资产”科目，贷记“研发支出——资本化支出”科目。期末，企业应将“研发支出”归集的费用化支出余额转入“管理费用”科目，借记“管理费用”科目，贷记“研发支出——费用化支出”科目。“研发支出”期末借方余额反映企业进行中的研究开发项目中满足资本化条件的支出。

【例 5 - 19】 20×0 年 1 月 1 日，珠江公司经董事会批准研发某项新产品的专利技术，该公司董事会认为，研发该项目具有可靠的技术和财务等资源的支持，并且一旦研发成功，将降低该公司产品的生产成本。该公司在研究开发过程中发生材料费6 000万元、人工工资 1 000 万元，以及其他费用 3 000 万元，总计 10 000 万元。其中，符合资本化条件的支出为 7 000 万元。20×0 年 12 月 31 日，该专利技术已经达到预定用途。

珠江公司的账务处理如下：

（1）发生研发支出：

借：研发支出——资本化支出	70 000 000	
——费用化支出	30 000 000	
贷：原材料		60 000 000
应付职工薪酬		10 000 000
银行存款		30 000 000

(2) 20×0 年 12 月 31 日，该专利技术已经达到预定用途：

借：无形资产	70 000 000	
管理费用	30 000 000	
贷：研发支出——资本化支出		70 000 000
——费用化支出		30 000 000

四、无形资产的后续计量

无形资产初始确认和计量以后，由于对其使用和科学技术进步等因素的影响，它的价值会由于转移和贬值而减少。无形资产的后续计量是指在某一个时点上对无形资产价值余额的计量。主要业务包括无形资产的摊销以及减值损失的确定。

无形资产能够在一定时期内给企业带来经济利益，因此理论上无形资产的价值应按无形资产的受益期体现在各期的损益中，这在会计上称为无形资产的摊销，类似于固定资产的折旧。无形资产的摊销主要涉及三个方面的问题，即使用寿命的确定、摊销方法的选择和摊销金额的列支去向。

（一）无形资产使用寿命的确定与复核

无形资产价值的摊销在会计上是以无形资产的使用寿命为摊销期进行的。无形资产的使用寿命分为有限和无限两种。对于使用寿命有限的无形资产，需要在估计寿命内采用系统合理的方法进行摊销。而对于使用寿命不确定的无形资产，则不需要摊销。

企业应当在取得无形资产时就对其使用寿命进行分析和判断，对无形资产的使用寿命做出合理的估计，无法估计的，应当视为寿命不确定的无形资产。估计无形资产寿命时，需要综合通常的产品寿命周期、工艺发展情况、资产在行业内运用的稳定性、市场需求情况、竞争者、对无形资产的未来维护支出、对资产的控制期限、法律限制等要求综合考虑。在分析和判断无形资产的使用寿命时，需要注意以下三点：

(1) 源自合同性权利或其他法定权利取得的无形资产，其使用寿命不应超过合同性权利或其他法定权利的期限。但企业使用无形资产预期期限短于合同性权利或其他法定权利的，应当按照企业使用无形资产的预期期限确定其使用寿命。比如，企业取得的一项专利权，国家法律规定的保护期限为 10 年，企业预计利用该项无形资产所产生的产品或提供的劳务在未来 8 年内为企业带来经济利益，则该项专利权的使用寿命为 8 年。如果合同性权利或其他法定权利能够在到期时因续约等原因延续，则仅当有证据表明续约不需要付出重大成本时，才能够将续约期计入估计寿命。

(2) 合同和法律没有规定使用寿命的，企业应当综合各方面情况进行判断，以确定无形资产能为企业带来未来经济利益的期限。比如，与同行业的情况进行比较、参考历史经验，或聘请相关专家进行论证等。按照上述方法仍无法合理确定无形资产为企业带来经济利益期限的，该项无形资产应作为使用寿命不确定的无形资产而不进行摊销，但应进行减值测试。

(3) 无形资产使用寿命确定以后并不是一成不变的，随着相关影响因素的变化，有限的使用寿命可能延长或缩短；而使用寿命不确定的无形资产，其使用寿命也可能会变得能够确定。我国企业会计准则规定，企业应至少于每年年度终了，对无形资产的使用寿命及摊销方法进行复核，当有证据表明使用寿命有限的无形资产的使用寿命或摊销方法不同于以前的估计时，需要对无形资产的摊销年限及方法进行相应变更，并作为会计估计变更处理。同样，当有证据表明寿命不确定的无形资产的使用寿命有限时，也应当进行会计估计变更，并将其按照寿命有限的无形资产进行处理。

（二）无形资产的摊销方法

可供企业选择的无形资产摊销方法有很多，包括直线法、余额递减法和生产总量法等。目前，国际上普遍采用的主要是直线法。企业选择的无形资产摊销方法，应根据与无形资产有关的经济利益的预期实现方式来决定，不同会计期间都要贯彻始终。一般而言，对于受技术陈旧因素影响较大的专利权和专有技术等无形资产，可以采用类似固定资产加速折旧的方法进行摊销；对于有特定产量限制的特许权等无形资产，应采用产量法进行摊销；企业由于各种原因难以确定消耗方式时，应当采用直线法对无形资产的应摊销金额进行系统合理的摊销。

无形资产每期的摊销额应按照无形资产的应摊销金额进行计算。无形资产的应摊销金额与无形资产的入账价值并不完全一致。除了应考虑入账价值这一基本因素之外，还应考虑无形资产的残值和无形资产减值准备金额。在一般情况下，使用寿命有限的无形资产，残值一般为零。但当有第三方承诺在无形资产使用寿命结束时购买该项无形资产，或能够根据存续至无形资产寿命结束时的活跃市场获得无形资产预计残值的情况除外。无形资产的残值意味着在其经济寿命结束之前，企业预计将会处置该无形资产，并且从该处置中取得利益。估计无形资产的残值应以资产处置时的可收回金额为基础，此时的可收回金额是指在预计出售日，出售一项使用寿命已满且处于类似使用状况下同类无形资产预计的处置价格（扣除相关税费）。残值确定后，应当至少于每年年末进行复核，预计残值与原估计金额不同的，应按照会计估计变更进行处理。若残值重新估计以后高于账面价值，则不再进行摊销，直至残值降至低于账面时再恢复摊销。采用直线法的有关计算如下：

应摊销金额＝无形资产入账成本－残值－已计提减值准备

每期应摊销金额＝无形资产应摊销金额/无形资产摊销期

需要注意的是，自无形资产达到预定用途时起，自终止确认时止，即当期增加的无形资产，当期开始摊销；当期减少的无形资产，当期不再摊销。

（三）无形资产摊销的账务处理

在过去，我国并不区分无形资产的用途，其每期的摊销额都计入管理费用，没有指明其他的列支去向。现行企业会计准则借鉴了国际会计准则的做法，规定无形资产的摊销金额一般应确认为当期损益，计入管理费用。如果某项无形资产包含的经济利益是通过所生产的产品或其他资产实现的，无形资产的摊销金额可以计入产品或其他资产的成本中。

企业在处理无形资产摊销的账务时，也同样不像过去那样直接冲减无形资产的账面价值，而是单独设置“累计摊销”科目，反映因摊销而减少的无形资产价值。企业按月计提无形资产摊销额时，借记“管理费用”“制造费用”“其他业务成本”等科目，贷记“累计摊销”科目。本科目期末贷方余额，反映企业无形资产的累计摊销额。

【例 5－20】20×0 年 1 月 1 日，珠江公司从外单位购得一项非专利技术，支付价款 6 000 万元，款项已支付，估计该项非专利技术的使用寿命为 10 年。假定该无形资产的净残值为零，并按直线法摊销。

珠江公司的账务处理如下：

（1）取得无形资产时：

借：无形资产——非专利技术　　60 000 000

　贷：银行存款　　60 000 000

（2）按年摊销时：

借：制造费用——非专利技术　　6 000 000

　贷：累计摊销　　6 000 000

（四）无形资产的减值及账务处理

企业拥有的无形资产应当在资产负债表日判断该资产是否存在可能发生减值的迹象。如果无形资产出现《企业会计准则第 8 号——资产减值》第五条规定的七种现象之一，就表明无形资产可能已经发生减值了。企业对存在减值迹象的无形资产，应当进行减值测试，并估计可收回金额。需要注意的是，因企业合并形成的商誉和使用寿命不确定的无形资产，无论是否存在减值迹象，都应当至少于每年年度终了，对其进行减值测试。

企业的无形资产应按照账面价值与可收回金额孰低原则进行计量。当可收回金额低于账面价值时，应按其差额计提无形资产减值准备，计入当期损益。按照《企业会计准则第 8 号——资产减值》的规定，企业已经计提的资产减值准备在以后会计期间不得转回。

企业对无形资产减值进行账务处理时，需要单独设置“无形资产减值准备”科目，反映因减值而减少的无形资产价值。企业于年末对无形资产的价值进行检查，如果存在减值迹象，应对可收回金额进行估计，按照账面价值小于可收回金额的差额部分，借记“资产减值损失”科目，贷记“无形资产减值准备”科目。本科目期末的贷方余额反映企业无形资产的减值额。

【例 5－21】20×0 年末，珠江公司对账上的无形资产项目按企业会计准则的要求进行账面价值检查，发现某项专有技术已发生减值，该无形资产的账面价值为 50 万元，当时估计的可收回金额为 40 万元。假设不考虑税费问题。

珠江公司的账务处理如下：

借：资产减值损失　　100 000

　贷：无形资产减值准备　　100 000

五、无形资产的处置

无形资产的处置是指无形资产出售、出租、对外捐赠，或是无法为企业带来经济利益时（报废），应予转销并终止确认。

（一）无形资产的出售

企业出售某项无形资产，意味着企业放弃该项资产的所有权，应终止确认、转销无形资产的摊余价值。如果出售的无形资产已计提了减值准备，在出售时还应将已计提的减值准备加以注销。

【例5－22】珠江公司于20×0年1月1日购入一项管理用无形资产，支付价款1 800万元。该无形资产有效使用年限为8年，珠江公司估计使用年限为6年，采用直线法摊销。

20×1年12月31日，由于与该无形资产相关的经济因素发生不利变化，致使其发生减值，珠江公司估计可收回金额为750万元。计提减值准备后原预计使用年限、残值和摊销方法不变。

20×3年1月1日，珠江公司将该无形资产以600万元的价格出售给中正公司，假设不考虑增值税及其他税费，且珠江公司按年对无形资产进行摊销。

珠江公司的账务处理如下：

（1）取得无形资产时：

借：无形资产	18 000 000	
贷：银行存款		18 000 000

（2）按年摊销时：

20×0年无形资产摊销金额＝18 000 000÷6＝3 000 000（元）

借：管理费用	3 000 000	
贷：累计摊销		3 000 000

（3）计提减值准备时：

20×1年12月31日计提无形资产减值准备的金额＝18 000 000－3 000 000×2－7 500 000＝4 500 000（元）

借：资产减值损失	4 500 000	
贷：无形资产减值准备		4 500 000

（4）20×2年无形资产的摊销金额＝7 500 000÷4＝1 875 000（元）：

借：无形资产	1 875 000	
贷：银行存款		1 875 000

（5）20×3年出售该无形资产：

20×3年1月1日无形资产的账面价值＝7 500 000－1 875 000＝5 625 000（元）

借：银行存款	6 000 000	
无形资产减值准备	4 500 000	
累计摊销	7 875 000	
资产处置损益	375 000	
贷：无形资产		18 750 000

（二）无形资产的出租

无形资产出租是指企业将所拥有的无形资产的使用权让渡给他人并收取租金的企业日常活动相关的其他经营活动业务，如出租商标使用权等。出租无形资产应收取的租金一般可以按照固定金额或者销售额的一定百分比等方法计量。在满足收入确认条件的情况下，应确认相关的收入及成本。无形资产出租业务作为经营活动业务的一部分，其取得的租金收入作为营业收入，计入其他业务收入，确认时借记“银行存款”等科目，贷记“其他业务收入”科目；摊销的无形资产的成本，借记“其他业务成本”科目，贷记“累计摊销”科目。

【例 5－23】 20×0 年 1 月 1 日，珠江公司将一项专利技术出租给中正公司使用，该专利技术账面余额为 700 万元，摊销期限为 10 年，出租合同规定承租方每销售一件用该专利生产的产品，必须付给出租方 10 万元专利技术使用费。假定承租方当年销售该产品 10 件（不考虑相关税费）。

珠江公司的账务处理如下：

（1）取得该项专利技术使用费时：

借：银行存款	1 000 000	
贷：其他业务收入		1 000 000

（2）按年对该项专利技术进行摊销：

借：其他业务成本	700 000	
贷：累计摊销		700 000

（三）无形资产的报废

当无形资产已经抵达使用寿命或预期不能为企业带来经济利益流入时，应当将其报废并转销，其账面价值转作当期损益。转销时，按已计提的累计摊销，借记“累计摊销”科目，贷记“无形资产”科目，差额借记“营业外支出”科目。若已经计提了减值准备，还应同时结转减值准备。

【例 5－24】 20×0 年 1 月 1 日，珠江公司用银行存款 180 万元购入一项管理用无形资产。该无形资产预计使用年限为 10 年，采用直线法摊销，无残值。20×1 年 12 月 31 日，珠江公司估计其可收回金额为 120 万元，20×2 年 1 月 1 日报废该无形资产。

珠江公司的账务处理如下：

（1）购入无形资产时：

借：无形资产	1 800 000	
贷：银行存款		1 800 000

（2）20×0 年、20×1 年摊销无形资产时：

借：管理费用	180 000	
贷：累计摊销		180 000

（3）20×1 年 12 月 31 日计提无形资产减值准备的金额＝1 800 000－180 000×2－1 200 000＝240 000（元）：

借：资产减值损失	240 000	
贷：无形资产减值准备		240 000

（4）20×2 年 1 月 1 日该无形资产报废时：

借：营业外支出	1 200 000	
累计摊销	360 000	

　　无形资产减值准备　　　　　　　　　　　　　　240 000
　贷：无形资产　　　　　　　　　　　　　　　　　1 800 000

思考题

1. 投资性房地产的确认标准是什么？
2. 投资性房地产核算的公允价值模式和成本模式有何区别？
3. 投资性房地产处置时的核算有哪些规定？
4. 无形资产的取得方式有哪些，其会计处理有哪些区别？
5. 研究开发成本包括哪些类型，应如何进行会计处理？
6. 商誉是否属于无形资产，为什么？

第六章　流动负债

学习目标

1. 熟悉流动负债的定义和分类。
2. 掌握应付票据与应付账款的会计处理。
3. 掌握应交税费的会计处理。
4. 掌握应付职工薪酬的会计处理。
5. 了解或有事项的会计处理。

导入阅读

在经济全球化的背景下，世界各地的经贸往来愈加频繁，海运已成为世界经济大动脉。新冠肺炎疫情暴发后，海运价格不仅没降，反而不断飙升。乐舱物流成立于2004年，成立初期公司即开始了在中国重点口岸的布局，在东部沿海城市设立了多个分支机构，开展跨境物流服务业务。随着全球跨境物流服务市场规模的扩大，以及中国跨境物流服务的快速发展，公司规模也越做越大。按2021年收入计算，乐舱物流是中国第五大民营跨境海运物流服务提供商，并且是前五大中唯一提供自营跨境海运服务的。

跨境海运是跨境物流的重要环节，乐舱物流的跨境海运由自己运营或第三方船运公司提供。其运营的跨境海运主要连接中国和美国、加拿大、墨西哥、荷兰、澳大利亚、日本、越南及印度尼西亚等海外国家。由第三方船运公司提供的跨境海运覆盖的目的地更广。为了保证运输能力的稳定性，公司拥有自己的船舶，以及不同规格和功能的集装箱，以实现多种运输服务。截至2022年6月底，乐舱物流购入了四艘集装箱船舶，其中，公司签订合同订购两艘超大型集装箱船舶。然而这种重资产投入，也增加了公司的流动负债。

截至2020年12月31日，乐舱物流的流动负债净额约1 877万元；2022年8月31日，其流动负债增至7 900万元，主要是由于采购了两艘超大型集装箱船舶使现金及银行结余减少。如果这种情况持续，公司可能面临流动资金不足或无法偿还短期债务的风险。

第一节　流动负债概述

一、负债的概念与特征

负债（liability）与资产、所有者权益之间的关系构成了会计恒等式，它是会计理论和实务研究中最基本的概念之一。负债是指企业过去的交易或者事项形成的、预期会导致经济利益流出企业的现时义务。根据负债的定义，可归纳出负债的四个基本特征：

1. 现时义务

现时义务是指企业在现行条件下已经承担的义务。现时义务不仅包含企业必须履行的各种受法律保护的强制性义务，还包括一些实质性的义务。例如企业对售出的在保质期内的商品履行的保修义务（预计负债，provisions）。

2. 过去的交易或事项

现时义务必须源于过去发生的交易或事项，而不是未来将要发生的事项。假设企业为了经营需要，在上周向银行取得贷款和在上周决定近期要向银行贷款。前者属于负债范畴；而后者是过去的决策，将在未来发生交易，则不应确认为负债。

3. 预计经济利益流出

企业在履行现时义务清偿负债时，要在未来通过转移资产或提供劳务加以清偿，因而会导致未来经济利益流出。

4. 必须能够用货币量度进行准确的计算和估计

债务责任主要产生于合同，其金额和支付时间均已由合同规定。但在某些特殊情况下，债务责任可能要取决于未来的经营活动，其金额必须能够被合理地判断和估计，如产品质量保证负债等。

由于负债的发生通常与资产或劳务的取得、费用或损失的发生有关，因此负债的确认、计量和报告对正确评价企业财务状况和经营成果具有举足轻重的作用。依照惯例，负债到期日较远的负债并不代表对公司现存资源的要求权，而短期内到期的负债必须动用流动资产加以清偿；因此根据以上特点可以将负债划分为流动负债与长期负债。

二、流动负债的性质

流动负债（current liabilities）是指一年内或超过一年的一个经营周期内必须偿还的债务。资产负债表中的流动负债主要包括以下项目：短期借款、应付票据、应付账款、预收账款、应付职工薪酬、应付股利、应交税费、其他应付款和一年内到期的长期借款等。

营业周期是指企业从获取制造过程中所需的商品和服务起，到销售以及其后的收账中最终取得现金为止的时间。通常一些大型制造业和资本密集型行业的正常经营周期会超过1年。例如，房地产开发企业开发用于出售的房地产开发产品，造船企业制造的用于出售的大型船只等，从购买原材料进入生产到制造出产品出售并收现的过程，往往超过一年。

需要注意，区分流动负债和长期负债对于财务报表信息使用者非常重要。流动负债与流动资产是密切相关的，企业通常使用现金等流动资产偿付流动负债，因此在对资产和负债进行流动性分类时，应当采用相同的经营周期。通过企业流动资产和负债的相对比例可以大致了解企业的短期偿债能力和清算能力。

例如，财务分析师通常使用流动比率（current ratio）（流动比率 = 流动资产 ÷ 流动负债）或营运资本（working capital）（营运资本 = 流动资产 − 流动负债）来衡量企业的短期偿债能力。

三、流动负债的分类与计量

（一）流动负债的分类

流动负债按照不同的标准可以分为不同的类别，以满足不同的需要。

1. 按照流动负债产生的原因分类

（1）借贷融资形成的流动负债，如从银行和其他金融机构借入的短期借款。

（2）结算过程中产生的流动负债，如企业购入原材料已经到货，货款未付前形成的应付款项。

（3）经营过程中产生的流动负债，如应交税费、应付职工薪酬等。

（4）利润分配中产生的流动负债，如应付股利等。

2. 按照偿付手段分类

（1）货币性流动负债是指用货币资产偿还的流动负债，这类流动负债到期时，企业须用现金、银行存款或其他货币性资产来支付，如应付账款、短期借款、应交税费、应付职工薪酬等。

（2）非货币性流动负债是指用商品或劳务偿付的流动负债，这类流动负债到期时，企业需要用商品偿还或用劳务来抵偿，如预收账款等。

3. 按照流动负债金额的确定性分类

（1）金额确定的流动负债是指根据合同或法律的规定，具备明确的偿付金额、债权人和偿付日期，并且到期必须偿还的流动负债。例如应付账款、短期应付票据等。

（2）金额视经营情况而定的流动负债是指需要等到期末，根据一定的经营结果才能确切计量负债金额的流动负债。例如应交所得税、应付股利等。

（3）金额需要估计的流动负债是指在编制报表日时无法确定金额，企业需要根据客观资料和历史经验予以合理估计的负债。例如对商品提供售后“三包”服务的企业应付的维修费用及赠券兑换负债等。

（4）或有负债属于企业的潜在负债，具有高度的不确定性。例如，过去已存在的交易或事项导致诉讼的发生，而诉讼的结果又须视法院的判决而定，故未决诉讼便具有或有负债的性质。

（二）流动负债的计量

负债是指企业应在未来偿付的债务，从理论上讲，所有负债的计量都应该考虑货币的时间价值，即不论偿付期限的长短，均应按其相应的未来支出的现值计量、记录和报告。流动负债也是负债，但是实务操作上，通常采用到期值或面值入账。因为流动负债的偿付时间不长（通常为 1 年或者更短），未来应付金额与现值的差异不明显，从成本—效益的角度权衡和重要性原则考虑，可以忽略不计。按照历史成本原则，我国企业会计准则规定：各项流动负债应按实际发生额入账。短期借款、带息应付票据、短期应付债券应当按照借款本金或债券面值和确定的利率按期计提利息，计入损益。

第二节　应付账款与应付票据

一、应付账款

应付账款（accounts payable）是指企业在正常生产经营过程中，因赊购商品、原料或劳务而产生的债务。在实际工作中，这是一种最常见、最普遍的负债，主要是由于企业接受服务或取得资产的时间与结算付款的时间不一致而产生的。赊购是企业凭借自身的信用，采用分期或延期付款的方式购买商品或劳务。信用期（赊账期）通常为30～60天，惯用表达方式为“2/15，n/30”（15天内付款可享受2%的现金折扣，30天内付款无折扣）或者“1/10，EOM”（10天内付款享受1%的现金折扣，月末全额付款）。

（一）入账时间

应付账款入账时间的确认，应以与所购买商品所有权有关的风险和报酬已经转移或劳务已经接受为标志。大多数公司在收到货物时确认发生的应付账款，但在实际工作中应区别情况处理：

（1）在商品和发票账单同时到达的情况下：一般待物资验收入库后，应付账款才按发票账单登记入账。这主要是为了确认所购入的商品是否与合同规定相符，以免因先入账而后验收入库时发现购入物资错漏、破损等问题再行调账。

（2）在商品和发票账单未同时到达的情况下：如果发票先到，而在月末仍未收到商品，为了正确反映企业的财务状况，应根据发票登记应付债务，同时记录在途商品。如果商品已到，发票账单未到，由于这笔负债已经成立，应按照所购商品和应付债务估计入账，待下月初再用红字予以冲回。

（二）应付账款的会计处理

【例6-1】20×0年1月1日，珠江公司向中正公司赊购生产用的材料一批，发票价格为100 000元。发票等结算凭证已到，材料验收入库，货款尚未支付。不考虑增值税，会计分录如下：

借：原材料	100 000	
贷：应付账款		100 000

一般情况下，应付账款应按照实际发生额入账。根据以上的例子可以看出，单笔应付账款金额的计量比较简单，因为从债权人处收到的发票已经具体说明了清偿债务的具体金额。有些时候销售方为了尽早收回货款，会提供现金折扣。如果购入的资产在形成一笔应付账款时是带有现金折扣的，在应付账款入账时，有总价法和净价法两种处理方法。

总价法：在应付账款发生时，按照发票价格（应付总额）入账。如果企业在折扣期内还款，享受的折扣视为企业的理财收入，以贷方形式扣减“财务费用”账户。①

净价法：在应付账款发生时，按照发票价格扣减（最大）现金折扣后的净值入账。

① 我国企业目前在实务中主要采用总价法。

如果企业无法在折扣期内还款，其本应享受的现金折扣作为理财损失，借记“财务费用”账户。

【例 6－2】20×0 年 1 月 1 日，珠江公司向中正公司赊购生产用的材料一批，发票价格为 100 000 元。中正公司销售合同规定，折旧条件为 2/10，n/30（10 天内付款可享受 2% 的现金折扣，30 天内付款无折扣）。不考虑增值税，采用两种方法的会计分录如下：

总价法	净价法
（1）收到发票账单时： 借：原材料　　100 000 　贷：应付账款　　100 000	（1）收到发票账单时： 借：原材料　　98 000 　贷：应付账款　　98 000
（2a）如果 10 天内支付货款（享受 2% 的现金折扣）： 借：应付账款　　100 000 　贷：银行存款　　98 000 　　财务费用　　2 000	（2a）如果 10 天内支付货款（享受 2% 的现金折扣）： 借：应付账款　　98 000 　贷：银行存款　　98 000
（2b）如果超过 10 天支付货款： 借：应付账款　　100 000 　贷：银行存款　　100 000	（2b）如果超过 10 天支付货款： 借：应付账款　　98 000 　　财务费用　　2 000 　贷：银行存款　　100 000

通过上面两种方法的对比，我们不难发现在企业损失折扣的情况下，采用净价法可以反映企业不合理利用资金的代价，充分暴露企业经营过程中的资金调度能力和经营效率问题；相反，总价法则不会反映这些问题。但是由于总价法简单易用，目前企业在实务中仍然主要采用该方法。

二、应付票据

应付祟据（notes payable）是由于购买商品、劳务、融资等交易所签发的在未来某个特定时间支付特定金额的书面承诺。在我国通常是指商业汇票，即出票人出票，承兑人承兑，付款人在指定日期无条件支付确定的金额给收款人或者持票人。商业汇票按照承兑人不同，分为银行承兑汇票和商业承兑汇票；按照其应付票据票面是否注明利率，分为带息或不带息票据；按照其到期时间长短，分为短期或长期票据。

（一）不带息票据

当企业签发不带息票据时，并不会在票据表面明确地注明利率，并且票据的面值就是其到期偿还金额。不带息应付票据的开出或偿付，会计上均按面值核算。但是这并不意味着借款中不用支付利息，实际上借款人收到的现金是小于票面价值的。换句话说，不带息票据是将利息隐含在票据的面值里，借款者收到的是票据面值减去贷款者在该票据期间索要的利息或贴现。实质上，银行会在发出贷款时先扣除这笔费用，而不是等到票据到期时再扣除。

【例6－3】 20×0 年1 月1 日，珠江制造向大众银行签发了一张面值为104 000 元、6 个月期的不带息票据。这一票据的现值为100 000 元。这一笔交易的会计分录如下：

借：现金　　100 000

　　应付票据贴现　　4 000

　贷：应付票据　　104 000

例6－3 中的珠江制造应付票据是以票据的面值入账，比实际收到现金多出4 000 元。借方将收到现金与票据面值的差额记录在"应付票据贴现"。应付票据贴现是应付票据的抵消项目，在资产负债表上要从"应付票据"中扣除，以反映应付票据在资产负债表日的现值。

在实务中，企业间签发的不带息票据一般是不包含利息的，应直接按面值入账，在资产负债表中按其面值列示于流动负债项目内。

【例6－4】 20×0 年1 月1 日，珠江制造向中正公司购入原材料一批，价款100 000 元，增值税专用发票注明的增值税额为17 000 元，购销合同规定采用商业汇票结算。珠江制造开出并承兑一张面值为117 000 元、期限3 个月的商业汇票，原材料已运到入库。珠江制造应编制如下会计分录：

（1）开出商业汇票时：

借：原材料　　100 000

　　应交税费——应交增值税（进项税额）　　17 000

　贷：应付票据　　117 000

（2）票据到期付款时：

借：应付票据　　117 000

　贷：银行存款　　117 000

（3）票据到期企业无力支付时：

借：应付票据　　117 000

　贷：应付账款　　117 000

（二）带息票据

如果应付票据为带息票据，其面值就是票据的现值，而到期偿付金额则是面值加上应付利息。实务中，我国商业汇票期限较短，一般不按月计提利息，而是在年末对尚未支付的应付票据计提利息计入财务费用，票据到期支付时，尚未计提的利息部分直接计入当期财务费用。

【例6－5】 20×0 年12 月1 日，珠江制造购入原材料一批，价款100 000 元，增值税专用发票注明的增值税额为17 000 元，购销合同规定采用商业汇票结算。珠江制造开出并承兑一张面值为117 000 元、利率为10%、期限3 个月的带息商业票据，原材料已运到入库。珠江制造应编制如下会计分录：

（1）开出商业汇票时：

借：原材料　　100 000

　　应交税费——应交增值税（进项税额）　　17 000

贷：应付票据　　117 000

（2）年末计算并计提票据利息时：

借：财务费用　　975

贷：应付利息　　975（117 000 × 10% × 1/12）

（3）票据到期支付面值和利息时：

借：应付票据　　117 000

应付利息　　975

财务费用　　1 950

贷：银行存款　　119 925

如果带息商业承兑汇票到期无力偿还，企业应将应付票据的账面价值从“应付票据”账户转入“应付账款”账户，并与收款单位重新协议清偿的日期与方式。如果带息银行承兑汇票到期无力偿还，此时银行作为第一付款人代为付款，再向付款企业（即承兑申请人）执行扣款，尚未扣回的金额转作付款企业的短期借款处理。

第三节　应交税费

应交税费是指企业根据在一定时期内取得的营业收入、实现的利润等，按照国家现行税法规定，采用一定的计税方法计提的应交纳的各种税费。企业应交税费具体包括增值税、消费税、所得税、资源税、土地增值税、城市维护建设税、房产税、土地使用税、车船使用税、教育费附加、矿产资源补偿费、印花税、耕地占用税等税费，以及在上缴国家之前由企业代收代缴的个人所得税等。

企业应通过“应交税费”科目贷方登记应交纳的各种税费等，借方登记实际交纳的税费。期末余额一般在贷方，反映企业尚未交纳的税费，期末余额如在借方，反映企业多交或尚未抵扣的税费。企业代扣代缴的个人所得税，也通过“应交税费”科目核算，而企业交纳的印花税、耕地占用税等不需要预计应交数的税金，在纳税义务产生的同时交纳，不通过“应交税费”科目核算，而是直接通过“银行存款”核算。

一、应交增值税

增值税（VAT，value-added tax）是以商品（含应税劳务）在流转过程中产生的增值额作为计税依据而征收的一种流转税。从计税原理来说，增值税是对商品生产、流通、劳务服务中多个环节的新增价值或商品的附加价值进行征税，是实行税款抵扣制的一种流转税。增值税已经成为中国最主要的税种之一，增值税的收入占中国全部税收的60%以上。根据经营规模大小及会计核算健全程度，增值税纳税人分为一般纳税人和小规模纳税人，不同类型的纳税人应交增值税的计算方法也不同①。

① 2017年修订的《中华人民共和国增值税暂行条例》规定：“在中华人民共和国境内销售货物或者加工、修理修配劳务（以下简称劳务），销售服务、无形资产、不动产以及进口货物的单位和个人，为增值税的纳税人，应当依照本条例缴纳增值税。”

（一）一般纳税人的账务处理

一般纳税人采用购进扣税法计算当期增值税应纳税额，即当期购入货物时取得的增值税专用发票上注明的增值税额可以用销项税额抵扣，而当期销项税额小于当期进项税额不足抵扣时，其不足部分可以结转下期继续抵扣。其计算公式如下：

当期应纳税额 = 当期销项税额 − 当期进项税额

为了正确核算企业应交增值税，一般纳税企业应在"应交税费"账户下设置"应交增值税""未交增值税""预交增值税"等明细科目。

"应交增值税"科目的借方发生额反映企业购进货物、加工修理修配劳务、服务、无形资产或不动产而支付或负担的进项税额，因扣减销售额而减少的销项税额，实际已交纳的增值税额和月末转出当月应交而未交的增值税额。贷方发生额反映企业销售货物、加工修理修配劳务、服务、无形资产或不动产应收取的增值税额，出口企业收到的出口退税，进项税额转出和转出当月多交的增值税。该科目期末可能有借方余额，但是没有期末贷方余额（贷方余额转入"未交增值税"科目）。如表 6－1 所示，本科目应该按照应交增值税的构成内容设置专栏，其中借方专栏包括："进项税额""已交税金""出口抵减内销产品应纳税额（出口抵减）"和"转出未交增值税"；贷方专栏包括："销项税额""进项税额转出（进项转出）""出口退税""转出多交增值税"。

表 6－1　"应交增值税"科目的专栏设置

应交增值税							
借				贷			
进项税额	已交税金	出口抵减	转出未交	销项税额	进项转出	出口退税	转出多交
期初余额							
本期发生额				本期发生额			
期末余额							

1. 一般购销业务的账务处理

增值税指一般纳税企业从国内采购商品或接受应税劳务和应税服务等进项税额允许抵扣的销项税额。在购进阶段，会计处理实行价与税的分离，根据增值税专用发票上注明的价款部分计入购入商品的成本，并将属于增值税税额的部分按规定计入进项税额。在销售阶段，销售价格中不再含税，如果定价时含税，应还原为不含税价格作为销售收入，向购买方收取的增值税作为销项税额。

【例 6－6】 20×0 年 8 月 1 日，珠江公司为增值税一般纳税企业，适用的增值税税率为 16%，购入原材料一批，增值税专用发票上注明货款 100 000 元，增值税税额 16 000 元，材料已经验收入库，货款和进项税额已用银行存款支付，并且用银行存款支付运输公司的运输费用 5 000 元，增值税税额 500 元。当期销售产品收入为 200 000 元（不含增值税），货款尚未收到。珠江公司会计处理如下：

（1）购入原材料时：

借：原材料　　1 05 000（100 000 + 5 000）

　　应交税费——应交增值税（进项税额）　　16 500（16 000 + 500）

　贷：银行存款　　121 500

（2）销售产品时：

借：应收账款　　232 000

　贷：主营业务收入　　200 000

　　　应交税费——应交增值税（销项税额）　　32 000

2. 购入免税产品的账务处理

一般情况下，企业购进免税产品①，不能予以抵扣增值税。但税法规定，对于购进免税农业产品的企业可以准予抵扣进项税额，按照买价（或收购金额）和规定的扣除率（10%）计算进项税额并抵扣②。在会计处理时，首先要按照购进凭证上的金额（买价）和规定的扣除率计算出进项税额，用于销项税额抵扣。然后用买价减去进项税额的净值作为购进农产品的成本。

【例6－7】 20×0年8月5日珠江公司购进免税农产品一批，实际支付价款为100 000元，增值税扣除率为10%。

进项税额 = 100 000 × 10% = 10 000（元）

借：物资采购——农产品　　90 000

　　应交税费——应交增值税（进项税额）　　10 000

　贷：银行存款　　100 000

3. 进项税额不得抵扣的账务处理

按照增值税有关规定，进项税额按照现行增值税制度规定，不得从销项税额中抵扣的项目包括：用于简易计税方法计税项目、免征增值税项目、集体福利或者个人消费的购进货物、劳务、服务、无形资产和不动产；非正常损失的购进货物；非正常损失的在产品、产成品所耗用的购进货物（不包括固定资产）、劳务和交通运输服务；国务院规定的其他项目。

进行账务处理时，应区分两种情况。

情况1：购入货物时可直接认定其进项税额按照现行增值税制度规定，不得从销项税额中抵扣的，在取得增值税专用发票时，应计入货物或劳务成本。

情况2：购入货物时不能直接认定其进项税额是否能抵扣的，取得增值税专用发票时，记入“应交税费——应交增值税（进项税额）”科目；如果这部分购入货物以后用于按规定不能抵扣进项税额的项目，应将原已记入进项税额并已支付的增值税转入有关承担者予以承担，应借记相关成本费用或资产科目，贷记“应交税费——应交增值税

① 按照《增值税暂行条例》规定，对于农业生产者销售的自产农产品，古旧图书，直接用于科研、实验的进口仪器等项目免征增值税。

② 进项税额计算公式：进项税额 = 买价 × 扣除率。

（进项税额转出）”科目。

【例6－8】20×0年8月15日，珠江制造购入原材料价款为50 000元，增值税发票税额为8 000元。材料验收入库，货款由银行存款支付。8月25日，珠江制造将这批原材料用于所属的职工宿舍维修，会计分录如下：

（1）购入原材料时：

借：原材料	50 000	
应交税费——应交增值税（进项税额）	8 000	
贷：银行存款		58 000

（2）用于宿舍维修时：

借：应付职工薪酬——非货币性福利	58 000	
贷：原材料		50 000
应交税费——应交增值税（进项税额转出）		8 000

4. 视同销售的账务处理

按照《中华人民共和国增值税暂行条例实施细则》规定，企业将货物交付他人代销，销售代销货物，将自产、委托加工的货物用于非应税项目、集体福利或个人消费，将自产、委托加工或购买的货物作为投资，提供给其他单位或个体经营者、分配给股东或投资者或无偿赠送他人等行为视同销售的行为，应当按照企业会计准则的相关规定进行相应的会计处理。

【例6－9】20×0年8月26日，珠江制造用账面价值为200 000元的材料向珠江公司进行投资，投资额按成本计算，计税价格为220 000元。假设该批原材料适用的增值税税率为16%。根据上述业务，珠江制造的会计处理如下：

借：长期股权投资	235 200	
贷：原材料		200 000
应交税费——应交增值税（销项税额）		35 200（220 000×16%）

5. 交纳增值税的账务处理

企业按规定期限申报交纳增值税后，应借记“应交税费——应交增值税（已交税金）”科目，贷记“银行存款”科目。

每个月终了，为了分别反映增值税一般纳税人欠交增值税和待抵扣增值税的情况，企业应转出多交或未交增值税，在“应交税费”科目下设置“未交增值税”明细科目，核算企业从“应交税费——应交增值税”科目转入当月末未交或多交的增值税；月末，企业计算出当月多交的增值税额，借记“应交税费——未交增值税”科目，贷记“应交税费——应交增值税（转出多交增值税）”科目；对于当月未交的增值税额，借记“应交税费——应交增值税（转出未交增值税）”科目，贷记“应交税费——未交增值税”科目。

【例6－10】20×0年8月10日，珠江制造缴纳上个月未交增值税50 000元。8月30日，综合例6－1至例6－8的业务情况，将尚未缴纳的增值税转入“应交税费——未交增值税”，并填列“应交增值税”明细表。

（1）8月10日交纳上月未交增值税：

借：应交税费——未交增值税　　50 000
　贷：银行存款　　50 000

（2）8 月 30 日 结转：

借：应交税费——应交增值税（转出未交增值税）　　40 700
　贷：应交税费——未交增值税　　40 700

（3）应交增值税明细表的填列如表 6 – 2 所示。

表 6 – 2　应交增值税明细表

编制单位：珠江制造　　20 × 0 年 8 月　　单位：元

项目	行次	本月数	本年累计数
一、应交增值税			略
1. 年初未抵扣数（负数）	1		
2. 销项税额	2	67 200	
出口退税	3		
进项税额转出	4	8 000	
转出多交增值税	5		
3. 进项税额	6	34 500	
已交税金	7		
减免税款	8		
出口抵减内销产品应纳税额	9		
转出未交增值税	10	40 700	
4. 期末未抵扣数（负数）	11		
二、未交增值税		40 700	
1. 期初未交数	12	50 000	
2. 本期转入数	13	40 700	
3. 本期已交数	14	50 000	
4. 本期未交数	15	40 700	

（二）小规模纳税人的账务处理

小规模纳税人是指年销售额在规定标准以下，而且会计核算不健全，不能按规定报送有关税务资料的增值税纳税人。小规模纳税企业应当按照不含税销售额和规定的增值税征收率计算交纳增值税，销售货物或提供应税劳务和应税服务时只能开具普通发票，不能开具增值税专用发票。增值税对小规模纳税人采用简易征收办法，即按照销售额和征收率[①]计算应纳税额，并不抵扣进项税额。其应纳税额计算方式：

① 对小规模纳税人适用的税率称为征收率，自 2014 年 7 月 1 日起，小规模纳税人增值税征收率一律调整为 3%。

不含税销售额 = 含税销售额/（1 + 征收率）

应纳税额 = 不含税销售额 × 征收率

小规模纳税企业不享有进项税额的抵扣权，其购进货物或接受应税劳务和应税服务支付的增值税直接计入有关货物或劳务的成本。因此，小规模纳税企业只需在“应交税费”科目下设置“应交增值税”明细科目，不需要在“应交增值税”明细科目中设置专栏。“应交税费——应交增值税”科目贷方登记应交纳的增值税，借方登记已交纳的增值税；期末贷方余额反映尚未交纳的增值税，借方余额反映多交纳的增值税。

小规模纳税企业按照不含税的价格计算销售收入，贷记“主营业务收入”等科目，按应纳增值税税额，贷记“应交税费——应交增值税”科目。

【例 6－11】 珠江公司被核定为增值税小规模纳税企业，适用增值税税率为 3%，20×0年 3 月购入原材料一批，取得的专用发票中注明货款 10 000 元，支付的增值税为 1 700元，款项以银行存款支付，材料尚未运到；小山公司本期销售产品一批，所开出的普通发票中注明的货款（含税）为 15 450 元，货款尚未收到。根据上述经济业务，小山公司应编制如下会计分录：

（1）购入原材料时：

借：在途物资	11 700	
贷：银行存款		11 700

（2）销售产品时：

不含税销售额 = 含税销售额 ÷（1 + 征收率） = 15 450 ÷（1 + 3%） = 15 000（元）

应纳增值税 = 不含税销售额 × 征收率 = 15 000 × 3% = 450（元）

借：应收账款	15 450	
贷：主营业务收入		15 000
应交税费——应交增值税		450

（3）按规定交纳本月增值税时：

借：应交税费——应交增值税	450	
贷：银行存款		450

二、应交消费税

1. 消费税概述

消费税（consumption tax）的本质是特种货物与劳务税，它是在对货物普遍征收增值税的基础上，选择少数消费品再征收的一个税种，目的是调节产品结构，引导消费方向。现行消费税的征收范围主要包括：烟、酒、鞭炮、化妆品、成品油、贵重首饰及珠宝玉石、高尔夫球及球具、高档手表、游艇、小汽车、电池、涂料等税目。

消费税的计税依据分别采用从价定率和从量定额两种计税方法。实行从价定率计税办法征收的消费税，以不含增值税的销售额为税基，按照税法规定的税率计算。实行从量定额办法计税时，通常以每单位应税消费品的重量、容积或数量为计税依据。

2. 应交消费税的账务处理

消费税实行价内征收，企业应在“应交税费”科目下设置“应交消费税”明细科目，核算应交消费税的发生、交纳情况。“应交消费税”明细账的贷方记录按规定应交纳的消费税，借方记录企业已交纳的消费税；期末贷方余额反映企业尚未交纳的消费税，借方余额反映企业多交或待扣的消费税。

企业销售应交消费税的产品时，通过“税金及附加”账户进行会计处理：企业按照规定计算出应交消费税额，借记“税金及附加”科目，贷记“应交税费——应交消费税”科目。

委托加工应缴消费税产品时，如果受托方代收代缴税款，应按照计算的应纳税额，借记“应收账款”“银行存款”等科目，贷记“应交税费——应交消费税”科目；如果按规定应交纳的消费税是由受托方负担的，受托方交货时，账务处理类似销售的处理。委托加工物资收回后，直接用于销售的，将代收代缴的消费税额计入委托加工物资的成本，不再征收消费税。委托加工物资收回后用于连续生产，按规定准予抵扣的，将代收代缴的消费税额借记“应交税费——应交消费税”科目，贷记“银行存款”等科目，待用委托加工的应税消费品生产出应纳消费税的产品销售时再缴纳。

【例6－12】20×0年9月珠江公司销售自产的高级化妆品10 000件，每件商品销售价格为500元，货款尚未收到，每件化妆品的成本为280元，适用的增值税税率为16%，消费税税率为10%，珠江公司应编制如下会计分录：

应向购买方收取的增值税额＝500×10 000×16%＝800 000（元）

应交的消费税＝500×10 000×10%＝500 000（元）

借：应收账款	5 800 000	
贷：主营业务收入		5 000 000
应交税费——应交增值税（销项税额）		800 000
借：税金及附加	500 000	
贷：应交税费——应交消费税		500 000
借：主营业务成本	2 800 000	
贷：库存商品		2 800 000

三、其他应交税费

1. 资源税

资源税是以各种应税自然资源为课税对象，对我国境内从事开采或生产的单位和个人，按应税产品的计税销售额或者销售数量征收的一种税。企业应按规定计算应交资源税，并借记“税金及附加”科目，贷记“应交税费——应交资源税”科目。期末“应交资源税”借方余额反映多交或尚未抵扣的资源税；期末贷方余额则反映尚未缴纳的资源税。

2. 土地增值税

土地是一个国家最为重要的资源，而为了提高土地的使用效率，我国对土地使用是收取一定税费的。土地增值税是对有偿转让国有土地使用权、地上建筑物和其他附着物并取得增值性收入的单位和个人所征收的一种税，不包括以继承、赠予方式无偿转让房地产的行为。

土地增值税 = 增值额 × 适用税率 =（收入 − 税法允许扣除项目）× 适用税率

我国的土地增值税税率采取的是四级超率累进税率，依据土地增值额扣除项目金额后进行计算，未超过 50% 的，税率为 30%；增值额超过扣除项目金额 50%、未超过扣除项目金额 100% 的部分，税率为 40%；增值额超过扣除项目金额 100%、未超过扣除项目金额 200% 的部分，税率为 50%；增值额超过扣除项目金额 200% 的部分，税率为 60%。

计算增值额的扣除项目包括：取得土地使用权所支付的金额；开发土地的成本、费用；新建房及配套设施的成本、费用，或者旧房及建筑物的评估价格；与转让房地产有关的税金；财政部规定的其他扣除项目。

在会计上，交纳土地增值税的企业应通过"应交税费——应交土地增值税"科目进行核算。主营房地产的企业，应核算出应交纳的土地增值税额，借记"税金及附加"科目，贷记"应交税费——应交土地增值税"科目。

非主营房地产的企业，应由当期营业收入负担的土地增值税，借记"其他业务成本"科目，贷记"应交税费——应交土地增值税"科目。企业在转让土地使用权应交的土地增值税时，土地使用权与地上建筑物及其附着物一并在"固定资产"等科目核算的，借记"固定资产清理"等科目，贷记"应交税费——应交土地增值税"。土地使用权在"无形资产"科目核算的，按实际收到的金额，借记"银行存款"科目，按应交的土地增值税，贷记"应交税费——应交土地增值税"科目，同时冲销土地使用权的账面价值，贷记"无形资产"科目，按其差额借记"营业外支出"科目或贷记"营业外收入"科目。

3. 城市维护建设税

城市维护建设税是对从事生产经营的单位和个人，以纳税人实际交纳的增值税、消费税的税额为计税依据征收的一种附加税。根据不同的城镇规模，采取差别设置税率的办法征税。例如纳税人所在地为城市市区的，税率为 7%；纳税人所在地为县城、建制镇的，税率为 5%；纳税人所在地不在城市市区、县城或建制镇的，税率为 1%。

在会计处理上，企业应按规定核算出应交纳的城市维护建设税额，借记"税金及附加""其他业务成本"等，贷记"应交税费——应交城市维护建设税"。

4. 房产税、土地使用税、车船使用税、教育费附加

在会计处理上，企业按相关法规计算出应交的房产税、土地使用税、车船使用税、教育费附加后，在计提税金与附加时，借记"税金及附加"科目，贷记"应交税费——应交房产税、土地使用税、车船使用税、教育费附加"科目。

第四节 应付职工薪酬

一、职工薪酬的范围与确认原则

1. 职工薪酬的范围

职工薪酬是指企业为获得职工提供的服务或解除劳动关系而给予的各种形式的报酬或补偿。职工薪酬包括在职和离职后提供给职工的货币性与非货币性薪酬；以商业保险形式提供的福利以及企业提供给职工配偶、子女、受赡养人、已故员工遗属及其他受益人等的福利。具体而言，职工薪酬主要包括短期薪酬、离职后福利、辞退福利和其他长期职工福利①。

2. 职工薪酬的确认原则

在职工为企业提供服务的会计期间，除了解除劳动关系补偿的金额计入当期费用以外，其他职工薪酬均应该根据职工提供服务的受益对象，将应确认的职工薪酬（包括货币性与非货币性福利）计入相关资产成本或当期费用，同时确认为应付职工薪酬负债。

二、短期薪酬

短期薪酬是指企业在职工提供相关服务的年度报告期间结束后十二个月内需要全部予以支付的职工薪酬，因解除与职工的劳动关系给予的补偿除外。短期薪酬具体包括职工工资、奖金、津贴和补贴，职工福利费，医疗保险费、工伤保险费和生育保险费等社会保险费，住房公积金，工会经费和职工教育经费，短期带薪缺勤，短期利润分享计划，非货币性福利以及其他短期薪酬。

1. 一般短期薪酬的账务处理

企业发生的职工工资、津贴和补贴等短期薪酬，应当根据职工提供服务的情况和工资标准等计入职工薪酬的工资总额，并按照受益对象计入当期损益或相关资产成本，借记“生产成本”“制造费用”“管理费用”等科目，贷记“应付职工薪酬”科目。发放时，借记“应付职工薪酬”科目，贷记“银行存款”等科目。企业为职工交纳的医疗保险费、工伤保险费、生育保险费等社会保险费和住房公积金，以及按规定提取的工会经费和职工教育经费，应当在职工为其提供服务的会计期间，根据规定的计提基础和计提比例计算确定相应的职工薪酬金额，并确认相关负债，按照受益对象计入当期损益或相关资产成本，借记“生产成本”“制造费用”“管理费用”等科目，贷记“应付职工薪酬”科目。

企业发生的职工福利费，应当在实际发生时根据实际发生额计入当期损益或相关资产成本。企业向职工提供非货币性福利的，应当按照公允价值计量。企业以自产的产品作为非货币性福利提供给职工的，应当按照该产品的公允价值和相关税费确定职工薪酬金额，并计入当期损益或相关资产成本。相关收入的确认、销售成本的结转以及相关税

---

① 参见《企业会计准则第 9 号——职工薪酬》。

费的处理，与企业正常商品销售的会计处理相同。企业以外购的商品作为非货币性福利提供给职工的，应当按照该商品的公允价值和相关税费确定职工薪酬的金额，并计入当期损益或相关资产成本。

【例6－13】珠江公司20×0年12月的应发工资总额为1 800万元，其中，生产部门生产工人工资1 000万元；生产部门管理人员工资320万元；公司管理人员工资150万元；销售人员工资330万。根据相关规定，珠江公司应当按照职工工资总额的10%和8%计提并缴存医疗保险费和住房公积金。另按职工工资总额的2%和1%计提工会经费和职工教育经费。12月25日，为了庆祝元旦佳节，公司决定给每位职工发放一台自产的最新型号的手机作为节日福利，其中生产部门1 000人，生产管理部门200人，公司管理部门50人，销售部门300人。每台手机的售价为4 000元，成本为2 500元，适用增值税税率为16%，已开具增值税发票。

表6－3　工资薪酬核算表

单位：万元

	生产部门	生产管理	公司管理	销售人员	合计
工资	1 000	320	150	330	1 800
医疗保险10%	100	32	15	33	180
住房公积金8%	80	25.6	12	26.4	144
工会经费2%	20	6.4	3	6.6	36
教育经费1%	10	3.2	1.5	3.3	18
共计	1 210	387.2	181.5	399.3	2 178

（1）记录12月应发放工资：

借：生产成本　12 100 000
　　制造费用　3 872 000
　　管理费用　1 815 000
　　销售费用　3 993 000
　贷：应付职工薪酬——工资　18 000 000
　　　　——医疗保险费　1 800 000
　　　　——住房公积金　1 440 000
　　　　——工会经费　360 000
　　　　——职工教育经费　180 000

（2）记录非货币性职工福利：

借：生产成本　4 640 000［1 000×4 000×（1＋16%）］
　　制造费用　928 000［200×4 000×（1＋16%）］
　　管理费用　232 000［50×4 000×（1＋16%）］
　　销售费用　1 392 000［300×4 000×（1＋16%）］

　　贷：应付职工薪酬——非货币性福利　　　　7 192 000
借：应付职工薪酬——非货币性福利　　　　7 192 000
　　贷：主营业务收入　　　　6 200 000
　　　　应交税费——应交增值税（销项税额）　　　　992 000
借：主营业务成本　　　　3 875 000
　　贷：库存商品　　　　3 875 000

2. 短期带薪缺勤

带薪缺勤应当根据其性质及其职工享有的权利，分为累积带薪缺勤和非累积带薪缺勤两类。企业应当对累积带薪缺勤和非累积带薪缺勤分别进行会计处理。带薪缺勤属于长期带薪缺勤的，企业应当作为其他长期职工福利处理。

【例6－14】珠江公司共有1 550名职工，从20×0年1月1日起，该公司实行累积带薪缺勤制度。该制度规定，每位职工每年可享受5个工作日的带薪年休假，未使用的年休假可以向后递延一个年度，超过1年未使用，权利作废；职工休年休假时，先使用当年可享受的权利，不足部分再从上年结转的带薪年休假中扣除；职工离开公司时，对未使用的累积带薪年休假无权获得现金支付。

20×0年12月31日，公司职工平均未休假为2天，并预计20×1年有200名工人将享受6天的带薪年休假，30名公司管理人员和50名销售人员将享受平均休假7天，剩余职工休假均不超过5天。工人的年平均工资为每日220元，管理人员平均每日800元，销售人员平均每日300元。年末，应计带薪缺勤支付的会计处理如下：

借：生产成本　　　　44 000（200×1×220）
　　管理费用　　　　48 000（30×2×800）
　　销售费用　　　　30 000（50×2×300）
　　贷：应付职工薪酬——累积带薪缺勤　　　　122 000

三、离职后福利

离职后福利是指企业为获得职工提供的服务而在职工退休或与企业解除劳动关系后提供的各种形式的报酬和福利，短期薪酬和辞退福利除外。职工正常退休时获得的养老金等离职后福利，是职工与企业签订的劳动合同到期或者职工达到了国家规定的退休年龄时获得的离职后生活补偿金额。企业通过与员工签订的离职后福利计划协议确定员工离职后的福利。

按照企业承担风险和义务的情况，离职后福利计划分为设定提存计划和设定受益计划两种类型。前者是企业向独立的基金缴存固定的费用后，不再承担进一步的支付义务，员工退休后所得以此为限；后者是企业为保障职工退休后的一定福利水准，由企业承担相应的精算风险和投资风险，需要精算师确定每期应为职工缴费的金额，会计人员的主要任务是根据精算师精算的结果计算确定企业每期的年金费用水平，并进行相关的确认和列报。

离职后福利计划通过“应付职工薪酬——设定提存计划”与“应付职工薪酬——设定受益计划”账户，确认职工薪酬负债，并计入当期损益或相关资产成本。

四、辞退福利

辞退福利是指企业在职工劳动合同尚未到期前，不论职工本人是否愿意，解除与职工的劳动关系，或者为鼓励职工自愿接受裁减而给予职工的补偿。因为导致义务产生的事项是终止雇佣而不是为获得职工的服务，所以辞退福利作为单独一类职工薪酬进行会计处理。辞退福利通常采取在解除劳动关系时一次性支付补偿的方式，也可以采取在辞退后未来某一期间的方式支付补偿。

企业应合理预计并确认辞退福利产生的应付职工薪酬。辞退福利预期在其确认的年度报告期结束后十二个月内完全支付的，应当借记“管理费用”科目，贷记“应付职工薪酬——辞退福利”科目；辞退福利预期在年度报告期结束后十二个月内不能完全支付的，将于资产负债表日起十二个月之后支付的部分、离职后福利中设定受益计划净负债、其他长期职工福利中符合设定受益计划条件的净负债应当在资产负债表的非流动负债项目下单独列示。

五、其他长期职工福利

其他长期职工福利是指除短期薪酬、离职后福利、辞退福利之外所有的职工薪酬福利，包括长期带薪缺勤、长期残疾福利、长期利润分享计划等。企业向职工提供的其他长期职工福利，按照符合相应的提存计划或者受益计划进行相应的会计处理。在报告期末，企业应当将其他长期职工福利产生的职工薪酬成本确认为三个部分：服务成本；其他长期职工福利净负债或净资产的利息净额；重新计量其他长期职工福利净负债或净资产所产生的变动，并将其总净额计入当期损益或相关资产成本。

第五节　其他流动负债

一、或有事项

（一）或有事项的定义与特征

1. 或有事项的定义

或有事项（contingencies）是指过去的交易或者事项形成的，其结果须由某些未来事项的发生或不发生才能决定的不确定事项。简而言之，就是在未来可能有也可能没有的事项。对或有事项的会计处理应遵循谨慎性原则，并且首先需要区分或有事项是使企业承担了义务（不利事项），还是使企业形成了潜在的资产（有利事项）。前者可能会形成一项负债，即或有负债；而后者可能会形成一项资产，即或有资产。

随着我国市场经济的发展与经营风险的产生，或有事项作为特殊的不确定事项，已越来越多地存在于企业的经营活动中，并对企业的财务状况和经营成果产生不可忽视的影响。或有事项对企业的潜在影响有多大，企业因此而承担的风险又有多少，这些都有必要通过会计报表予以反映，以使会计报表使用者获得充分、相关的信息。常见的或有事项包括未决诉讼或仲裁、为其他单位提供的担保、与产品保证有关的责任等。

2. 或有事项的主要特征

或有事项是由过去的交易或事项形成的，是在资产负债表日就存在的一种状况。例如，产品质量保证（保修），其中属于或有事项的是已经出售的产品或服务的质量保证，而未出售的产品质量保证则不属于或有事项，因为它取决于未来的交易情况。

（1）或有事项的结果具有不确定性。这种不确定性包括发生与否的不确定，发生时间的不确定和发生金额的不确定。

（2）或有事项的结果只能由未来事项决定。

（3）影响或有事项结果的不确定因素不能由企业控制。

（二）`或有负债的确认和计量

1. 或有负债的确认

或有负债（contingent liability）是指过去的交易或事项形成的潜在义务，其存在须通过未来不确定的事项的发生或者不发生予以证实。例如，一项未决诉讼，如果企业败诉，就会支付一定的赔款，形成一项债务；而企业胜诉，则无须支付赔款，不会形成债务。在这项诉讼中，可能存在也可能不存在的债务即为或有负债。

或有事项的本质是它涉及一个或多个不确定的未来结果。因此，对这些未来结果的可能性的判断至关重要。较为通用的发生概率和可能性的分类如表 6－4 所示。

表 6－4　或有事项发生概率和可能性

发生可能性	极小可能	有可能	很可能	基本确定
发生概率	0%～5%	5%～50%	50%～95%	>95%

或有负债属于或有事项，它的存在与否主要取决于未来的事件是否发生，具有较大的不确定性。或有负债的会计处理通常有确认和披露两种。按照稳健性原则，因或有事项而使企业承担责任（或有负债）的可能性很高时，需要在“预计负债”这一科目中加以确认；而当这种发生可能性不高时，只需要在报表附注中进行披露。

下面我们讨论一下在什么情况下或有负债应该被确认为预计负债。如果与或有事项相关的义务同时符合以下条件，企业应将其确认为负债：

（1）该义务是企业承担的现时义务。具体是指该义务已经发生，法律要求或者企业可以合理预期应该履行的义务。例如，企业因逾期未还款受到银行起诉，法院尚未判决，但是一项现时义务已经产生。

（2）该义务的履行很可能导致经济利益流出企业。这里的“很可能”可以参照表 6－4的界定，具体是指发生的概率大于 50% 且小于或等于 95%。

（3）该义务的金额能够可靠计量。由于或有事项的不确定性，可靠计量是指可以合理估计。通常或有负债的估计涉及两种情况：第一种有大量的样本作为参考的事项，例如产品质量担保；第二种是单一事项，例如诉讼。对于有大量样本的事项，通常可以用预期价值等方法合理估计，但是对于单一事项则需要另行讨论。例如甲企业（被告）涉及一桩诉讼案，甲企业法务部根据以往类似案例的经验确定甲企业很可能要败诉，并且估算出相关的赔偿金额。这种情况下，可以确认为一项预计负债。但是，如果没有以往的案例作为比照和参考，相关的法律条文又没有明确解释，那么即使甲企业很可能败诉，也不应将其确认为一项负债。

2. 预计负债的计量

预计负债的计量主要是指因或有事项所产生的负债按什么金额入账，并在报表上反映。预计负债存在大量的不确定性，因此应该依照不同的情况选择适当的方法进行确认计量。通常有以下几种方法：

（1）若所需支出存在一个金额范围，且该范围内各种结果发生的可能性相同，则采用平均值法计量。例如某公司败诉后赔偿金额为 50 万 ~ 100 万元，则该企业预计负债金额的最佳估计数取赔偿金额上下限的平均值，即 75 万元。

（2）若所需支出不涉及一个范围，则采用最可能发生的金额进行计量。例如某公司在诉讼中胜诉可能性为 20%，败诉可能性为 80%，且需要赔偿金额 100 万元。该公司预计负债金额的最佳估计数应取最可能发生的金额 100 万元。

（3）若涉及多个项目，则采用预期价值的方法，即以每种结果的概率乘以每种结果的价值之和。例如，某公司本年销售甲产品 10 000 万元，且免费提供保修 1 年。根据以往经验，有 10% 的产品会产生较小的质量问题，且维修费用为销售额的 2%；有 1% 的产品会产生较大的质量问题，维修费用为销售额的 5%；在此情况下，该公司本年末应确认的预计负债金额为：（10 000 × 2%） × 10% + （10 000 × 5%） × 1% = 25（万元）。

二、短期借款

短期借款（short-term loans）是指企业为了经营需要向银行或其他金融机构等借入的、偿还期在 1 年以内（含 1 年）的各种借款。短期借款主要有经营周转借款、临时借款、结算借款、票据贴现借款、卖方信贷、预购定金借款和专项储备借款等。企业除按规定用途使用外，还应按期还本付息。

短期借款的会计处理包含三个方面的内容：

（1）取得借款。企业从银行或其他金融机构借入款项时，应签订借款合同，注明借款金额，确认本金，借记“银行存款”科目，贷记“短期借款”科目。

（2）核算短期借款利息。短期借款利息支出是企业为筹集资金而发生的耗费，应作为一项财务费用计入当期损益。利息按月计收，或还本付息一次进行。但利息数额不大时，利息费用可直接计入当期损益；利息按季（或半年）计收，或还本付息一次进行。但利息数额较大时，则可采用预提的方式按月预提并确认费用，计入当期损益，到期再进行支付；应付利息在“应付利息”科目中核算，不通过“短期借款”科目。

（3）归还借款。对偿付的本金借记“短期借款”科目，对同时偿付的利息借记“应付利息”或“财务费用”科目，贷记“银行存款”科目。

三、预收账款

预收账款（unearned revenue）是企业根据买卖双方协议合同向客户预收的购货的部分订金或货款。例如航空公司预收乘客机票的收入、杂志的订阅费用、健身房预收的年费等，这些企业在收到款项时，商品或劳务的销售合同尚未履行，因而不能作为收入入账，只能确认为一项负债，即贷记“预收账款”科目。企业按合同规定提供商品或劳务后，再根据合同的履行情况，逐期将未实现收入转成已实现收入，即借记“预收账款”科目，贷记相关的收入科目。

【例6－15】20×0年1月1日，力与美健身房销售一张健身年卡，价格为12 000元。售卡时应编制如下会计分录：

借：银行存款　　12 000

　贷：预收账款　　12 000

之后每个月末做如下分录：

借：预收账款　　1 000

　贷：主营业务收入　　1 000

预收账款的期限一般不超过1年，通常应作为一项流动负债反映在各期末的资产负债表上，若超过1年（预收在1年以上提供商品或劳务）则称为“递延贷项”，单独列示在资产负债表的负债与所有者权益之间。

四、交易性金融负债

交易性金融负债（financial liabilities hold-for-trading）指企业采用短期获利模式进行融资所形成的负债，比如应付短期债券。符合以下条件之一的金融负债，企业应当划分为交易性金融负债：①承担金融负债主要是为了近期出售或回购；② 金融负债是企业采用短期获利模式进行管理的金融工具投资组合中的一部分；③属于衍生金融工具。

会计处理上应设置“交易性金融负债”账户，并且核算时需要注意以下三点：

（1）企业承担的交易性金融负债，应按实际收到的金额借记“银行存款”“存放中央银行款项”“结算备付金”等科目，按发生的交易费用借记“投资收益”科目，按交易性金融负债的公允价值贷记“交易性金融负债——本金”。

（2）资产负债表日，按交易性金融负债票面利率计算的利息借记“投资收益”科目，贷记“应付利息”科目。资产负债表日，交易性金融负债的公允价值高于其账面余额的差额借记“公允价值变动损益”科目，贷记“交易性金融负债——公允价值变动”；公允价值低于其账面余额的差额做相反的会计分录。

（3）处置交易性金融负债应按该金融负债的账面余额借记“交易性金融负债”，按实际支付的金额，贷记“银行存款”“存放中央银行款项”“结算备付金”等科目，按其差额贷记或借记“投资收益”科目。同时，按该金融负债的公允价值变动借记或贷记“公允价值变动损益”科目，贷记或借记“投资收益”科目。

五、应付股利

应付股利（dividends payable）是指企业经公司董事会决议批准的利润分配方案确定分配给投资者的现金股利或利润。企业在股利宣布日时确认负债，根据股东大会或类似机构审议批准的利润分配方案，按应支付的现金股利或利润，借记“利润分配”科目，贷记“应付股利”科目。实际支付时，借记“应付股利”科目，贷记“银行存款”等科目。对于利润分配方案中拟分配的现金股利或利润，不做账务处理，但应在附注中披露。需要说明的是，股利只会引起所有者权益内部结构的变化，并不构成企业的负债，因此不通过“应付股利”科目核算。

思考题

1. 如何确定应付账款的入账金额?
2. 职工薪酬包括哪些内容? 企业应当如何核算非货币性职工薪酬?
3. 企业应交的增值税应当如何进行会计处理?
4. 什么是或有事项? 它的主要特征有哪些? 常见的或有事项有哪些?

第七章　非流动负债

学习目标

1. 理解长期应付款的会计处理。
2. 描述公司发行长期债券的目的和程序。
3. 应用债券折价和溢价的摊销方法。
4. 理解债券清偿的会计处理和长期应付票据的会计处理。
5. 理解其他非流动负债的含义。

导入阅读

通常股票市场上的投资者和债券市场上的投资者均在各自的市场内独立运作。然而，近年来，各个市场动荡不安，即使债券市场上的些许传言都已经被放大到（通常为负的）股价的波动上。

2001年末，安然公司的迅速倒闭向人们警示了一个根本的道理：缺失信用的公司最终无法在市场中存活，甚至会在一夜间倒闭。正如一位分析师所说："你在评价一家公司的股票之前，必须先评估这家公司的信用等级。"其他能源公司，如Calpine、NRGEnergy和AES公司，都受到安然问题的影响，它们的债权人采取紧缩策略或者终止信贷和投资，并提高现有高额债务的利率。结果，这些公司的股票骤跌。

我国的一些企业也未能幸免于信用问题引起的股价负面效应。例如，拥有60多年历史的明星乳企——辉山乳业，在港交所上演股价"惊魂跳水"。辉山乳业股价崩盘前一天，辉山乳业及23家银行参加的债权人大会或许才是"压死骆驼的最后一根稻草"。辉山乳业的债务牵涉70多家债权机构，覆盖银行、融资租赁、网贷、金融资产交易平台等多个行业。根据中国工商银行首席风控官推算，辉山的整体债务高达400亿元。2017年3月24日11时左右，辉山乳业的股价突然呈现断崖式下跌，跌幅一度高达90.71%，创下港股历史纪录。直到临时停牌，辉山乳业当日跌幅达85%，股价从3.01港元/股重挫至0.42港元/股，短短一个半小时内市值蒸发320亿港元。这又是一个因信用缺失和信贷质量导致股价大跌的例子。因此，即使你只是投资于股票，也务必关注公司的信用情况和债务结构。

第一节　非流动负债概述

一、非流动负债及其特征

非流动负债（non-current liabilities）是流动负债以外的负债，通常是指偿还期在一年或者超过一年的一个营业周期以上的债务。非流动负债主要是企业为筹集长期投资项目所需资金而发生的，比如企业为购买大型设备而向银行借入的中长期贷款等。

非流动负债同流动负债一样都必须具备企业负债的特点，即由过去的交易或事项引起，是企业的现时义务，但非流动负债有自己的特点，主要表现为：

（1）偿还期限较长，是企业的一种长期稳定的资金来源。

（2）债务金额比较大，举借主要是为了购置大型机器设备等长期资产、增建和扩建厂房等投资需求。

（3）企业举借非流动负债不会影响企业原有的股本结构，从而保证原有投资者（股东）的投资比例及其对企业的控制权。

（4）企业举借非流动负债通常不会影响股票的市场价格，而增发股票将会稀释每股收益额，导致股票市场价格下跌。

（5）非流动负债可以给企业带来节税的好处。非流动负债的利息费用可以作为收益性支出处理，即可以在缴纳所得税前从利润总额中抵扣，从而使企业少交所得税。

（6）非流动负债具有“财务杠杆”作用：通过非流动负债筹集的资金投资项目，如果项目成功，则会使企业的资产报酬率高于长期举债的资本成本，可以增加投资者（股东）所得的盈余。但是如果投资项目不成功，会使得企业的资产报酬率低于长期举债的资本成本，同时本息的支出还增加了企业的财务风险，甚至会导致企业破产。

二、非流动负债的分类

根据负债的筹措方式不同，非流动负债主要分为以下几种形式：

（一）长期借款

长期借款是指企业从银行或其他金融机构借入的期限在一年以上的各种借款。我国企业的长期借款主要是向金融机构借入的各项长期借款，如从各专业银行、商业银行取得的贷款；除此之外，还包括向财务公司、投资公司等金融企业借入的款项。长期借款按照偿还方式可分为分期付息到期还本、到期一次还本付息和分期还本付息。

注意：企业在资产负债表日或之前违反了长期借款协议，导致贷款人可随时要求清偿的负债，应当归类为流动负债。

（二）应付债券

公司债券是指企业依照法定程序，为了筹集长期、较大金额的资金而发行的，并约定在一定期限内还本付息的有价证券。应付债券是发行企业记录公司债券的本金和利息的一个会计科目。公司债券一般可分为：有担保债券和无担保债券；一次还本债券和分期还本债券；记名债券和不记名债券；可转换债券和不可转换债券等。

（三）长期应付款

长期应付款是指企业除长期借款和应付债券以外的其他各种长期应付款，包括以分期付款方式购入固定资产、应付融资租入固定资产的租赁费等（具体内容详见第十一章“租赁”）。

（四）专项应付款

专项应付款是企业接受国家拨入的具有专项或特定用途的款项所形成的不需要以资

产或增加其他负债偿还的负债，如新产品试制费拨款、中间试验费拨款和重要科学研究补助费拨款等科技三项拨款等。

第二节 长期借款

一、长期借款的账户设置

长期借款是企业向银行或其他金融机构借入期限在一年以上（不含一年）的各种借款，例如基建借款、设备投资借款等。长期借款的利率一般是固定的（也可签订浮动利率的合同），并且通常高于短期借款，但信用等级高或抵押品流动性强的借款企业仍然可以争取到较低的长期借款利率。企业在贷款期内向债权人每年按借款利率计算利息。

为了反映和监督企业的各种长期借款，应设置“长期借款”账户，用来核算各种长期借款的借入，应计利息和归还本息的情况。该账户属于负债类，其贷方登记借入的款项及预计的应付利息，借方登记还本付息的数额；期末余额在贷方，表示尚未偿还的长期借款本息数额。该账户应按贷款单位设置明细账，并按贷款种类进行明细核算。需要说明的是，预计的长期借款利息应通过“长期借款”账户进行核算，而不是记入“财务费用”账户。长期借款费用应根据长期借款的用途和期间分别记入“长期待摊费用”“在建工程”“固定资产”“财务费用”等账户。

二、长期借款的会计处理

（一）长期借款的主要会计处理

企业借入的长期借款，除应按规定办理借入手续外，还应按期支付利息，并按规定期限归还借款。因此，长期借款的会计处理应反映长期借款的借入、利息的结算和借款本息的归还情况。

1. 借入款项

企业借入长期借款，应按实际收到的金额，借记“银行存款”科目，贷记“长期借款——本金”账户；如果借贷双方之间存在差额，还应借记“长期借款——利息调整”账户。

2. 资产负债表日的会计处理

在资产负债表日，企业应按长期借款的摊余成本和实际利率计算确定的长期借款的利息费用，借记“在建工程”“制造费用”“财务费用”“研发支出”等科目，按合同本金和利率计算确定的应付未付利息，贷记“应付利息”科目，按其差额，贷记“长期借款——利息调整”科目。

注意，当实际利率与合同利率差异较小时，也可以采用合同利率计算确定的利息费用。

3. 归还借款

归还的长期借款本金，借记本科目（本金），贷记“银行存款”科目。同时，存在利息调整余额的，借记或贷记“在建工程”“制造费用”“财务费用”“研发支出”等科目，贷记或借记“长期借款——利息调整”科目。

本科目期末贷方余额，反映企业尚未偿还的长期借款。

【例 7－1】 珠江公司于 20×0 年 1 月 1 日从银行借入期限为两年的长期借款 100 万元存入银行，用于生产经营。借款年利率为 8%，分年计息并付息，到期一次还本。根据上述业务编制有关会计分录如下：

（1）20×0 年 1 月 1 日，取得借款时：

借：银行存款　　1 000 000

　贷：长期借款——本金　　1 000 000

（2）20×0 年末支付利息时：

借：财务费用　　80 000

　贷：银行存款　　80 000

（3）20×1 年到期还本和支付一年的利息时：

借：长期借款——本金　　1 000 000

　　财务费用　　80 000

　贷：银行存款　　1 080 000

（二）长期借款利息的处理

企业发生借款费用有两种处理方法：一是在发生时直接确认为当期费用（即费用化），另一方法则是于发生时直接计入该项资产（即资本化）。企业发生的借款费用，符合资本化条件的资产构建或生产的，应予以资本化，计入相关资产成本；不符合资本化条件的，应当在发生时根据发生额确认为费用。其中，资本化条件的资产是指经过相当长时间（一年或一个营业周期）的构建或生产活动才能达到预定可使用状态或销售状态的资产，包括固定资产、投资性房地产和存货等。

【例 7－2】 珠江公司为建造一幢厂房，于 20×0 年 1 月 1 日借入期限为 2 年的长期借款 100 万元，款项已存入银行。借款利率按市场利率确定为 8%，每年付息一次，期满后一次性还清本金。1 月 2 日，珠江公司以银行存款支付工程价款共计 70 万元，20×1年 1 月 1 日，又以银行存款支付工程费用 30 万元。该厂房于 20×1 年 6 月 31 日完工，达到预定可使用状态。假定不考虑闲置专门借款资金存款的利息收入或者投资收益。

该企业的有关账务处理如下：

（1）20×0 年 1 月 1 日，取得借款时：

借：银行存款　　1 000 000

　贷：长期借款——本金　　1 000 000

（2）20×0 年 1 月 2 日，支付工程款时：

借：在建工程　　700 000

　贷：银行存款　　700 000

（3）20×0 年 12 月 31 日，计算应计入工程成本的利息费用时：

借款利息＝1 000 000×8%＝80 000（元）

资本化利息＝700 000×8%＝56 000（元）

借：在建工程　　56 000
　　财务费用　　24 000
　贷：应付利息　　80 000

(4) 20×0 年 12 月 31 日，支付借款利息时：

借：应付利息　　80 000
　贷：银行存款　　80 000

(5) 20×1 年初，支付工程款时：

借：在建工程　　300 000
　贷：银行存款　　300 000

(6) 20×1 年 6 月 31 日，工程达到预定可使用状态时：

该期应计入工程成本的利息 =（1 000 000×8%÷12）×6 = 40 000（元）

借：在建工程　　40 000
　贷：应付利息　　40 000

按实际成本转固定资产：

借：固定资产　　1 096 000
　贷：在建工程　　1 096 000

(7) 20×2 年 12 月 31 日，支付利息时：

由于工程在年内结束，因此 20×2 年 7 月到 12 月的利息费用应该全部费用化处理。

利息 = 1 000 000×8%×6/12 = 40 000（元）

借：财务费用　　40 000
　贷：应付利息　　40 000

(8) 20×3 年 1 月 1 日，还本付息时：

借：长期借款——本金　　1 000 000
　　应付利息　　80 000
　贷：银行存款　　1 080 000

第三节　应付债券

一、债券的概念

债券（bond）是企业或政府因向社会公众筹集资金而向出资者出具的债务凭证。债券持有者凭借债券有权在约定期限内要求发行者还本付息。政府发行的债券分为中央政府债券（国债）和地方政府债券，企业发行的债券称为企业债券。由于有资格发行债券的企业大多数为公司，因此，企业债券一般是指公司债券。

（一）公司债券的性质

公司债券是企业依照法定程序发行、约定其票面利息计付及本金的偿还方式的有价证券，它表明发行债券的公司和债券投资者之间的债权债务关系。公司债券的持有人是公司的债权人，而不是公司的所有者。债券持有人有按约定条件向公司取得利息和到期收回本金的权利，取得利息优先于股东分红，公司破产清算时，也优于股东而收回本金。但债券持有者不能参与公司的经营、管理等各项活动。

企业发行的公司债券必须载明的基本内容具体包括以下四个方面：

（1）债券面值。债券的票面价值，是发行人对债券持有人在债券到期后应偿还的本金数额，也是企业向债券持有人按期支付利息的计算依据。

（2）票面利率。债券利息与债券面值的比率，是发行人承诺以后一定时期支付给债券持有人报酬的计算标准。债券票面利率的确定主要受银行利率、发行者的资信状况、偿还期限和利息计算方法以及当时资金市场上资金供求情况等因素的影响。

（3）付息日。债券支付利息的日期。

（4）到期日。债券上载明的偿还债券本金的日期。

（二）公司债券的分类

当公司决定通过发行债券筹集资金时，不仅需要确定债务的特征，如到期日等，还需要考虑一些因素，其中包括投资者偏好、预计现金流、预期资本结构，并将其资本成本降至最低。为了满足公司的不同需要，有许多不同类型的债券，以下将列举出一些主要的类别：

1. 按是否记名分类

（1）记名公司债券（registered bond）：在券面上登记持有人姓名，支取本息要凭印鉴领取，转让时必须背书并到债券发行公司登记的公司债券。

（2）不记名公司债券（bearer bond）：券面上不需载明持有人姓名，还本付息及流通转让仅以债券为凭，不需登记。

2. 按有无担保分类

（1）有担保公司债券（secured bond）：公司以自有或第三人拥有的全部或部分财产担保到期还本付息的公司债券。

（2）无担保公司债券（debentures）：该债券亦称信用债券，指公司没有以指定的财产抵押为保障，仅以其信用保证所发行的债券。与有担保公司债券相比，无担保公司债券的持有人承担的风险较大，因而往往要求较高的利率。

3. 按偿还方式分类

（1）定期债券（term bond）：只规定一个固定的到期日的清偿债券。

（2）系列债券（serial bond）：又称分期赎回债券，指借款人需要大量资金，可以发行一系列具有若干个不同到期日的债券。

4. 按是否被赋予转换权分类

（1）可转换债券（convertible bond）：发行公司事先规定债权人可以选择有利时机，按发行时规定的条件把其债券转换成发行公司的等值股票（普通股票）。可转换债券是一种混合型的债券形式。

（2）不可转换债券（unconvertible bond）：债券发行人未给予持有人上述转换选择权的公司债券。

5. 按是否可以提前赎回分类

（1）可赎回债券（callable bond）：债券发行人可在债券到期前赎回其发行的全部或部分债券。

（2）不可赎回债券（non-callable bond）：只能一次到期还本付息的公司债券。

二、公司债券的发行和定价

（一）债券的发行

向公众发行和销售的公司债券通常需要几个月的时间。公募债券发行者必须先向证券管理机关办理发行注册手续，获得发行债券的监管机构的批准，接受审计。由于发行数额较大，通常要委托证券公司等中介机构承销。公募债券采取间接销售，具体方式有代销、余额包销和全额包销三种。

（1）代销：发行者和证券公司或承销机构签订协议，由承销者代为向社会销售债券。承销者按规定的发行条件尽力推销，如果在约定期限内未能按照原定发行数额全部销售出去，债券剩余部分可退还给发行者，承销者不承担发行风险。

（2）余额包销：承销者按照规定的发行数额和发行条件，代为向社会推销债券，在约定期限内推销债券。如果有剩余，须由承销者负责认购。采用这种方式销售债券，承销者承担部分发行风险，能够保证发行者筹资计划的实现，但承销费用高于代销费用。

（3）全额包销：先由承销者按照约定条件将债券全部承购下来，并且立即向发行者支付全部债券价款，然后再由承销者向投资者分次推销。采用全额包销方式销售债券，承销者承担了全部发行风险，可以保证发行者及时筹集到所需要的资金，因而包销费用也比余额包销高。

（二）债券的发行价格

债券的发行价格是债券投资者认购新发行债券时实际支付的价格。债券的发行价格受很多因素的影响。就公司内部而言，除了债券的面值、期限、票面利率、利息支付方式之外，发行企业自身的信用状况、资本结构等也会影响债券的发行价格。就企业外部来说，有资本市场上的利率水平、供求关系等因素。理论上讲，债券的发行价格是其所支付的本息按市场利率折算的现值。在投资界一般也是用债券的未来现金流现值来估算其发行价格。企业相关的未来现金流由两部分组成：一部分是到期应偿还的本金；另一部分是未来定期支付的利息。因此，债券的发行价格用公式表示为：

债券的发行价格＝按发行时市场利率折现的债券面值（即复利现值）＋按发行时市场利率折现的债券票面利息（即年金现值）

注意：在计算中，折算利率应采用发行时的市场利率，并且债券面值折现的期限应采用计息的期限。例如：3年期的债券，如果每半年付息一次，则折现期限应取值为6。

【例7－3】珠江公司在20×0年1月1日发行了票面价值总和为100 000元、5年期、票面利率为12%、每年付息两次（6月30日与12月31日）的公司债券。此时的市场利率为10%，请计算债券的销售价格。

（1）按市场利率折现的面值：

$100\,000 \times PV\ (n=10,\ i=5\%) = 100\,000 \times 0.613\,9 = 61\,390$（元）

（2）按市场利率折现的各期利息的年金现值：

$100\,000 \times 6\% \times PVA\ (n=10,\ i=5\%) = 6\,000 \times 7.721\,7 = 46\,330$（元）

（3）债券的发行现值：

61 390 + 46 330 = 107 720（元）

（三）债券发行的会计处理

1. 市场利率、票面利率与债券价格的关系

按照债券的实际发行价格和票面价格的异同，债券的发行可分为平价发行、溢价发行和折价发行。

【例7－4】珠江公司在20×0年1月1日发行面值总价值￥100 000、利息率8%、5年期的债券（付息日期为每年的1月1日和7月1日），假设市场利率有三种情况，如表7－1所示：

表7－1　市场利率的三种情况

	情况1	情况2	情况3
面值	￥100 000	￥100 000	￥100 000
利息（半年）	￥4 000	￥4 000	￥4 000
付息次数	10	10	10
市场利率	10%	8%	6%
债券售价	￥92 278[a]	￥100 000[b]	￥108 530[c]
差异	￥7 722（折价）	￥0	￥8 530（溢价）

a. ￥92 278 = $100\,000 \times PV\ (n=10,\ i=5\%) + 4\,000 \times PVA\ (n=10,\ i=5\%) = 61\,391 + 30\,887$

b. ￥100 000 = $100\,000 \times PV\ (n=10,\ i=4\%) + 4\,000 \times PVA\ (n=10,\ i=4\%) = 67\,556 + 32\,444$

c. ￥108 530 = $100\,000 \times PV\ (n=10,\ i=3\%) + 4\,000 \times PVA\ (n=10,\ i=3\%) = 74\,409 + 34\,121$

从**【例7－4】**中我们可以观察到，在债券发行时，当市场利率等于票面利率时，债券的发行价格等于其面值（情况2）；当市场利率高于票面利率时，债券的发行价格低于其面值，债券折价发行（情况1）；而当市场利率低于票面利率时，债券的发行价格高于其面值，债券溢价发行（情况3）。将以上三种情况汇总于表7－2。

表7－2　债券面值、票面利率、市场利率与发行价格的关系

利率	债券	发行价格
市场利率＞票面利率	现值＜面值	折价发行
市场利率＝票面利率	现值＝面值	平价发行
市场利率＜票面利率	现值＞面值	溢价发行

从表7－2可见，债券的发行价格（现值）随市场利率的变动呈反方向变动。我们也可以从投资者的角度解释上述情况。在现实世界中，债券的销售价格是由供求关系、

相对风险、市场状况等因素决定的。投资者必须知道，只有当债券价格等于票面价值时，获得的实际利息才等于票面利率。如果债券折价发行，投资者将获得比票面利率更多的收益。如果债券溢价发行，投资者的收益将低于票面利率。在实践中，公司通常通过将票面利率设置为与市场现行利率相等的方式来发行债券。值得注意的是，债券发售后，无论市场利率如何波动，也不会对发行的债券产生影响，因此也不需要调整会计分录。

2. 债券发行时的会计处理

企业核算发行的长期债券业务，应设置“应付债券”科目。该科目贷方登记企业发行债券收到的款项和应支付的债券利息，借方登记实际支出的债券本息。期末贷方有余额，则反映企业尚未偿还的长期债券的摊余成本。承【例7－4】，我们对三种情况的债券发行做如下的会计处理：

公司债券折价发行的会计分录（情况1）：

借：银行存款　　92 278

　　应付债券——利息调整　　7 722

　贷：应付债券——面值　　100 000

公司债券按面值发行的会计分录（情况2）：

借：银行存款　　100 000

　贷：应付债券——面值　　100 000

公司债券溢价发行的会计分录（情况3）：

借：银行存款　　108 530

　贷：应付债券——面值　　100 000

　　　　　　——利息调整　　8 530

3. 债券利息调整的摊销

债券溢价或折价发行是对票面利率与市场利率之间的差异所作的调整，其差异的值就是一种利息费用。发行企业多收的溢价是债券购买人因票面利率比市场利率高而对发行企业的一种补偿，而折价则是企业因为票面利率比市场利率低而对购买者作的利息补偿。因而债券溢价或折价都不是企业发行债券的利益损失，而是由债券从发行到到期日整个期限内对利息费用的调整。

利息的调整一般采用实际利率法进行摊销。实际利率法是指按照应付债券的实际利率计算其摊余成本及各期利息费用的方法；实际利率是将应付债券在债券存续期间的未来现金流量折现为该债券的当前账面价值所使用的利率。

实际利率法的计算步骤：

第一步：计算期间利息费用

期初债券账面价值×实际利率＝利息费用

第二步：计算折价（溢价）的摊销金额

利息费用－支付利息＝本期摊销金额

第三步：计算应付债券摊余成本

折价发行：期初债券账面价值＋本期摊销金额＝期末摊余成本

溢价发行：期初债券账面价值 - 本期摊销金额 = 期末摊余成本

（1）折价发行：

承【例7-4】的情况1，编制利息调整摊销表，如表7-3所示：

表7-3　珠江公司折价发行公司债券时利息调整摊销表

单位：元

日期	A为支付利息（A = 面值×8%×6/12）	B为利息费用（B = D×10%×6/12）	C为折价摊销（C = B - A）	D为债券账面价值（$D = D_{t-1} + C$）
20×1-01-01				92 278
20×1-07-01	4 000	4 614	614	92 892
20×2-01-01	4 000	4 645	645	93 536
20×2-07-01	4 000	4 677	677	94 213
20×3-01-01	4 000	4 711	711	94 924
20×3-07-01	4 000	4 746	746	95 670
20×4-01-01	4 000	4 784	784	96 454
20×4-07-01	4 000	4 823	823	97 276
20×5-01-01	4 000	4 864	864	98 140
20×5-07-01	4 000	4 907	907	99 047
20×6-01-01	4 000	4 952	952	100 000
合计	40 000	47 722①	7 722	

利用利息调整摊销表的信息，编制会计分录：

20×0年7月1日，应做会计分录为：

借：财务费用　　4 614

　贷：应付债券——利息调整　　614

　　　库存现金　　4 000

20×0年12月31日，应做会计分录为：

借：财务费用　　4 645

　贷：应付债券——利息调整　　645

　　　应付利息　　4 000

（2）溢价发行：

承【例7-4】的情况3，编制利息调整摊销表，如表7-4所示：

① 数据在运算过程中产生的舍入误差导致个位数有出入，下同。

表 7－4　珠江公司溢价发行公司债券时利息调整摊销表

单位：元

日期	A 为支付利息（A＝面值×8%×6/12）	B 为利息费用（B＝D×10%×6/12）	C 为溢折价摊销（C＝A－B）	D 为债券账面价值（$D=D_{t-1}-C$）
20×1－01－01				108 530
20×1－07－01	4 000	3 256	744	107 786
20×2－01－01	4 000	3 234	766	107 019
20×2－07－01	4 000	3 211	789	106 230
20×3－01－01	4 000	3 187	813	105 417
20×3－07－01	4 000	3 163	837	104 579
20×4－01－01	4 000	3 137	863	103 717
20×4－07－01	4 000	3 112	888	102 828
20×5－01－01	4 000	3 085	915	101 913
20×5－07－01	4 000	3 057	943	100 971
20×6－01－01	4 000	3 029	971	100 000
合计	40 000	31 470	8 530	

利用利息调整摊销表的信息，编制会计分录：

20×0 年 7 月 1 日，应做会计分录为：

借：财务费用	3 256	
应付债券——利息调整	744	
贷：库存现金		4 000

20×0 年 12 月 31 日，应做会计分录为：

借：财务费用	3 234	
应付债券——利息调整	766	
贷：应付利息		4 000

从表 7－3 和表 7－4 可以看出，若采用实际利率法摊销，在债券溢价发行的情况下，随着债券账面价值的逐期递减，企业实际负担的利息费用也相应递减。在债券折价发行的情况下，随着债券账面价值的逐期递增，企业实际负担的利息费用也相应递增。

4. 债券发行成本的会计处理

债券发行过程中涉及的一些与发行直接相关的费用，统称为债券发行费用或债券发行成本。常见的发行费用包括注册会计师查核财务报表的费用，债券印刷费用，经纪人承销佣金，发行债券的律师费、手续费和广告费等。债券发行费用是筹集并取得资金所必需的开支，其数额相当可观，因而合理地处理债券发行费用也是一个重要的会计问题。

企业发行债券时，如果发行费用小于发行期间冻结资金所产生的利息收入，按发行期间冻结资金所产生的利息收入减去发行费用后的差额，视同发行债券的溢价收入，在债券存续期间于计提利息时摊销。如果发行费用大于发行期间冻结资金所产生的利息收入，以发行费用减去发行期间冻结资金所产生的利息收入后的差额，根据下述情况处理：

（1）企业发行债券筹集资金专项用于购建固定资产，且发行费用差额较大的，在所购建的固定资产达到预定可使用状态前，直接计入所购建的固定资产成本；并且在达到预定可使用状态后，直接计入当期财务费用。发行费用差额不大的，直接计入当期财务费用。

（2）企业发行债券筹集资金不是用于购建固定资产的，直接计入当期财务费用。

5. 债券到期偿还的会计处理

公司发行的债券到期偿还时，无论当初发行价格与面值是否存在差异，均按面值偿还。因为无论是折价发行还是溢价发行，债券在存续期内均已摊销完毕，其账面价值等于债券面值。

【例 7－5】承【例 7－4】，珠江公司在债券到期时，一次性偿还的会计分录如下：

借：应付债券——面值　　100 000

　贷：银行存款　　100 000

第四节　其他长期负债

一、长期应付款

长期应付款是指企业除长期借款和应付债券以外的其他各种长期应付款项，包括应付融资租赁款、以分期付款方式购入固定资产发生的应付款项等。这里简单介绍以分期付款方式购入固定资产的应付款，关于融资租赁款请参考本书第十一章“租赁”。

为了核算企业各种长期应付款，应设置“长期应付款”科目，该科目属于负债类，贷方登记形成的长期应付款，借方登记实际偿付的长期应付款，贷方余额反映企业尚未支付的各种长期应付款。该科目应按照长期应付款的种类和债权人进行明细核算。

长期应付款的利息支出和有关费用以及外币折合差额，符合借款费用条件的，应按前述借款费用处理方法进行处理。

企业购入有关资产超过正常信用条件延期支付价款、实质上具有融资性质的，应按购买价款的现值借记“固定资产”“在建工程”等科目，按应支付的金额贷记“长期应付款”，按其差额借记“未确认融资费用”科目。按期支付价款时借记“长期应付款”，贷记“银行存款”科目。

【例 7－6】珠江公司融资租入流水线一条，租期为 8 年，合同规定的租金共计 1 600 万元，每年年底分别支付 200 万元，租赁合同规定的利率为 6%。珠江公司应编制如下会计分录：

该设备的发票价值为 1 600 万元，设备最低租赁付款额的现值为：

$200 \times 6.21 = 1\ 242$ 万元（注：6.21 为 8 年期、利率为 6% 的一元年金现值系数）

显然，租赁开始时租赁资产的原账面价值即发票价值与最低租赁付款的现值相比，最低租赁付款的现值较低，故应作为固定资产的入账价值。

（1）租入时：

借：固定资产——融资租入固定资产　　12 420 000

　　未确认融资费用　　3 580 000

　贷：长期应付款——应付融资租赁款　　16 000 000

（2）每年支付租金时：

借：长期应付款——应付融资租赁款　　2 000 000

　贷：银行存款　　2 000 000

摊销未确认的融资费用，可以用实际利率法，也可以用直线法。假设采用直线法，每年的摊销额为447 500元（3 580 000/8），其会计分录为：

借：财务费用　　447 500

　贷：未确认融资费用　　447 500

二、专项应付款

专项应付款是指企业取得的政府作为企业所有者投入的具有专项或特定用途的款项，如工程项目的资本性拨款等。为了核算企业各种专项应付款，应设置“专项应付款”科目，该科目属于负债类，贷方反映企业收到或应收的资本性拨款，借方反映工程项目完工时应转销的专项应付款金额。期末贷方余额反映企业尚未转销的专项应付款。本科目应当按照拨入资本性投资项目的种类进行明细核算。

企业收到或应收资本性拨款时，借记“银行存款”科目，贷记“专项应付款”科目。将专项或特定用途的拨款用于工程项目，借记“在建工程”等科目，贷记“银行存款”“应付职工薪酬”等科目。

工程项目完工所形成的长期资产的部分，借记“专项应付款”科目，贷记“资本公积——资本溢价”科目；对未形成长期资产需要核销的部分，借记“专项应付款”科目，贷记“在建工程”等科目；拨款结余需要返还的，借记“专项应付款”科目，贷记“银行存款”科目。上述资本溢价转增实收资本或股本的，借记“资本公积——资本溢价或股本溢价”科目，贷记“实收资本”或“股本”科目。

思考题

1. 非流动负债有什么特征？其基本内容有哪些？
2. 什么是借款？长期借款与短期借款对企业的盈利能力与财务状况有哪些影响？
3. 公司债券的发行价格应如何计算？
4. 公司债券溢价发行与折价发行的实质是什么？如何对其进行会计处理？

第八章　所有者权益

学习目标

1. 理解企业的性质。
2. 了解企业的组织形式及特点。
3. 掌握股本及会计核算。
4. 掌握资本公积及会计核算。
5. 了解留存收益的内涵及账务处理。
6. 了解每股收益与净资产收益率的含义与作用。

导入阅读

2021年9月30日，蚂蚁集团的注册资本由237.79亿元增加至350亿元，增资幅度约为47%。蚂蚁集团此次大举增资，引发业内人士的关注。需要注意的是，此次增资中，蚂蚁集团特别提到，“此次注册资本的变动来自资本公积转增股本，公司并未进行市场化融资，无新增投资者”。通过资本公积转增股本是何考虑?

2020年末，国家金融监督管理总局、央行发布《网络小额贷款业务管理暂行办法(征求意见稿)》，对蚂蚁集团影响最大的几条包括：第一是通过银行借款、股东借款等非标准化融资形式融入资金的余额不得超过其净资产的1倍；第二是通过发行债券、资产证券化产品等标准化债权类资产形式融入资金的余额不得超过其净资产的4倍；第三是在单笔联合贷款中，经营网络小额贷款业务的小额贷款公司的出资比例不得低于30%。

蚂蚁集团此次增资的原因主要是合规需要。2020年末小贷业务新监管办法对蚂蚁集团等金融公司的资本、运营与风控要求进一步提高，蚂蚁集团此次增资是为充分满足合规经营迈出的重要一步。近年来，蚂蚁集团快速扩张的主线业务逻辑是构建闭环生态，以支付业务（支付宝）作为超级流量入口，以现金管理业务（余额宝）实现资金留存，以消费信贷业务（花呗、借呗等）完成商业变现。目前，蚂蚁集团业务正在逐项根据监管要求转型，其“花呗”业务全面接入央行征信。未来，蚂蚁集团其他业务如“借呗”等本质上属于“小贷”或“消金”的金融业务也都应充分与央行监管和征信系统对接。此外，蚂蚁集团还应继续关注对增量业务的严格审批，以及对存量业务的充分规范。

第一节　企业组织形式及所有者权益的构成

一、企业的组织形式

现代企业的主要组织形式通常有独资企业、合伙企业、公司制企业三种形式。而公司制企业又可分为有限责任公司和股份有限公司两种形式。

（一）独资企业

独资企业是最古老、最简单的一种企业组织形式，是指只有一个所有者的企业，即由业主对企业单独出资并设立的企业。在独资企业，企业所有者权益归业主一人所有，对企业的盈亏负完全责任；同时，业主对企业的债务也单独承担无限清偿责任。当企业资不抵债时，业主需要动用其私有财产进行偿还。独资企业可以通过向银行或其他个人取得借款，但不能对外发行债券或股票，所以很难筹集大量的资金。独资企业的利润与个人其他所得一起交纳个人所得税。

独资企业的建立与解散程序简单，在经营上制约因素较少，业主可以充分发挥积极性，经营灵活。但这类企业往往受业主有限的个人财产、有限的精力和管理水平的影响，从而限制了企业的扩大与发展，而且一旦经营失败，出资者将负有无限清偿责任。从法律上讲，独资企业所拥有的资产和负债与业主个人另外所拥有的资产和负债没有本质的区别。

（二）合伙企业

合伙企业是指两个人以上订立合伙协议，共同出资、共同经营、共负盈亏的企业，合伙企业的业主通常称为“合伙人”。对于合伙企业的盈亏一般按照各合伙人的出资比例或合伙契约中规定的比例进行分配。合伙企业的性质与独资企业相似，即合伙企业缴纳个人所得税，合伙人对企业的债务负有无限连带责任。比如，如果一家食品公司的合伙人因为食品安全的问题被起诉，其他合伙人就将对这一事件负连带责任。

与独资企业相比，合伙企业能在一定程度上弥补独资企业的缺点，例如合伙企业扩大了资金来源，分散了经营风险，能够发挥合伙人各自的优势，集思广益，提升企业综合竞争力。但是，由于合伙人之间的连带责任使合伙人需要对其合伙人的经营行为负责，更加重了合伙人的风险；合伙人之间容易产生意见分歧，影响经营决策制定，进而影响企业的生存和发展，而且，合伙企业这种组织形式本身也不利于广泛吸收社会资金，会使企业的规模受到较大的限制。

（三）公司制企业

公司制企业是以法人财产制度为核心的企业，即企业就是法人，有独立的法人财产，实现了股东最终财产所有权与法人财产权的分离。这种形式与独资企业和合伙企业最大的不同之处在于公司是作为一个整体对企业外部承担债务承担责任①，并且缴纳公司所得税，而股东个人还要按个人所得缴纳个人所得税。我国法定公司制企业形式有两

① 在中国境内设立公司制企业，应依照《中华人民共和国公司法》的规定。

种，即有限责任公司和股份有限公司。

1. 有限责任公司

有限责任公司由五十个以下股东出资设立。有限责任公司的股东，以其认缴的出资额为限对公司承担责任，并享受相应的权益。有限责任公司的资本无须划分为等额的股份；不对外发行股票，且股份的转让有严格的限制并须征得其他股东的同意。公司股份转让公司股东并不限于自然人，也可以是法人和政府。只有一个自然人或一个法人股东的有限责任公司称为一人有限责任公司。一人有限责任公司的股东不能证明公司财产独立于股东自己财产的，应当对公司债务承担连带责任。有限责任公司的另一个特例是“国有独资公司”。国有独资公司不设股东会，由国有资产监督管理机构行使股东会职权，但仍应设董事会和监事会。

2. 股份有限公司

股份有限公司（简称“股份公司”）是指其全部资本分为等额股份，股东以其认购的股份为限对公司承担责任的企业法人。股份有限公司通过向社会公众广泛地发行股票来筹集资本，任何投资者只要认购股票和支付股款，都可成为股份有限公司的股东。同时，公司的股份可以自由转让。但是股份有限公司的经营状况不仅要向股东公开，还必须向社会公开，使社会公众了解公司的经营状况，这也是和有限责任公司的区别之一。股份有限公司彻底实现了所有权与经营权的分离，具有筹资便利、资本流动性好、风险分散等优点，适合从事较大生产规模的生产经营活动。

二、所有者权益的构成

我国企业会计准则规定，“所有者权益是指企业资产扣除负债后由所有者享有的剩余权益”。换句话说，所有者权益是由资产和负债通过会计恒等式（所有者权益 = 资产 - 负债）确定的剩余金额。公司制企业的所有者权益又称为股东权益。所有者权益的内容包括所有者投入的资本、直接计入所有者权益的利得和损失、留存收益。

（一）所有者权益的特征

根据所有者权益的定义，可总结出所有者权益具有如下特征：

（1）所有者权益既是一种财产权利，又是一种剩余权益。投资人对投入的资本及其运用所产生的结果享有所有权、占用权、处置权和分配权。但是在企业清算时，负债往往优先清偿，而所有者权益只有在清偿所有的负债之后才返还给所有者。

（2）所有者权益是投资人对企业的一项永久性投资，一般不需要偿还。在企业持续经营的情况下，投资者投入的资金一般不能退回，是企业可以长期使用的一项资金，只有在企业清算时才予以退还。相比之下，负债必须要在一定的时点偿还，当企业偿还了负债，债权人的权利也就随之消失了。

（3）所有者权益的投资收益与企业的经营状况密切相关，所有者可以参与企业的利润分配，享受经营成果。

（二）所有者权益的构成

股份有限公司的实收资本划分为股份，每股的金额相等，所以实收资本又称为股本。所有者权益根据其核算的内容和要求，可分为实收资本（股本）、其他权益工具、资本公积、其他综合收益、盈余公积和未分配利润等部分。其中，盈余公积和未分配利润统称为留存收益。

企业的所有者权益包含投入资本、其他综合收益和留存收益，而投入资本又被分为实收资本（股份公司则称为股本）、其他权益工具和资本公积；留存收益又分为盈余公积和未分配利润。股东权益的结构如图 8－1 所示。

- 股东权益
  - 投入资本
    - 实收资本（股本）
    - 其他权益工具
    - 资本公积
      - 股本溢价
      - 其他资本公积
  - 其他综合收益
  - 留存收益
    - 盈余公积
    - 未分配利润

图 8－1　股东权益的结构

第二节　实收资本和其他权益工具

一、实收资本和其他权益工具概述

（一）实收资本

实收资本（paid-in capital）也称股本，指投资者按照企业章程或协议、合同的约定实际投入的资本，即企业注册登记的法定资本总额的来源。实收资本的构成比例或股东的股份比例，是确定所有者在企业所有者权益中份额的基础，也是企业进行利润或股利分配的主要依据。实收资本按投资主体可分为国家资本、集体资本、法人资本、个人资本、港澳台资本和外商资本等。

我国实行的是注册资本制度，要求企业的实收资本与其注册资本相一致[①]。当企业实收资本比原注册资本数额增减超 20% 时，应持有关资金使用证明或验资证明，向原登记主管机关申请变更登记。因此，在我国股份有限公司的股本即“法定资本”。

我国《公司法》规定，股东可以用货币出资，也可以用实物、知识产权、土地使用权等可以用货币估价并可以依法转让的非货币财产作价出资；但是，法律、行政法规规定不得作为出资的财产除外。企业应当对作价出资的非货币财产评估作价，核实财产，不得高估或者低估作价。法律、行政法规对评估作价有规定的，从其规定。全体股东的货币出资金额不得低于有限责任公司注册资本的 30% 。不论以何种方式出资，投资者如在投资过程中违反投资合约或协议约定，不按规定如期缴足出资额，企业可以依法追究投资者的违约责任。

---

① 《中国企业法人登记管理条例》规定，除国家另有规定外，企业的实收资本应当与注册资本一致。

（二）股本的种类

股本指股东在股份有限公司中所占的权益，股份有限公司的股本来源于普通股和优先股。

1. 普通股

普通股（common stock，ordinary shares）是最常见的一种股票基本形式。如果公司只发行一种股票，其必然为普通股。目前在上海和深圳证券交易所中交易的股票都是普通股。普通股有以下四个基本特征：

（1）公司决策参与权：普通股股东有权参与股东大会，并有建议权、表决权和选举权（通常采用一股一票的方式）。

（2）利润分配权：普通股股东享有从公司利润分配中得到股息的权利，但公司并非必须向股东分派股息，并且普通股的股息是不固定的，由公司盈利状况及其分配政策决定。普通股股东必须在优先股股东取得固定股息之后才有权享受股息分配权。

（3）优先认股权：股份有限公司发行新股增加资本时，现有普通股股东享有按其持股比例，以低于市价的某一特定价格优先购买一定数量的新发行股票的优惠权。该权利产生的目的在于保持原始股东对企业所有权的原有比例，从而保证其控制权不被稀释。

（4）剩余资产分配权：当公司破产或清算时，债权人处于被清偿者之首，若公司的资产在偿还欠债后还有剩余，其剩余部分按先优先股股东、后普通股股东的顺序进行分配。所以作为投资者，普通股股东的风险最大。

2. 优先股

优先股（preferred stock）是享有优先权的股票，并同时具有公司债券和普通股两者的某些特征。首先优先股具有固定的股息，这一特征与债券的利息类似。其次，优先股又是企业股东权益的一部分，但相对于普通股而言，其剩余资产要求权优先于普通股，其风险较小。优先股具有以下四个基本特征：

（1）固定收益：优先股股息率事先规定，不因公司情况变动而增减，并且一般不再参与公司普通股的分红。

（2）优先派息：在派发股息时，优先股通常先于普通股获得股息。

（3）优先清偿：优先股的清偿顺序先于普通股，而次于债权人。

（4）权利范围小：通常优先股对公司的日常经营管理没有表决权，仅在股东大会与优先股股东自身利益直接相关的特定事项上有投票权。

优先股除了具有上述特征之外，根据不同的优先条件，还可以作如下分类：

（1）累积与非累积优先股。

累积优先股（cumulative preferred share）是指当公司在某个时期内所盈利不足以支付优先股股息时，则累积到次年或以后某一年盈利时，在普通股的红利发放之前，连同本年优先股的股息一并发放。非累积优先股的股息按每个营业年度为界，当年结清，对于之前拖欠的股息，公司后期不再补发。

发行非累积优先股，对于股份公司来说，因不承担以往未付足优先股股息的补偿责任，故不会加重公司付息分红的负担。但对于投资者来说，股息收入的稳定性差，即公司盈利多时只能获取固定的股息，而公司盈利少时则可能得不到规定的股息，故不如累积优先股有吸引力。大多数优先股是累积优先股，只有极少数优先股是非累积优先股。

（2）可赎回优先股。

可赎回优先股（redeemable preferred stock）附有赎回条款，允许企业在一定时间、一定条件下回购或赎回所发行的优先股，归还股权持有者的投资。公司赎回优先股的主要目的是减少股息负担，减少流通在外的优先股，提高优先股的市场价格①。

（3）可转换优先股。

可转换优先股（convertible preferred stock）让股权持有者在一定期限内，拥有按照一定比例将优先股转换为普通股的选择权。通常在公司盈利状况较好时，持有者会选择转换为普通股，以获得较高的股利收入，并参与企业的经营决策。

目前，我国上市公司中，发行优先股的公司非常少，主要在美国、英国等发达国家比较流行。企业发行优先股，有助于加快发展直接融资，拓展企业的融资渠道，提高企业未来的举债潜力。但是发行优先股的股息不可作为应税所得的扣减项目，使得优先股的资本成本高于公司债券。

（三）其他权益工具

其他权益工具是指企业发行的除普通股（作为实收资本或股本）以外，按照金融负债和权益工具区分原则分类为权益工具的其他权益工具，主要包括优先股、永续债、可转换债券和认股权证等金融工具。

二、实收资本（股本）的账务处理

企业接受投资者投入的资本时，使用“实收资本”账户进行会计处理，股份有限公司使用“股本”账户，借方发生额反映企业按照法定程序减少的注册资本金额，贷方余额反映实收注册资本总额。

（一）投资者投入资本的会计处理

（1）投资者以现金投入的资本，应以实际收到的金额或者存入企业开户银行的金额作为实收资本入账，超过其在该企业注册资本中所占份额的部分，计入资本公积。

（2）投资者以非现金资产投入的资本，应按评估或投资各方确认的价值及相关税金作为实收资本入账。以房屋、机器设备、原材料等实物资产投资的，在办理实物产权转移手续时借记有关资产科目，对于收到的固定资产，可以按投资方的账面原价作为固定资产原值入账，按验资评估确认的价值作为实收资本。若账面原值大于确认价值，其差额计入累计折旧；若账面原值小于确认价值，则资产价值和实收资本均以确认价值入账。以无形资产投资的，如专利权、商标、土地使用权等，应按企业验资评估确认的价值入账。

【例8-1】A、B、C和D四个公司共同投资设立珠江有限公司，按照协议，A公司以现金出资300万元；B公司以一套全新设备出资，价值200万元，增值税进项税额为32万元（由投资方支付税款，并提供或开具增值税专用发票）；C公司投入非专利技术一项，该非专利技术投资合同约定价值为80万元；同时收到D公司作为资本投入的土地使用权一项，投资合同约定价值为150万元。珠江公司接受投资的会计分录为：

① 按照国际会计准则的规定，累积优先股和有明确的赎回日期的优先股均按负债进行处理。

借：银行存款　　3 000 000
　固定资产　　2 000 000
　应交税费——应交增值税（进项税额）　　320 000
　无形资产——非专利技术　　800 000
　　　　——土地使用权　　1 500 000
　贷：实收资本——A 公司　　3 000 000
　　　　　——B 公司　　2 320 000
　　　　　——C 公司　　800 000
　　　　　——D 公司　　1 500 000

（二）股票发行的会计处理

股份有限公司应设立“股本”账户核算股东投入企业的资本，按股票种类及股东名称设置明细账，且仅核算面值部分。如果企业有其他权益工具，则需要在所有者权益科目中增设“其他权益工具”科目核算该类业务。

股票的发行价格受发行时资本市场的需求以及投资人对公司前景估计的影响，公司发行股票的价格往往与股票面值不一致。根据规定，同次发行的股票，每股的发行条件和价格应当相当，任何单位或者个人都应支付相同的价格购买每股股票。股票的发行价格可以高于或者等于票面金额，但不得低于票面金额。因此，我国目前仅允许股票溢价、平价发行，不允许折价发行。

公司发行股票时，按实际收到的金额借记“银行存款”等资产账户，按股票面值和发行的股份总额的乘积金额贷记“股本”账户。企业发行优先股收到的借款登记在“其他权益工具——优先股”的贷方，可转换优先股转换为普通股的账面价值记录在该科目的借方，贷方余额反映发行在外的优先股账面价值。股票发行收入超过面值的部分作为股票溢价计入资本公积中。

下面讨论按面值发行的股票，不按面值发行的股票将在第三节详细讨论。

1. 按面值发行的股票

【例 8－2】珠江股份有限公司发行普通股 300 000 股，同时发行优先股 100 000 股，普通股与优先股的面值均为 1 元，两种股票均按面值发行，全部股款已经收到。

借：银行存款　　400 000
　贷：股本——普通股　　300 000
　　其他权益工具——优先股　　100 000

2. 一揽子交易

公司有时会通过一个整体的协议销售不同类型的证券，为了追踪不同类型证券之间的收入分配，可以使用两种方法进行核算。

（1）比例分配法：假如每种证券的公允价值或公允定价都可以获得，则可以根据其单一公允价值作为比例基础，分配一揽子收入。

【例 8－3】珠江股份有限公司发行普通股 300 000 股，同时发行优先股 100 000 股，普通股与优先股的面值均为 1 元，获得一揽子交易 1 350 000 元。该公司普通股的市场价格为每股 2 元；优先股的市场价格为每股 9 元。

普通股的公允市场价值＝300 000×2＝600 000（元）

优先股的公允市场价值＝100 000×9＝900 000（元）

公允价值之和＝1 500 000（元）

分配给普通股的金额＝1 350 000×600 000/1 500 000＝540 000（元）

分配给优先股的金额＝1 350 000×900 000/1 500 000＝810 000（元）

（2）增量法：当公司不能决定所有证券的公允价值的时候，可以使用增量法。它使用某些已知公允价值的证券作为该证券的定价基础，然后将剩余的一揽子交易价格分配给其他证券。

【例8－4】珠江股份有限公司发行普通股300 000股，同时发行优先股100 000股，普通股与优先股的面值均为1元，获得一揽子交易1 350 000元。该公司普通股的市场价格为每股2元；优先股的市场价格未知。

分配给普通股的金额＝2×300 000＝600 000（元）

分配给优先股的金额＝1 350 000－600 000 ＝ 750 000（元）

（三）股票回购的会计处理

股票回购是股份公司在特定的情况下利用现金等方式回购本公司发行在外的一定数额的股票的行为。回购的股票可以注销，但多数情况下，回购的股票会被公司保留，成为“库存股”。库存股的特性与未发行的股票类似，既不享受股利分配，又不附有投票权。库存股日后可以移作他用，或者在需要资金时将其出售。

公司回购股票有五大动因：

（1）分配多余的现金，增加投资者的收益。回购股票的过程中，投资者卖给公司需缴纳的税率远远低于现金股利的税率。

（2）增加每股净利润和净资产的回报率。通过股票回购方式，直接减少流通在外的股票数量，在盈利不变的情况下，会短期内增强相关的经营业绩指标。据统计，美国联合电信器材公司在1975—1986年间，一直采用股票回购现金红利政策，使公司股票价格从每股4美元上涨到每股35.5美元。

（3）为股票做市。通过股票回购的方式，在资本市场上创造买方市场，创造需求，可以稳定或提高本公司股票的价格。

（4）防止恶意收购。减少公众持有股票的份额，可以使公司的所有者阻止“外部人”获得公司的控制权或对公司产生重大影响。

（5）改善公司资本结构。大规模举债用于股票回购，可以迅速提高长期负债比例和财务杠杆，优化资本结构。

此外，在我国，股票回购还可以调整和改善公司股权结构，特别是国有股权的调整。通过回购并注销部分股票，能迅速而有效地调整国有股权的比重，以达到国有资产战略性调整的目的。

1. 股票回购并注销的会计处理

公司因减少注册资本而回购本公司股票的，应按实际支付的金额，借记“库存股”科目，贷记“银行存款”等科目。注销库存股时，应按股票面值和注销股数计算的股票面值总额，借记“股本”科目；按注销库存股的账面余额，贷记“库存股”科目；按其差额，冲减股票发行时原计入资本公积的溢价部分，借记“资本公积——股本溢价”科目。回购价格超过上述冲减“股本”及“资本公积——股本溢价”的部分，应依次借记“盈余公积”“利润分配——未分配利润”等科目。如回购价格低于回购股份所对应的股本，所注销库存股的账面余额与所冲减股本的差额作为增加股本溢价处理，按回购股份所对应的股本面值，借记“股本”科目；按注销库存股的账面余额贷记“库存股”科目；按其差额贷记“资本公积——股本溢价”科目。

【例 8-5】珠江股份有限公司共发行股票 3 000 000 万股，股票面值为 1 元，资本公积（股本溢价）为 600 000 元，盈余公积为 400 000 元。为达到减资的目的，经股东大会批准，珠江公司以现金回购本公司股票 300 000 股并注销，假定按照每股 4 元回购股票，不考虑其他因素，会计分录如下：

借：库存股	1 200 000	
贷：银行存款		1 200 000
借：股本——普通股	300 000	
资本公积——股本溢价	600 000	
盈余公积	300 000	
贷：库存股		1 200 000

2. 库存股的会计处理

库存股不是资产，当公司回购股票的时候，不应确认利得和损失，而是应该看作资产和权益的同时减少。根据公司日后对库存股的处理安排，库存股的会计处理方法可分为成本法和面值法两种。

（1）成本法（cost method），即库存股按重新取得的成本入账，而不考虑其原始的发行价格与面值。成本法将库存股回购与再出售视为一笔交易，因此又称“单笔交易法”（single-transaction method）。库存股再次出售时，若出售价格高于回收成本，其差额贷记“资本公积——库存股”；若出售价格低于回收成本，其差额应先冲减先前同类库存股交易所产生的资本公积，如有不足，再冲减“盈余公积”“利润分配——未分配利润”科目。

（2）面值法（par-value method），即库存股的回购和再次出售均按面值入账。面值法是将库存股的回购与再出售视为两项独立的交易，因此又称“两笔交易法”（two-transaction method）。当购入库存股时，按股票发行时的面值借记“库存股”；当收购库存股的成本超过原来发行时的溢价时，借记“资本公积——股本溢价”，差额冲减留存收益；若低于原来发行的成本，其差额贷记同类股票的“资本公积——股本溢价”科目。当重新出售库存股时，视同新发行股票处理，与库存股购回无关。

【例 8-6】珠江股份有限公司发行在外的普通股面值为每股 10 元，发行价格为 11 元。经董事会决定，以每股 12 元回购 1 万股。回购之后，又将库存股以每股 13 元的价格再发行 0.5 万股，之后又以每股 9 元和 10 元的价格再发行 0.3 万股和 0.2 万股。假设公司没有盈余公积，库存股的两种会计处理如表 8-1 所示：

表 8－1　库存股的会计处理

单位：元

成本法（单笔交易法）	面值法（两笔交易法）
（1）回购股票 借：库存股　120 000 贷：银行存款　120 000	（1）回购股票 借：库存股　100 000 资本公积——股本溢价（普通股）　10 000 利润分配——未分配利润　10 000 贷：银行存款　120 000
（2）以高于成本价格再发行（13 元） 借：银行存款　65 000 贷：库存股　60 000 资本公积——股本溢价（库存股）　5 000	（2）以高于成本价格再发行（13 元） 借：银行存款　65 000 贷：库存股　50 000 资本公积——股本溢价　15 000
（3）以低于成本价格发行（9 元） 借：银行存款　27 000 资本公积——股本溢价（库存股）　5 000 利润分配——未分配利润　4 000 贷：库存股　36 000	（3）以低于成本价格发行（9 元） 借：银行存款　27 000 资本公积——股本溢价（普通股）　3 000 贷：库存股　30 000
（4）以等于成本价格发行（10 元 = 面值） 借：银行存款　20 000 利润分配——未分配利润　4 000 贷：库存股　24 000	（4）以等于成本价格发行（10 元 = 面值） 借：银行存款　20 000 贷：库存股　20 000

通过实例的比较，可以看出成本法比较便捷，因此它在西方被广泛使用。但如果库存股没有被立即注销或因再次发行而处于挂账状态，成本法会使报告期末股本和所有者权益被高估。因此在实务中，若企业计划重新发行库存股，应采用成本法；若计划减少股东权益，则应采用面值法。

库存股应作为权益的抵减项在资产负债表中列示。若采用两种不同的方法，库存股的列报是有区别的。在成本法下，库存股作为股东权益的调整项目单行列报总成本；而在面值法下，库存股则按面值作为股本的减项列报。虽然这两种方法下所有者权益的各组成部分的余额可能不同，但是所有者权益的总额是一致的。

第三节 资本公积和其他综合收益

一、资本公积概述

资本公积（capital reserves）是企业收到投资者出资额超出其在注册资本（或股本）中所占份额的部分，以及直接计入所有者权益的利得和损失。资本公积包括资本溢价（或股本溢价）和其他资本公积。企业应设置“资本公积”账户，核算该类业务。

资本公积是企业非经营原因产生的资产增值，即企业除生产活动经营之外，由自身资本、资产及其他原因形成的股东权益收入。具体来讲，资本公积不是由企业经营的利润转化而来的，其来源有股票溢价的收入，企业接受的赠予，政府资本性投入的专项拨款以及资产增值等①。资本公积是一种准资本或资本的储备形式，经过一定的程序可以转为资本，但是不得用于弥补公司的亏损。

1. 资本公积与实收资本（或股本）的区别

（1）从来源和性质看。实收资本（或股本）是指投资者按照企业章程或合同、协议的约定实际投入企业并依法进行注册的资本，它体现了企业所有者对企业的基本产权关系。资本公积是投资者的出资额超出其在注册资本中所占份额的部分，以及直接计入所有者权益的利得和损失，它不直接表明所有者对企业的基本产权关系。

（2）从用途看。实收资本（或股本）的构成比例是确定所有者参与企业财务经营决策的基础，也是企业进行利润分配或股利分配的依据，同时还是企业清算时确定所有者对净资产的要求权的依据。资本公积的用途主要是用来转增资本（或股本）。资本公积不体现各所有者的占有比例，也不能作为所有者参与企业财务经营决策或进行利润分配（或股利分配）的依据。

2. 资本公积与留存收益的区别

资本公积的来源不是企业实现的利润，而是资本溢价（或股本溢价）等。留存收益是企业从历年实现的利润中提取或形成的留存于企业的内部积累，来源于企业生产经营活动实现的利润。

二、资本公积的会计处理

（一）资本溢价

资本溢价（additional paid-in capital）是指企业投资者投入的资金超过其在注册资本中所占份额的部分。

有限责任公司在创立时，投资者交付的出资额与注册资本一致，一般全部作为实收资本入账。但在其重组或有新的投资者加入时，投资者交付的出资额通常大于其在注册资本中所占的份额。这是因为企业初创时，资本利润率较低，投资风险较大。而企业正

① 根据《企业会计准则》规定，企业接受非控股股东（或非控股股东的子公司）直接或间接代为偿债、债务豁免或捐赠，经济实质表明属于非控股股东对企业的资本性投入，应当将相关利得计入所有者权益（资本公积）。

常生产经营后，其资本利润率通常要高于初创阶段。另外，企业有内部积累，新投资者加入企业后，也要分享这些积累，因此新加入的投资者往往要付出大于原投资者的出资额，才能维护原投资者的已有权益。按投资者的投资比例计算的出资额部分，应记入“实收资本”科目，大于部分应记入“资本公积——资本溢价”科目。

【例 8－7】珠江股份有限公司由两位原始投资者投资 200 万元设立，每位投资者出资 100 万元。经过两年的经营，公司的留存收益为 60 万元。为了扩大经营，经协商同意引入第三位投资者。按照投资协议，第三位投资者出资 180 万并获得与原始投资者相同的股份。投资款项已经收到，珠江公司应编制如下会计分录：

借：银行存款	1 800 000	
贷：实收资本		1 000 000
资本公积——资本溢价		800 000

（二）股本溢价

股本溢价（share premium）是指股份有限公司溢价发行股票时实际收到的款项超过股票面值总额的数额。

股份有限公司是以发行股票的方式筹集股本的。股票分为有面值的股票与无面值的股票，我国只允许发行有面值的股票。股票的票面价值和它的公允市场价格没有相关性，我国流通的股票的面值大部分是每股 1 元。股票通常可按面值发行，也可按溢价或折价发行，但出于对原有股东利益的保护，我国目前不准折价发行。

我国目前实行的注册资本制度要求企业的实收资本与其注册资本相一致。因此，为准确提供企业股本总额及其注册资本等信息，在“股本”账户记录按面值计算的股票发行所得，超出股票面值部分的溢价收入记入“资本公积——股本溢价”科目。

【例 8－8】珠江股份有限公司按照法定程序增发 10 000 股股票，每股面值为 1 元，发行价格为 5 元，那么编制分录为：

借：银行存款	50 000	
贷：股本——普通股		10 000
资本公积——股本溢价		40 000

股份有限公司发行股票的时候会产生相应的支出，例如手续费或佣金等。这些发行成本是融资成本，与公司的运营无关。因此发行成本应该从出售股票获得的收入中扣除。在会计处理上分为两种情况处理：

（1）溢价发行，应从溢价中抵扣，冲减资本公积（股本溢价）。

（2）无溢价发行股票或溢价金额不足以抵扣的，应将不足抵扣的部分冲减盈余公积和未分配利润。

【例 8－9】珠江股份有限公司注册资本 1 000 万元，额定股份 1 000 万股，每股面值为 1 元，公司确定每股发行价格为 2 元，公司委托华南证券公司代理发行，每股实际发行成本为 0.06 元，从发行收入中扣除，20×3 年 1 月 1 日股款已全部到位并已存入银行。

股票发行总收入＝10 000 000×2＝20 000 000（元）

发行成本＝10 000 000×0.06＝600 000（元）

公司实际发行所得 = 20 000 000 - 600 000 = 19 400 000（元）

借：银行存款　　19 400 000

　贷：股本　　10 000 000

　　　资本公积——股本溢价　　9 400 000

（三）其他资本公积

其他资本公积是指除资本溢价（股本溢价）项目以外所形成的资本公积，主要是直接计入所有者权益的利得和损失。其他资本公积主要包括以权益结算的股份支付和采用权益法核算长期股权投资所涉及的业务。

1. *以权益结算的股份支付*

以权益结算的股份支付换取职工或其他方提供服务的，应按照确定的金额，记入“管理费用”等科目，同时增加资本公积（其他资本公积）。在行权日，应按实际行权的权益工具数量计算确定的金额，借记“资本公积——其他资本公积”科目，按计入实收资本或股本的金额，贷记“实收资本”或“股本”科目，并将其差额记入“资本公积——资本溢价”或“资本公积——股本溢价”科目。

2. *采用权益法核算的长期股权投资*

长期股权投资采用权益法核算的，被投资单位除净损益、其他综合收益和利润分配以外的所有者权益的其他变动，投资企业按持股比例计算应享有的份额，应当增加或减少长期股权投资的账面价值，同时增加或减少资本公积（其他资本公积）。当处置采用权益法核算的长期股权投资时，应当将原计入资本公积（其他资本公积）的相关金额转入投资收益（除不能转入损益的项目外）。

（四）资本公积转增资本的会计处理

资本公积的主要用途是转增资本金，即转增股份。企业按法定程序将资本公积中的有关内容转增资本金，只会引起所有者权益内部结构的变化，并不会改变所有者权益总额，也不会改变每位投资者在所有者权益总额中所占的份额。转增是所留存的公积金不得少于转增前公司注册资本的25%。

资本公积转增资本应在借记“资本公积”账户及其相关明细账的同时，贷记“股本”或“实收资本”账户及其相应的明细账。

【**例 8 - 10**】20×3 年 1 月 20 日，珠江股份有限公司经批准，将原计入资本公积的资本溢价 100 万元转增资本，并向原登记机关办理了变更登记，其会计分录为：

借：资本公积——资本溢价　　1 000 000

　贷：实收资本　　1 000 000

三、其他综合收益

其他综合收益是综合收益的重要组成部分。综合收益是企业在某一期间，除了与所有者身份进行的交易之外的其他交易或事项引起的所有者权益（净资产）变动。其他综合收益是指企业在经营活动中形成的未计入当期损益但归所有者共有的利得或损失，包括以后会计期间不能重分类进损益的其他综合收益和以后会计期间满足规定条件将重分类进损益的其他综合收益两类。综合收益总额项目反映净利润和其他综合收益扣除所得税影响后的净额相加后的合计金额，即：

综合收益总额 = 净利润 + 扣除所得税后的其他综合收益

其中：

净利润 = 收入 − 费用 + 直接计入当期利润的利得 − 直接计入当期利润的损失

其他综合收益 = 直接计入所有者权益的利得 − 直接计入所有者权益的损失

以后会计期间不能重分类进损益的其他综合收益项目主要包括：①重新设定受益计划净负债或净资产导致的变动额；②以公允价值计量且其变动计入其他综合收益的金融资产（权益工具）公允价值变动及外汇利得和损失；③指定为以公允价值计量且其变动计入当期损益的金融负债因自身信用风险变动引起的公允价值变动；④按照权益法核算因被投资单位不能进损益的其他综合收益变动导致的权益变动，投资企业按持股比例计算确认的该部分其他综合收益项目。

以后会计期间满足规定条件将重分类进损益的其他综合收益项目主要包括：①以公允价值计量且其变动计入其他综合收益的金融资产（债务工具）产生的其他综合收益；②金融资产重分类时，按金融工具准则规定原计入其他综合收益可转损益的部分；③采用权益法核算的长期股权投资中，对于被投资单位发生的其他综合收益变动，投资方按持股比例计算应享有或承担的部分，待该项资产处置时，将原计入其他综合收益的金额转入当期损益；④存货或自用房地产转换为公允价值模式计量的投资性房地产，转换日的公允价值大于账面价值时，按其差额计入“其他综合收益”的贷方；⑤现金流量套期工具产生的利得或损失中属于有效套期的部分；⑥外币财务报表折算差额。

第四节　留存收益

企业的盈利扣除按税法规定应上缴的所得税后，成为税后利润或者净利润。净利润根据有关规定、协议、合同、公司章程、股东会议决议进行分配，包括弥补以前年度的亏损、提取盈余公积支付股利，不予分配的部分留在企业内部形成资金积累，即留存收益。留存收益包括盈余公积和未分配利润两类，其中盈余公积已被法律指定了用途，属于拨定用途的留存收益，只有未分配利润是未拨定用途的留存收益。

一、盈余公积

盈余公积（revenue surplus，revenue reserve）是指企业按照有关规定从净利润中提取的各种积累资金。根据我国《公司法》规定，一般盈余公积按其提取的方式分为两种：①法定盈余公积：是指按照《公司法》的规定，根据企业净利润和法定比例计提的盈余公积。法定盈余公积主要用于企业扩大再生产，也可以用于弥补企业亏损或转增资本。股份有限公司的法定盈余公积按照税后利润 10% 提取，直至法定盈余公积累计额达到注册资本的 50% 时，可以不再提取。②任意盈余公积：企业在计提了法定盈余公积之后，还可以根据企业需要，计提任意盈余公积。任意盈余公积的计提比例由企业自行确定。任意盈余公积的用途与法定盈余公积相同，企业在用盈余公积弥补亏损或转增资本时，一般先使用任意盈余公积，在任意盈余公积用完以后，再按规定使用法定盈余公积。

法定盈余公积和任意盈余公积的区别就在于前者以国家的法律或行政规章为依据提取，后者则由公司自行决定提取。企业提取的盈余公积经批准可用于弥补亏损、转增资本或发放现金股利等。无论盈余公积是用于弥补亏损还是转增资本，均属于所有者权益组成成分之间的转换，不会导致所有者权益总额的变动。

为了反映盈余公积的提取与使用情况，企业设置“盈余公积”账户进行核算，按其种类设置明细账，分别进行明细核算。

1. 提取盈余公积的会计处理

企业按规定提取盈余公积时，通过“盈余公积”和“利润分配”及相关明细账进行会计处理。应借记“利润分配——提取法定盈余公积”“利润分配——提取任意盈余公积”等科目，贷记“盈余公积——法定盈余公积”“盈余公积——任意盈余公积”等科目。

【例 8－11】珠江股份有限公司本年实现税后净利润为 1 000 万元，经股东大会批准，按当年净利润的 10% 提取法定盈余公积，8% 提取任意盈余公积。

法定盈余公积提取额 = 10 000 000 × 10% = 1 000 000

任意盈余公积提取额 = 10 000 000 × 8% = 800 000

借：利润分配——提取法定盈余公积　　1 000 000
　　　　　　——提取任意盈余公积　　800 000
　贷：盈余公积——法定盈余公积　　1 000 000
　　　　　　　——任意盈余公积　　800 000

2. 使用盈余公积的会计处理

企业盈余公积的主要用途是弥补亏损和转增资本，应借记“盈余公积”科目，贷记“利润分配——盈余公积补亏”“实收资本”或“股本”科目。经股东大会决议，用盈余公积派送新股的，按派送新股计算的金额，借记“盈余公积”科目，按股票面值和派送的新股总数计算的股票面值总额，贷记“股本”科目。

【例 8－12】珠江股份有限公司的法定盈余公积中，80 万元用于增加资本。任意盈余公积中，25 万元用于弥补以前年度的亏损；60 万元用于派送面值总金额为 15 万元的新股。相关会计分录如下：

（1）转增资本：

借：盈余公积——法定盈余公积　　800 000
　贷：实收资本　　800 000

（2）弥补亏损：

借：盈余公积——任意盈余公积　　250 000
　贷：利润分配——盈余公积补亏　　250 000

（3）派发新股：

借：盈余公积——任意盈余公积　　600 000
　贷：股本——普通股　　150 000
　　　资本公积——股本溢价　　450 000

二、未分配利润

未分配利润，是指企业实现的净利润经过弥补亏损、提取盈余公积和向投资者分配利润后留存在企业的、历年结存的利润。相对于所有者权益的其他部分来说，企业对于未分配利润的使用有较大的自主权。

企业为了核算历年累积的未分配利润，应在“利润分配”总账科目下设置“未分配利润”明细科目进行核算。每年年度终了，企业应将本年度实现的净利润，自“本年利润”科目转入“利润分配——未分配利润”科目，借记“本年利润”科目，贷记“利润分配——未分配利润”科目（如为亏损，则作相反分录）。同时，应将“利润分配”科目所属其他各明细科目的余额，转入“利润分配——未分配利润”科目。结转之后，除“利润分配——未分配利润”科目外，“利润分配”其他各个明细科目都应无余额。

“利润分配——未分配利润”科目贷方余额反映的是企业当年以及历年的未分配利润，而借方余额反映的则是当年或历年尚未弥补的亏损。

三、股利分配

股利是指公司制企业依据公司章程规定发放给股东的投资报酬，其实质是公司财富中属于股东收益盈余的一部分。一个公司型企业只有经营获利具有留存收益余额时才分派股利。《中华人民共和国公司法》规定，税后利润提取了法定盈余公积之后，余下部分应先发放优先股股利，然后依董事会决定提取任意盈余公积，再余下的部分可向普通股股东分派普通股股利。在未付清优先股股利之前，公司不得发放普通股股利。股利分配包括股利支付程序中各日期的确定、股利支付比率的确定、支付现金股利所需资金的筹集方式的确定等。

（一）股利分配的有关日期

1. 宣告日

宣告日是指董事会将股东大会通过本年度利润分配方案情况以及股利支付情况予以公告的日期。它表明向股东支付股利的义务在这一天成立，也是公司在会计上应登记有关股利负债的日期。

2. 股权登记日

股权登记日是指有权领取本期股利的股东的资格登记截止日期。只有在股权登记日这一天登记在册的股东（即在此日及之前持有或买入股票的股东）才有资格领取本期股利。

3. 除息日（除权日）

除息日是指股利所有权与股票本身分离的日期，将股票中含有的股利分配权予以解除，即在除息日当日及以后买入的股票不再享有本次股利分配的权力。

4. 股利支付日

股利支付日是指公司确定的向股东正式发放股利的日期。

（二）股利的种类

按照股利分配支付方式的不同，可分为现金股利、财产股利、负债股利和股票股利。

1. 现金股利

现金股利是指以现金方式分配给股东的股利。通常情况下，公司在决定是否分配现金股利时应考虑以下因素：是否有足够的现金；是否有董事会的决定。派发现金股利一方面会减少留存收益，另一方面会减少现金。派发股利后，会减少股东权益总额。由于现金股利一经宣布就会成为公司对股东的偿付责任，因此要及时通过“应付股利”科目反映。

【例 8-13】假设珠江股份有限公司在 20×0 年 6 月 1 日宣布向股东发放 100 万的普通股现金股利，6 月 3 日为股权登记日，6 月 4 日为除息日，6 月 10 日为股利支付日。相关的会计分录如下：

（1）股利宣告日（6 月 1 日）：

借：利润分配——应付现金股利　　1 000 000

　贷：应付股利　　1 000 000

（2）股权登记日（6 月 3 日）和除息日（6 月 4 日）：

不编制分录

（3）股利支付日（6 月 10 日）：

借：应付股利　　1 000 000

　贷：银行存款　　1 000 000

2. 财产股利

财产股利（property dividends）是指以董事会指定的非现金资产形式向股东发放的股利。财产股利一般分为两类：实物财产和有价证券（股票、债券）。财产股利的分配形式，欧美国家已开先河，Ranchers 开采公司曾经以金条代替现金，用于支付第四季度的股利。但是，实物财产存在分割和运输上的困难，因此主要的财产股利分配的资产是公司持有其他公司的有价证券。

根据国际通用惯例，通常公司在宣告财产股利的时候，应按照公允价值重新调整财产股利的账面价值，并在确认因此产生的利得与损失之后，按公允价值记录财产股利的分配。

【例 8-14】珠江股份有限公司于 20×0 年 2 月 1 日宣布将持有的长期公司债券以财产股利的形式转让给投资者。此债券的账面价值为 1 250 000 元，宣布日的公允价值为 1 500 000元，支付日为 2 月 25 日。

（1）股利宣告日（2 月 1 日）：

借：债权投资　　1 250 000

　贷：投资收益　　1 250 000

借：利润分配——应付财产股利　　1 500 000

　贷：应付股利——财产股利　　1 500 000

（2）股利支付日（2 月 25 日）：

借：应付股利——财产股利　　1 500 000

　贷：债权投资　　1 500 000

3. 负债股利

负债股利是上市公司通过建立负债的方式发放的股利，通常使用应付票据的形式分派给股东。这些债券或应付票据既是公司支付的股利，又确定了股东对上市公司享有的独立债权。公司派发负债股利主要是由于公司已经宣布发放股利，但是又面临现金不足、难以支付的困难时采取的权宜之策，并且必须经过股东大会讨论通过才能发放。

【例 8－15】珠江股份公司于 20×0 年 6 月 1 日宣布发放 9 000 000 万股利，但是由于资金周转困难，经股东大会讨论通过，公司签出 1 年期、利率为 10% 的应付票据的形式支付股利，支付日为 20×3 年 6 月 30 日。

（1）股利宣告日（20×0 年 6 月 1 日）：

借：利润分配——应付股利　　9 000 000

　贷：应付股利　　9 000 000

（2）股利支付日（20×3 年 6 月 30 日）：

借：应付股利　　9 000 000

　贷：应付票据　　9 000 000

（3）年末计提利息（20×0 年 12 月 31 日）：

借：财务费用　　450 000（9 000 000 ×10% ×6/12）

　贷：应付利息　　450 000

（4）到期清偿应付票据：

借：财务费用　　450 000

　　应付利息　　450 000

　　应付票据　　9 000 000

　贷：银行存款　　9 900 000

4. 股票股利

股票股利是指公司用增发股票的方式发放的股利，俗称“红股”。通常由公司将股东应得的股利金额转入资本金，发行与此相等金额的新股票，按股东的持股比例进行分派，所以股东获得股票股利后与发放之前的持股比例不变。公司发放股票股利并不会有现金流出，也不会导致公司的财产减少，而只是将公司的留存收益余额减少，可以限制未来现金股利的发放。股票股利的影响与效应类似于股票分割，二者都不会使股东权益总额发生任何变动，变动的仅仅是股份总数，但两者还是存在明显的差别。其区别表现在：股票分割不影响公司的留存收益及股本总额，仅使每股面值减少；而股票股利会改变股东权益的构成结构，使股本总额增加，公司留存收益减少，但每股面值不变。从两者对市场的影响来看，股票分割导致股票的市价下跌是必然的，而股票股利的发放不一定使股票市价下跌。大额的股票股利会使股票市价大幅下降，但小额的股票股利对股票市价影响较小。

公司发放股票股利的原因可能有以下三个方面：①当公司需要现金以扩展业务时，为了保留现金，则发放股票股利，这样既不减少公司现金，又能使股东分享收益。②发放股票股利有利于股票流通。③为了避免股东被征收所得税。股票股利在大多数国家并不认为是一种所得，因此股东可免缴个人所得税。

对发放股票股利进行记录时，有面值与公允价值两种核算方法。公允价值法按照发行该类股票的市场价值，借记“利润分配——转作股本的股利”，按股票面值贷记“股本”，两者间的差额计入“资本公积”。我国目前采用的面值法遵循历史成本计量属性，即按发行股票的面值借记“利润分配——转作股本的股利”，贷记“股本”。

5. 清算股利

清算股利是指公司在无留存收益的情况下，以现金或公司其他资产形式分配的股利。清算股利不是真正的股利，其实质是资本的返回。从股东的角度看，如果公司所分配的股利大于其投资后公司所获取的收益，其超过部分也可归属于清算股利。公司分配清算股利时，其会计分录为：借记“股本”科目，贷记“资产”科目。

思考题

1. 所有者权益和负债的主要区别是什么？
2. 简述企业所有者权益的组成。
3. 企业的留存收益远远大于投资者入资，这说明了什么？
4. 简述普通股股东与优先股股东权利的异同。

第九章　费用

学习目标

1. 理解费用的概念。
2. 掌握费用的确认与计量。
3. 掌握生产成本的核算。
4. 掌握期间费用的核算。

导入阅读

财政部、税务总局、科技部三部门联合发布《关于进一步提高科技型中小企业研发费用税前加计扣除比例的公告》，将科技型中小企业研发费用税前加计扣除比例提高到100%。这一政策自2022年1月1日起执行，此前，我国科技型中小企业享受75%研发费用加计扣除政策。

这一提升能让科技型中小企业享受到多大优惠呢？加计扣除是企业所得税的一种税基式优惠方式，一般是指按照税法规定，在实际发生支出数额的基础上，再加成一定比例，作为计算应纳税所得额时的扣除数额。按新政策，假如一个科技型中小企业投入100万元的研发费用，加计扣除比例提高到100%，就可以在应纳税所得额中税前扣除200万元。也就是说，企业有200万元的收入可以不用缴税了。

科技型中小企业研发费用加计扣除比例为何提高？第一，这是为了进一步支持科技创新，鼓励科技型中小企业加大研发投入。加强企业在科技创新方面的主体地位和作用是中国科技工作中一项非常重要的任务。科技成果转化的主体应该是企业，项目组织的主体应该是企业，研发投入的主体也应该是企业。2021年，中国全社会研发投入达到2.79万亿元，同比增长14.2%，研发投入强度达到2.44%。在这2.79万亿元的全社会研发投入中，76%是由企业贡献的。截至2021年12月31日，我国科技型中小企业达到32.8万家。提高科技型中小企业研发费用加计扣除比例，会降低这32.8万家企业的研发投入成本，以实实在在的税收优惠，增强企业的研发投入意愿，支持企业提升技术创新能力，不断壮大发展新动能。

第二，这是为了应对新冠肺炎疫情对实体经济造成的不利影响，支持企业提高竞争力。新冠肺炎疫情的全球大流行已经持续两年多，中国在世界排名前列的经济体中，新冠肺炎死亡率最低、经济发展最好。但不可否认的是，持续的疫情冲击依然对我国实体经济造成了不利的影响，需要政府积极采取各项措施扶助实体经济发展，更大力度的减税政策就是其中的重要一环。

防控期间，提高研发费用加计扣除比例的不只是科技型中小企业。自2021年1月1日起，我国就已将制造业企业研发费用加计扣除比例由75%提高至100%。除了提高企业的研发费用加计扣除比例，我国还通过科技创业孵化载体税收优惠政策和技术交易税收优惠政策等各种政策激励，切实减轻企业成本负担，培养了一批承担“科技自立自强”使命的科技领军企业。例如，2021 年，国家高新区入统企业享受各级各类税收政策实际减免税额 4 733 亿元，同比增长 17.4%，其中享受研发加计扣除减免税 1 220 亿元，同比增长 22%。

当前，世界正处于大发展、大变革、大调整时期，面对新一轮科技革命和产业变革的挑战，面对世纪疫情的压力，我们必须以科技创新引领经济社会高质量发展。期待研发费用加计扣除比例提高等各类优惠政策扎实落地，也期待更多企业加入创新发展的大潮。

第一节 费用的概念及确认

一、费用的概念

费用（expenses）是指企业在生产经营过程中发生的各项耗费，即企业在生产经营过程中为取得收入而支付或耗费的各项资产。费用的发生意味着资产的减少或负债的增加，收入表示企业经济利润的增加，而费用表示企业经济利益的减少。国际会计准则中所说的：“费用是指会计期间经济利益的减少，其形式表现为由资产流出、资产递耗或是发生负债而引起业主产权的减少。”美国财务会计准则委员会在《论财务会计概念》一书中对费用所下的定义是：“费用是某一个体在其持续的、主要或核心业务中，因交付或生产了货品，提供了劳务，或进行了其他活动，而付出的或其他耗用的资产，或因而承担的负债（或两者兼而有之）。”我国的《企业会计准则——基本准则》（2014）表述为：“费用是指企业在日常活动中发生的、会导致所有者权益减少的、与向所有者分配利润无关的经济利益的总流出。”

上述各国对费用的定义虽然存在一定的差异，但一般认为费用具有以下两项特征：

1. 费用最终会导致企业经济资源的减少

费用的发生会引起企业经济资源的减少，这种减少可具体表现为一个企业实际的现金或非现金支出，也可以是预期的现金支出。因此也可以将这种减少看作企业资源的流动，但它是资源流出企业，与形成一个企业的收入不同。收入虽然也是企业的流动，但它表现为资源流入企业。如果将现金及现金等价物流入视作企业未来经济利益的最终体现，那么费用的本质就是一种现实或预期的现金流出，例如，支付销售费用和工资是现实的现金流出，消耗原材料或机器设备等同样是现金流出，却是过去的现金流出。承担一项负债，在未来期间履行相应义务时，也将导致现金的流出，但这是一项预期的或未来的现金流出。

2. 费用最终会减少企业的所有者权益

收入的取得会导致经济利益流入企业，因此会使企业所有者权益增加。费用的发生会导致企业经济利益流出企业，因此会使企业所有者权益减少。但是，企业在生产经营过程中发生的支出并非都会引起企业所有者权益的减少，有两类支出是不应归入费用的：一类是企业偿债性支出。例如，企业以银行存款偿付一项债务，只是一项资产和一项负债的等额减少，对所有者权益没有影响，因此，不构成费用。另一类是向所有者分配利润或股利。这一现金流出虽然减少了企业的净资产，但按照“所有者理论”，向所有者分配利润或股利不是费用，它不是经营活动的结果，而属于最终利润的分配。费用的这一特征表明，费用应同盈利活动相联系，即费用是企业在取得收入过程中所发生的各项支出。

二、费用与资产、成本和损失的关系

（一）费用与资产

费用与资产有着密切的联系，但两者又有明显的区别。按照我国企业会计准则对资产的定义，资产是指过去的交易、事项形成，并由企业拥有或控制的资源，该资源预期会给企业带来经济利益。资产从本质上讲是一种经济资源，并且能给企业带来未来的经济利益。企业为了得到未来的经济利益，通常要发生费用。也就是说，通过交换从其他个体取得资产时，要牺牲别的资产或要承诺负债，而这项负债将来要用某项资产来偿还。从这个意义上讲，费用是为取得某项资产而耗费的另一项资产，或者说是部分地或全部地耗费了未来的经济资源。例如，产品成本中的材料费是已耗费的原材料，折旧费是已耗费的固定资产。成本与资产也是有区别的，取得资产要引起成本的发生，发生的成本是取得某项资产的证据，是资产计价的依据，但发生的成本并非结论性证据。发生的成本可能并未增加未来的经济利益，还可能得到了资产但并未引起成本的发生。确认资产的最终证据是未来的经济利益，而不是发生的成本。比如，生产废品发生的成本并不能给企业带来经济利益，只能作为损失列作费用。又如，捐赠人赠予设备并未发生成本，但设备属于企业的资源，并能为企业带来经济利益。有时成本与资产相互转换，例如，在产品成本在月末会转换为存货资产，生产中消耗的原材料会转换为在产品成本。当产品出售时，产品成本才转为费用。虽然成本与资产可以相互转化，但成本并不等于资产，资产的价值不等于消耗资产的成本。资产的价值中除了消耗的成本之外，有时还有增值部分，如商品成本为 $C+V$，而商品价值则是 $C+V+M$。另外，成本并非都能转化为资产，有时成本可以转化为资产，有时则会转化为费用。产品生产成本可以转化为存货（产成品），产品销售成本可以转化为费用。

（二）费用与成本

费用与成本既有区别也有联系。虽然两者都是支付或耗费的各项资产，但是严格来说，成本并不等于费用。费用是相对于收入而言的，当这些支出和耗费与当期收入相配比时，即计入当期损益，才成为当期的费用。费用与一定的期间相联系，而成本与一定的成本计算对象相联系。当期的成本不一定是当期的费用。比如，产品的生产成本在生产产品的报告期内不能确认为费用，而只有在销售产品的报告期内才能确认为费用。也就是说，生产产品的生产成本在产品没有销售之前，只是一种资产（在产品或产成品），只有产品销售以后才能作为产品销售成本，转作当期费用。成本和费用的关系可以通过下式来说明：

期初在产品成本
+　本期生产费用
－　期末在产品成本
=　本期完工产品成本

期初产成品成本
+　本期完工产品成本
－　期末产成品成本
=　本期销售产品成本（本期费用）

从上式可以看出，本期为生产产品而支付或消耗的资产，首先形成在产品的成本，待产品完工后形成产成品成本，只有产品销售后才形成当期费用。

（三）费用与损失

费用与损失也有区别。从广义来讲，费用包括了损失。损失和费用一样都是经济利益的减少，这一点和费用在性质上没有差别。但从狭义上讲，费用与损失是有区别的。费用是相对于收入而言的，两者存在着配比关系；而损失与利得是相对应的，两者不存在配比关系。美国财务会计准则委员会在《论财务会计概念》一书中对利得和损失的表述为："各种个体的利得与损失，是边缘性偶发性交易，以及其他事项和情况的结果。这些交易、事项和情况，绝大部分源自个别个体及其管理方面无力控制的外界因素。"也就是说，损失是某一个体除了费用或派给业主款项之外的一些边缘性或偶发性支出。

利得和损失也可以按"营业"或"营业外"加以分类，视其与某一个体主要的、持续的或核心业务的关系而定。例如，废品损失一般被认为是营业损失，而自然灾害一般被认为是营业外损失。我国一般将营业外损失列作营业外支出。区分费用与损失很大程度上取决于企业经营活动的性质。对于某一类企业属于费用的项目，对于另一类企业可能属于损失。我国企业会计准则将实现的利得与损失列作当期损益，将未实现的利得与损失列作所有者权益中的其他资本公积。

三、费用的分类

企业发生的各项费用根据其性质，可以按照不同的标准进行分类。其中最基本的是按照经济内容和经济用途分类。此外，还有一些其他的分类方法。

（一）按照经济内容分类

费用按照经济内容（或性质）进行分类，不外乎劳动对象方面的费用、劳动手段方面的费用和活劳动方面的费用三大类。这三大类又可以细分为以下九类：

（1）外购材料，指企业为进行生产而耗用的一切从外部购入的原材料及主要材料、半成品、辅助材料、包装物、修理用备件和低值易耗品等。

（2）外购燃料，指企业为进行生产而耗用的从外部购进的各种燃料。

（3）外购动力，指企业为进行生产而耗用的从外部购进的各种动力。

（4）工资，指企业应计入成本费用的职工工资。

（5）提取的职工福利费，指按照一定比例从成本费用中提取的职工福利费用。

(6) 折旧费，指企业按照核定的固定资产折旧率计算提取的折旧基金。

(7) 利息支出，指企业应计入成本费用的利息支出减去利息收入后的净额。

(8) 税金，指企业应计入成本费用的各项税金。

(9) 其他支出，指不属于以上各要素的费用支出。

（二）按照经济用途分类

费用按照经济用途进行分类，可分为以下五类：

(1) 直接材料，指构成产品实体或有助于产品形成的各项原材料及主要材料、辅助材料、燃料、备品备件、外购半成品和其他直接材料。

(2) 直接工资，指直接从事产品生产人员的工资、奖金、津贴和补贴。

(3) 其他直接支出，指直接从事产品生产人员的职工福利费。

(4) 制造费用，指企业各生产单位为组织和管理生产所发生的各项费用。

(5) 期间费用，指企业在生产经营过程中发生的销售费用、管理费用和财务费用。

（三）按照费用同产量之间的关系分类

按照费用同产量之间的关系分类，可以把费用分为固定费用和变动费用。

固定费用指产量在一定范围内费用总额不随着产品产量的变动而变动的费用，如固定资产的折旧费、管理人员工资、办公费等。变动费用指费用总额随着产品产量的变动而变动的费用，如原材料费用和生产工人计件工资等。

四、费用的确认与计量

（一）费用的确认

企业发生的费用如何进行确认，这是正确计量企业损益的重要问题。费用有广义和狭义之分。广义的费用泛指企业各种日常活动发生的所有耗费，狭义的费用仅指与本期营业收入相配比的那部分耗费。确认费用的标准主要有两点：一是某项资产的减少或负债的增加，如果不会减少企业的经济利益，就不能够确认为费用。生产产品领用的原材料、支付的工人工资和其他支出，虽然减少了存货和货币资金，但是它又转化为另一种资产形式，企业经济利益没有因此减少。因而，它不是费用而是成本。只有产品已完工并销售时，才确认为费用。二是某项资产的减少或负债的增加必须能够准确地加以计量。如果某项资产的耗费不能加以计量，也无法作出合理的估计，那么就不能在利润表中确认为费用。费用的确认一般应以权责发生制和配比原则为基础。

在费用的确认过程中，首先要为费用的确认划定一个时间上的总体界限，即按照支出效益涉及的期间来确认费用。如果某项支出的效益仅涉及本会计年度（或一个营业周期），就应将其作为收益性支出，在一个会计期间内确认为费用；如果某项支出的效益涉及几个会计年度（或几个营业周期），该项支出应予以资本化，不能作为当期费用，而应在以后发挥效益的各期分别确认为费用。

在此基础上，再按照费用与收入的关联关系来确认费用的实现。也就是说，按照与费用关联的收入实现的期间来确认费用实现的期间。费用与收入之间的关联或一致性不仅表现在经济性质上的因果性方面，也表现在时间方面，因此，联系收入来确认费用的配比原则也就表现为以下几个方面：

1. 按因果关系直接确认

这种确认方法是以所发生的费用与所取得的具体收益项目之间的直接联系为基础，直接地、联合地将来自相同交易或其他事项的营业收入与费用合并起来予以确认。例如，在确认产品销售收入时，同时确认构成产品销售成本的各种费用，包括销售产品的生产成本、销售费用等。因为产品销售成本与产品销售收入之间存在着直接的因果关系，费用与收入之间的因果关系除了直接的因果关系，还存在间接的因果关系。

2. 按系统且合理的分配方法加以确认

这种确认方法是以系统的、合理的分配程序为基础，在利润表中确认费用。收入与费用之间的内在联系不光表现为经济性质上的因果性，而且还表现为时间上的一致性。收入与费用的期间性特征决定了费用必须与同一期间的收入相配比，即本期确认的收入应该与本期费用相配比。如果费用要等到未来期间实现，相应的费用或已耗成本就要递延到未来的实际受益期间。这时，费用便应当系统合理地分配于各个受益期间。例如，许多资产是跨及若干会计期间使得企业受益的，并且只能大致、间接地确定费用与收入的联系，如固定资产、无形资产等资产。使用这些资产而发生的费用一般用系统且合理的分配方法，在估计的有效期限内进行分配。由此可见，系统且合理的分配确认原则实质上仍然体现收入与费用之间的内在联系，从时间上反映了两者之间的关联性。

3. 按期间配比确认

在现实工作中，有些支出很难找到直接相关、对应的收入，它们不能与特定的营业收入相关联，在其发生期内消耗，但不产生未来的经济利益，或者是受益期难以确定。有些支出虽然与当期收入存在间接联系，却找不出一个系统且合理的分配基础。会计上将这些支出与其发生的期间相联系，称为期间费用。例如，企业管理人员的工资，管理部门的水电费、办公费等。对于确认为期间的费用，必须进一步划分为管理费用、销售费用和财务费用。

（二）费用的计量

由于费用一般被视为资产价值的减少，而理论上已耗用的资产又可以从不同的角度来计量，所以，与之相适应的费用也可采用不同的计量属性。不过，通常的费用计量标准是实际成本。费用采用实际成本计量属性来计量，是由于实际成本代表了企业获得商品或劳务时的交换价值由交易双方所认可，具有客观性和可验证性，从而能够使会计信息具有足够的可靠性。费用的实际成本是按企业为取得商品和劳务而放弃的资源的实际价值来计量的，即按交换价值或市场价格计量的。这种市场价格的确定则取决于交易中具体采取的支付方式。交易中最基本的支付方式是现金，但费用的发生与现金支出在时间上有时是不一致的，一般有三种可能：现金支出与费用同时发生；费用发生在前，现金支出在后；费用发生在现金支出后。在第一种情况下，市场价格可恰当地用于确认现金支出时所发生的费用，如用现金支付的管理部门办公费和水电费等，费用的实际成本就代表了当时的市场价格。但在后两种情况下，费用的实际成本与费用发生时的现金支出可能会存在一定的背离。比如，费用发生晚于现金支出最常见的例子就是固定资产折旧，固定资产折旧的计提基础是固定资产的购入成本，它在现金支出时是资产当时的市场价格，但一经入账就固定下来，成为历史成本。费用发生时，费用的实际成本并非固定资产现实的市场价格。又如现金支出晚于费用发生的情况，由于实际交易并未发生，没有市场价格可供计量，因而一般采用预计价值确认入账。比如预提借款利息、预提大修理费用、预提产品保证费用等。这些费用只有在实际支出时才能确认其市场价格。因此，费用的实际成本不一定是费用发生时或耗费资产的现行成本。完全采用现行成本计量费用是难以操作的。

但不管是以上哪种情况，都需要按照权责发生制确认。凡应属于本期发生的费用，不论其款项是否支出，均确认为本期费用；反之，不属于本期发生的费用，即使其款项已在本期支出，也不确认为本期费用。

第二节　生产成本

一、生产成本的概念

生产成本，是指一定期间生产产品所发生的直接费用和间接费用的总和。

生产成本与费用是一个既有联系又有区别的概念。首先，成本是对象化的费用，生产成本是相对于一定的产品而言所发生的费用，它是按照产品品种等成本计算对象对当期发生的费用进行归集所形成的。在按照费用的经济用途分类中，企业在一定期间发生的直接费用和间接费用的总和构成一定期间产品的生产成本。费用的发生过程同时也是产品成本的形成过程。其次，成本与费用是相互转化的。企业在一定期间发生的直接费用按照成本计算对象进行归集；间接费用则通过分配原则计入各成本计算对象，使本期发生的费用予以对象化，转化为成本。

企业的产品成本项目可以根据企业的具体情况自行设定，一般包括直接材料、燃料及动力、直接人工和制造费用等。

（1）直接材料，指构成产品实体的原料、主要材料以及有助于产品形成的辅助材料、设备配件、外购半成品的消耗。

（2）燃料及动力，指直接用于产品生产的外购和自制的燃料及动力。

（3）直接人工，指直接参加生产的工人工资及按照生产工人工资和规定比例计提的职工福利费、住房公积金、工会经费、职工教育经费等。

（4）制造费用，指直接用于产品生产，但不便于直接计入产品成本，因而没有专设成本项目的费用，以及间接用于产品生产的各项费用，如生产单位管理人员的职工薪酬、生产单位固定资产的折旧费和修理费、物料消耗、办公费、水电费、保险费、劳动保护费等费用项目。

二、生产成本核算应设置的账户

企业为了核算各种产品所发生的各项生产费用，应设置“生产成本”账户和“制造费用”账户进行核算。“生产成本”账户是用来核算企业进行工业性生产所发生的各项生产费用，包括生产各种产成品、自制半成品、提供劳务、自制材料、自制工具以及自制设备等所发生的各项费用。该账户借方反映企业发生的各项直接材料、直接人工和制造费用，贷方反映期末按实际成本计价的、生产完工入库的工业产品、自制材料、自制工具以及提供工业性劳务的成本结转，期末余额一般在借方，表示期末尚未加工完成的在产品制造成本。“生产成本”账户应按不同的成本计算对象（包括产品的品种、产品的批次和产品生产的步骤等）来设置明细分类账户，并按直接材料、直接人工和制造费用等成本项目设置专栏，进行明细核算，以便于分别归集各成本计算对象所发生的各项生产费用，计算各成本计算对象的总成本，单位成本和期末在产品成本。企业可以根据本身生产特点和管理要求，将“生产成本”账户分为“基本生产成本”和“辅助生产成本”两个明细账户。“基本生产成本”二级账户核算企业为完成主要生产目的而进行的产品生产所发生的费用，计算基本生产的产品成本。“辅助生产成本”二级账户核算企业为基本生产服务而进行的产品生产和劳务供应所发生的费用，计算辅助生产成本和劳务成本。

“制造费用”账户是用来核算企业为生产产品和提供劳务而发生的各项间接费用，包括生产车间管理人员的职工薪酬、折旧费、修理费、办公费、水电费、机物料消耗、劳动保护费、租赁费、保险费、季节性和修理期间的停工损失等。该账户借方反映企业发生的各项制造费用，贷方反映期末按一定的分配方法和分配标准将制造费用在各成本计算对象间的分配结转，期末结转后本账户一般无余额。“制造费用”通常按不同的车间、部门设置明细账，并按费用的经济用途和费用的经济性质设置专栏，而不应将各车间、部门的制造费用汇总起来，在整个企业范围内统一进行分配。

三、生产费用的归集和分配

（一）材料费用的归集和分配

产品生产中消耗的各种材料物资的货币表现就是材料费用。在一般情况下，它包括产品生产中消耗的原料、主要材料、辅助材料和外购半成品等。材料费用的归集和分配，是由财会部门在月份终了时，将当月发生应计入成本的全部领料单、限额领料单、退料单等各种原始凭证，按产品和用途进行归集，编制“发出材料汇总表”。对直接用于制造产品的材料费用，能直接计入的，直接计入该产品成本计算单中“直接材料”项下。只有在几种产品合用一种材料时，才采用适当方法，分配计入该产品成本计算单中“直接材料”项下。在实际工作中，常用的分配方法是按照各种产品材料定额耗用量的比例或各种产品的重量比例分配。归集和分配后，根据分配的结果编制“发出材料汇总表”，据此登记有关明细账和产品成本计算单。

【例9－1】珠江公司20×0年7月生产A、B两种产品，共耗用原材料10 000千克，每千克15元。该月投产甲产品1 000件，每件消耗原材料4千克；乙产品3 000件，每件消耗原材料2千克。采用定额耗用量法计算两种产品各自应负担的原材料费用。

原材料分配率＝10 000×15/（1 000×4＋3 000×2）＝15

A产品应分配的材料成本＝1 000×4×15＝60 000（元）

B产品应分配的材料成本＝3 000×2×15＝90 000（元）

（二）工资费用的归集和分配

1. 职工薪酬的构成内容

职工薪酬，是指企业为获得职工提供的服务或解除劳动关系而给予的各种形式的报酬或补偿。职工薪酬包括短期薪酬、离职后福利、辞退福利和其他长期职工福利。

（1）短期薪酬。短期薪酬是指企业在职工提供相关服务的年度报告期间结束后12个月内需要全部予以支付的职工薪酬，因解除与职工的劳动关系给予的补偿除外。短期薪酬具体包括：职工工资、奖金、津贴和补贴，职工福利费，医疗保险费、工伤保险费和生育保险费等社会保险费，住房公积金，工会经费和职工教育经费，短期带薪缺勤，短期利润分享计划，非货币性福利以及其他短期薪酬。

（2）离职后福利。离职后福利是指企业为获得职工提供的服务而在职工退休或与企业解除劳动关系后提供的各种形式的报酬和福利，短期薪酬和辞退福利除外。

（3）辞退福利。辞退福利是指企业在职工劳动合同到期之前解除与职工的劳动关系，或者为鼓励职工自愿接受裁减而给予职工的补偿。

（4）其他长期职工福利。其他长期职工福利是指除短期薪酬、离职后福利、辞退福利之外的所有职工薪酬，包括长期带薪缺勤、长期残疾福利、长期利润分享计划等。

2. 职工薪酬的确认和计量

职工薪酬作为企业的一项负债，除因解除与职工的劳动关系给予的补偿外，应根据职工提供服务的受益对象分别进行处理。

应由生产产品、提供劳务负担的职工薪酬计入产品成本或劳务成本。借记“生产成本”科目，贷记“应付职工薪酬”科目。

应由在建工程负担的职工薪酬计入固定资产成本。借记“在建工程”科目，贷记“应付职工薪酬”科目。

应由无形资产负担的职工薪酬计入无形资产成本。企业自行研发无形资产过程中发生的职工薪酬要分不同的情况处理。在研究阶段发生的职工薪酬不能计入无形资产成本，在开发阶段发生的职工薪酬应当计入无形资产成本，借记“研发支出——资本化支出”科目，贷记“应付职工薪酬”科目。

除以上三项外的职工薪酬，如公司管理人员、董事会和监事会成员等人员的职工薪酬，难以确定受益对象的，均应当在发生时确认为当期损益。当支出发生时，借记“管理费用”科目，贷记“应付职工薪酬”科目。

3. 工资费用的分配

企业的工资费用应按其发生的地点和用途进行分配。企业工资费用的归集和分配，是根据工资结算凭证和工时统计记录，通过编制“工资结算汇总表”和“工资费用分配表”进行的。

（三）制造费用的归集和分配

制造费用，是指企业为组织和管理生产所发生的各项费用，主要包括：企业各个生产单位（分厂、车间）为组织和管理生产所发生的生产单位管理人员工资、职工福利费、生产单位房屋建筑物及机器设备等的折旧费、机物料消耗、低值易耗品、水电费、办公费、劳动保护费、季节性及修理期间的停工损失以及其他制造费用。

这些费用是管理和组织生产而发生的间接费用，不是生产产品的直接费用，因此这些费用在发生时，不能直接计入产品成本，需要通过“制造费用”科目进行归集，然后分配计入各产品成本。在实际工作中，企业应设置“制造费用明细账”，按费用项目归集这些费用。由于制造费用属于间接费用，因此要采用适当的方法在产品之间进行分配。在生产一种产品的情况下，制造费用可以直接计入该种产品成本；在生产多种产品的情况下，就需要在不同产品之间进行分配，常用的分配方法有生产工时比例法、生产工人工资比例法、预算分配率法。

为了正确反映制造费用的发生和分配，控制费用预算的执行情况，企业应将发生的制造费用记入“制造费用”科目，并建立“制造费用明细账”，按不同车间、部门和费用项目进行明细核算。

“制造费用”科目属于集合分配账户，借方登记制造费用的发生数，贷方登记制造费用的分配数。一般情况下，期末应将全部费用都分配出去，不留余额。制造费用是各种产品共同发生的一般费用，需要采用一定标准分配计入各种产品成本。在分配时，应从该科目的贷方转入“生产成本”科目的借方。如果车间除加工制造工业产品外，还制造一些自制材料、自制设备和自制工具，应按各自负担的数额分配转入“原材料”“在建工程”“低值易耗品”等科目的借方。

【例9－2】珠江公司生产A、B两种产品。A产品定额工时200小时，B产品定额工时100小时，20×0年5月珠江公司制造费用实际发生额为48 000元。珠江公司采用生产工时比例法分配制造费用。

制造费用分配率＝48 000/（200＋100）＝160

A产品应分配的制造费用＝160×200＝32 000（元）

B产品应分配的制造费用＝160×100＝16 000（元）

珠江公司的账务处理如下：

借：生产成本——基本生产成本（A产品）　　32 000

　　　　　　——基本生产成本（B产品）　　16 000

　贷：制造费用　　48 000

（四）辅助生产费用的归集和分配

辅助生产主要是为基本生产服务的，它所生产的产品和劳务大部分都被基本生产车间和管理部门所消耗，一般很少对外销售。辅助生产按其提供产品或劳务种类的不同，可以分为以下两类：

（1）只生产一种产品或劳务的辅助生产，如供电、供水、蒸汽、运输等。

（2）生产多种产品或劳务的辅助生产，如工具、模型、机修等。

辅助生产的类型不同，其费用分配、转出的程序也不一样。生产多种产品的辅助生产车间，如工具、模型等车间，它所发生的费用应在产品完工入库后，从辅助生产科目和明细账中转出，记入“原材料”或“低值易耗品”科目，有关车间或部门领用时，再从“原材料”或“低值易耗品”科目转入“生产成本”或“管理费用”等科目。只生产单一品种的辅助生产车间，如供电、供水等产品或劳务所发生的费用，应在月末汇总后，按各受益车间或部门耗用劳务的数量，选择适当的分配方法，进行分配后，从“生产成本”科目的“辅助生产成本”科目和明细账中转出，记入有关科目。分配单一产品或劳务费用的常用方法有直接分配法、一次交互分配法、计划成本分配法、代数分配法和顺序分配法等。

【例9－3】珠江公司有锅炉和供电两个辅助生产车间，分别为基本生产车间和行政管理部门提供蒸汽和电力，两个辅助生产车间之间也相互提供产品，20×0年4月的辅助生产及耗用情况如表9－1至表9－4所示：

（1）辅助生产情况：

表9－1　辅助生产情况表

项目	锅炉车间	供电车间
生产费用	60 000（元）	100 000（元）
生产数量	15 000（吨）	200 000（度）

（2）各部门耗用辅助生产产品情况：

表9－2　各部门耗用辅助生产产品情况表

耗用部门		锅炉车间	供电车间
辅助生产车间	锅炉车间		75 000（度）
	供电车间	2 500（吨）	
基本生产车间		12 000（吨）	100 000（度）
行政管理部门		500（吨）	25 000（度）

分别用直接分配法、一次交互分配法计算分配辅助生产费用，编制有关会计分录。

（1）直接分配法：

锅炉车间蒸汽分配率＝60 000/（12 000＋500）＝4.8（元/吨）

基本生产成本分配蒸汽成本＝4.8×12 000＝57 600（元）

管理费用分配蒸汽成本＝4.8×500＝2 400（元）

供电车间电力分配率＝100 000/（100 000＋25 000）＝0.8（元/度）

基本生产成本分配电力成本＝0.8×100 000＝80 000（元）

管理费用分配电力成本＝0.8×25 000＝20 000（元）

表9－3　辅助生产费用分配表（直接分配法）

单位：元

项目		锅炉车间	供电车间	合计
待分配费用		60 000	100 000	160 000
分配	基本生产成本	57 600	80 000	137 600
	管理费用	2 400	20 000	22 400

账务处理：

借：生产成本——基本生产成本　　137 600

管理费用　　22 400

贷：辅助生产成本——锅炉车间　　60 000

——供电车间　　100 000

（2）一次交互分配法：

第一次分配：

锅炉车间蒸汽分配率 = 60 000/15 000 = 4（元/吨）

供电车间电力分配率 = 100 000/200 000 = 0.5（元/吨）

锅炉车间分配给供电车间的蒸汽成本 = 4 × 2 500 = 10 000（元）

供电车间分配给锅炉车间的供电成本 = 0.5 × 75 000 = 37 500（元）

第二次分配：

锅炉车间蒸汽分配率 =（60 000 + 37 500 − 10 000）/（12 000 + 500）= 7（元/吨）

基本生产成本分配蒸汽成本 = 7 × 12 000 = 84 000（元）

管理费用分配蒸汽成本 = 7 × 500 = 3 500（元）

供电车间电力分配率 =（100 000 + 10 000 − 37 500）/（100 000 + 25 000）= 0.58（元/度）

基本生产成本分配电力成本 = 0.58 × 100 000 = 58 000（元）

管理费用分配电力成本 = 0.58 × 25 000 = 14 500（元）

表 9－4　辅助生产费用分配表（一次交互分配法）

单位：元

项目		锅炉车间	供电车间	合计
待分配费用		60 000	100 000	160 000
交互分配	锅炉车间	37 500	−37 500	
	供电车间	−10 000	10 000	
对外分配辅助生产费用		87 500	72 500	160 000
对外分配	基本生产成本	84 000	58 000	142 000
	管理费用	3 500	14 500	18 000

账务处理：

借：辅助生产成本——锅炉车间　　37 500

——供电车间　　10 000

贷：辅助生产成本——锅炉车间　　10 000

——供电车间　　37 500

借：生产成本——基本生产成本　　142 000

管理费用　　18 000

贷：辅助生产成本——锅炉车间　　87 500

——供电车间　　72 500

四、在产品成本的计算和完工产品成本的结转

工业企业生产过程中发生的各项生产费用，经过在各产品之间的归集和分配，都已集中登记在“生产成本明细账”和“产品成本计算单”中，在“产品成本计算单”中，减去交库废料价值后，就是该产品本月发生的费用。月初、月末都没有在产品时，本月发生的费用就等于本月完工产品的成本；月初、月末都有在产品时，本月发生的生产费用加上月初在产品成本之后的合计数额，还要在完工产品和在产品之间进行分配，计算完工产品成本。完工产品成本一般按下式计算：

完工产品成本 = 月初在产品成本 + 本月发生费用 − 月末在产品成本

(一) 在产品成本的计算

工业企业的在产品是指生产过程中尚未完工的产品。从整个企业来讲，在产品包括正在加工中的产品和加工已告一段落的自制半成品，这是广义的在产品。从某一加工阶段来讲，在产品是指正在加工的产品，这是狭义的在产品。

企业应根据生产特点、月末在产品数量的多少、各项费用比重的大小，以及定额管理基础的好坏等具体条件，采用适当的方法计算在产品成本。

如果在产品数量很少，计算或不计算在产品成本对完工产品成本的影响都很小。为了简化计算工作，可以不计算在产品成本。这就是说，某种产品每月发生的生产费用可以全部作为当月完工在产品的成本。如果各月的在产品数量变化不大，则月初、月末在产品成本的差额对完工产品成本的影响不大，就可以将在产品成本按年初数固定不变，把每月发生的生产费用全部作为当月完工产品的成本，但在年终时，必须根据实际盘点的在产品数量，重新计算一次在产品成本，以免在产品成本与实际出入过大，影响成本计算的正确性。

在产品数量较多，而且各月之间变化也较大的企业，要根据实际结存的产品数量计算在产品成本。一般来说，在产品成本计算的方法通常有以下几种：按所耗用的原材料费用计算、按定额成本计算、按约当产量计算、按定额比例分配计算。

【例 9-4】甲产品 20×0 年 5 月份发生的生产费用合计为：直接材料 48 000 元，直接人工 15 200 元，制造费用 12 000 元。原材料在生产开始时一次全部投入，在产品单位产品原材料定额费用为 50 元。月末完工产品 400 件，月末在产品 100 件。在产品定额工时共计 1 200 小时。每小时定额费用：工资 2 元，制造费用 1.5 元。企业采用定额成本计算法计算和分配月末在产品和完工产品成本。计算和分配情况如表 9-5 所示。

表 9-5 在产品和完工品的计算和分配情况

单位：元

成本项目	费用合计	月末在产品定额成本	完工产品成本
直接材料	48 000	100×50＝5 000	43 000
直接人工	15 200	1200×2＝2 400	12 800
制造费用	12 000	1200×1.5＝1 800	10 200
合计	75 200	9 200	66 000

账务处理如下：

借：生产成本——甲产品　　66 000

　贷：原材料　　43 000

　　　应付职工薪酬　　12 800

　　　制造费用　　10 200

月末结转成本分录：

借：产成品——甲产品　　66 000

　贷：生产成本——甲产品　　66 000

(二) 完工产品成本的结转

在计算出当期完工产品成本后，对验收入库的产成品应结转成本。结转本期完工产品成本时，借记“产成品”或“库存商品”科目，贷记“生产成本”科目。通过在产品成本的计算，生产费用在完工产品和月末在产品之间进行分配之后，就可以确定完工产品的成本。根据计算的完工产品成本，从有关“产品成本计算单”中转出，编制“完工产品成本汇总计算表”，计算出完工产品总成本和单位成本。结转时，借记“产成品”科目，贷记“生产成本”科目。

第三节　期间费用

期间费用是企业当期发生的费用中的重要组成部分，是指本期发生的、不能直接或间接归入某种产品成本的、直接计入当期损益的各项费用，包括管理费用、销售费用和财务费用。

一、管理费用

(一) 管理费用的内容

(1) 企业管理部门发生的直接管理费用，如公司经费等。公司经费包括总部管理人员工资、职工福利费、差旅费、办公费、折旧费、修理费、物料消耗、低值易耗品摊销及其他公司经费。

(2) 用于企业直接管理之外的费用，主要包括董事会费、咨询费、聘请中介机构费、诉讼费等。

（3）提供生产技术条件的费用，主要包括研究费用、无形资产摊销、长期待摊费用摊销。

（4）业务招待费，即企业为业务经营的合理需要而支付的交际应酬费用。

（5）其他费用，指不包括以上各项之内又列入管理费用的费用。

（二）管理费用的核算

企业应设置“管理费用”账户，发生的管理费用在“管理费用”账户中核算，并按费用项目设置明细账进行明细核算。企业发生的各项管理费用借记该账户，贷记“库存现金”“银行存款”“原材料”“应付职工薪酬”“累计折旧”“累计摊销”“研发支出”和“应交税金”等账户；期末，将本账户借方归集的管理费用全部由本账户的贷方转入“本年利润”账户的借方，计入当期损益。结转管理费用后，“管理费用”账户期末无余额。

【例9－5】20×0年5月珠江公司发生业务招待费5 000元，以银行存款支付。

珠江公司的账务处理如下：

借：管理费用　　5 000

　贷：银行存款　　5 000

二、销售费用

（一）销售费用的内容

销售费用是指企业在销售商品和材料、提供劳务的过程中发生的各种费用，包括企业在销售商品过程中发生的保险费、包装费、展览费和广告费、商品维修费、装卸费等以及为销售本企业商品而专设的销售机构（含销售网点、售后服务网点等）的职工薪酬、业务费、折旧费、固定资产维修费用等费用。

（二）销售费用的核算

企业发生的销售费用在“销售费用”账户中核算，并按费用项目设置明细账进行明细核算。企业发生的各项销售费用借记该账户，贷记“库存现金”“银行存款”“应付职工薪酬”等账户；月终，将借方归集的销售费用全部由本账户的贷方转入“本年利润”账户的借方，计入当期损益。结转销售费用后，“销售费用”账户期末无余额。

【例9－6】20×0年6月珠江公司以银行存款支付销售人员工资共计200 000元。

珠江公司的账务处理如下：

借：销售费用　　200 000

　贷：银行存款　　200 000

三、财务费用

（一）财务费用的内容

财务费用是指企业为筹集生产经营所需资金而发生的各项费用，具体包括的项目有利息净支出（减利息收入后的支出）、汇兑净损失（减汇兑收益的损失）、金融机构手续费、企业发生的现金折扣或收到的现金折扣，以及筹集生产经营资金发生的其他费用等。

（二）财务费用的核算

企业发生的财务费用在“财务费用”账户中核算，并按费用项目设置明细账进行明细核算。企业发生的各项财务费用借记该账户，贷记“银行存款”等账户；企业发生利息收入、汇兑收益时，借记“银行存款”等账户，贷记该账户。月终，将借方归集的财务费用全部由该账户的贷方转入“本年利润”账户的借方，计入当期损益。结转当期财务费用后，“财务费用”账户期末无余额。

【例9－7】20×0年5月珠江公司支付银行承兑手续费用45元，收到银行存款利息20 000元。

珠江公司的账务处理如下：

借：财务费用　　45
　贷：银行存款　　45
借：银行存款　　20 000
　贷：财务费用　　20 000

思考题

1. 如何理解费用？
2. 如何区分产品成本和期间费用？
3. 分配辅助生产成本的方法有哪些，各有什么优缺点？

第十章　收入和利润

学习目标

1. 了解收入的概念和分类。
2. 掌握收入确认和计量的原则与方法。
3. 掌握在某一时点和时段履行履约义务的收入会计处理。
4. 了解利润的构成和结转。
5. 掌握所得税会计处理。

导入阅读

泽达易盛（天津）科技股份有限公司成立于2013年，是一家用数据赋能医药健康产业的高新技术企业，致力于将云计算、大数据、人工智能等先进信息技术，创新运用于数字化监管、智能制药两大业务领域，服务于药物研发、生产、仓储、流通和销售等医药全产业链。

自2020年6月该公司在上海科创板上市以来，上交所始终密切关注该公司规范运作、信息披露等情况，对该公司相关事项重点监管，先后发出4份监管函件。值得注意的是，2021年12月24日，民生证券发布研报《公司深度报告：中药智能制造龙头，剑指产业信息化未来》，并给予泽达易盛“推荐”评级。

2022年11月18日，科创板上市公司泽达易盛发布关于收到中国证监会《行政处罚及市场禁入事先告知书》的公告，证监会调查发现，泽达易盛存在开展虚假业务虚增收入、财务披露造假、未如实披露关联交易、虚增在建工程等一系列违法违规行为，其中，最重大的问题在于虚假业务虚增收入。《行政处罚及市场禁入事先告知书》显示，泽达易盛早在2016年就已经开始财务造假，连续6年财务造假，虚增营收超36亿元。在2016年至2019年累计虚增营业收入34.23亿元，虚增利润1.87亿元。该公司在科创板成功上市后，在2020年至2021年累计虚增营业收入2.23亿元，虚增利润1.09亿元。泽达易盛甚至在2020年虚增营业收入1.52亿元，占当期收入的59.5%，虚增利润8 247万元，占当期利润的89%。需要指出的是，泽达易盛的审计机构为天健会计师事务所，在其财务造假期间，天健一直出具“标准无保留”意见。

值得注意的是，如果被强制退市，泽达易盛或将创下A股最快退市纪录。泽达易盛于2020年6月在科创板上市，至今仅有2年多，最新股东人数超过6 500户。泽达易盛及6名高管被罚1.5亿元，董事长接到3 800万元的“天价”罚单，且被罚终身市场禁入。

第一节 收入

一、收入的概念和种类

（一）收入的概念

按照《企业会计准则第 14 号——收入》的规定，收入是指企业在日常活动中形成的、会导致所有者权益增加的、与所有者投入资本无关的经济利益的总流入。收入具有以下特征：

1. 收入由企业日常活动形成

日常活动是指企业为完成其经营目标所从事的经常性活动以及与之相关的活动。例如，工业企业制造并销售产品、商品流通企业销售商品、咨询公司提供咨询服务、软件公司为客户开发软件、建筑企业提供建造服务等，均属于企业的日常活动。由日常活动产生的经济利益的总流入构成收入。企业为完成其经营目标所从事的一些与经常性活动相关的其他活动，如工业企业出售不需要的原材料、商品流通企业出售包装物、企业出售或出租固定资产及无形资产等，是企业的附营业务活动或其他业务活动，具有持续发生以及收入与费用相配比的特征，由此产生的经济利益的总流入也构成收入。

除了日常活动以外，企业的有些活动不是为了完成其经营目标所从事的经常性活动，也不属于与经常性活动相关的其他活动，如企业处置报废或毁损固定资产和无形资产、债务人进行债务重组、企业财产盘盈、接受捐赠等，由此产生的经济利益的总流入不构成收入，应当确认为营业外收入。

2. 收入会导致所有者权益增加

收入无论表现为资产的增加还是负债的减少，最终都归所有者所有。从会计核算程序可知，收入经结账转入本年利润后再转入所有者权益中的留存收益，导致所有者权益的增加。不符合这一特征的经济利益流入，不属于企业的收入。例如，企业代收代缴的税款，汽车销售商代客户购买保险收取的保险费，性质上属于代收款项，应作为应付款项记入相关的负债类科目，而不能作为收入处理。

3. 收入与所有者投入资本无关

收入只包括企业通过自身活动获得的经济利益流入，而不包括企业的所有者向企业投入的资本。所有者投入资本也会导致经济利益的流入，但这种经济利益的流入不是企业开展日常活动形成的经济利益流入，不属于收入。

4. 收入应以经济利益流入总额反映

收入与费用存在配比关系，通过收入与费用的配比，可以反映企业的经营成果，即盈利或亏损。企业通过日常活动取得的经济利益流入应当以经济利益流入的总额进行反映，而不能以收入与费用相抵后的净额进行反映。

（二）收入的分类

企业的收入可以按照不同的标准进行不同的分类，最常见的分类方法有以下两种：

（1）按照收入形成的原因分类，可分为销售商品收入和提供服务收入。销售商品收入是指企业通过销售商品实现的收入，如工业企业销售其生产的产品实现的收入、商业企业销售其购买的商品实现的收入等。提供服务收入是指企业通过提供服务或劳务实现的收入，如建筑安装企业通过提供建造、安装服务实现的收入，金融企业通过提供各种金融服务实现的收入等。

(2) 按照收入在日常活动中的重要性分类，可分为主营业务收入和其他业务收入。主营业务收入是指企业为完成其经营目标所从事的主要经营活动实现的收入。主营业务视企业所属的行业不同而有所不同。例如，工业企业的主营业务是制造和销售产品，商业企业的主营业务是销售商品，房地产公司的主营业务是销售房地产，租赁公司的主营业务是出租资产等。企业通过主营业务形成的经济利益的总流入，属于主营业务收入。主营业务是企业的经常性活动，主营业务收入应当在企业的收入中占有较大的比重。其他业务收入也称为附营业务收入，是指企业为完成其经营目标而从事的与其经常性活动相关的活动取得的收入，如工业企业出租固定资产、无形资产，销售不需要的原材料等实现的收入。其他业务收入不经常发生，在收入中所占比重较小。

区分主营业务收入和其他业务收入，有利于反映企业的收入来源结构，在日常核算中，企业应当设置“主营业务收入”和“其他业务收入”科目，分别核算主营业务和其他业务形成的经济利益的总流入，但在利润表中，将二者合并为营业收入项目进行反映。

二、收入的确认与计量

收入的确认是指交易或事项发生后，企业应否、何时以及如何将收入进行记录和列入利润表的过程。收入的计量就是对已经确认的收入进行量化，确定其入账金额的过程。按照2017年7月我国财政部修订颁布的《企业会计准则第14号——收入》的规定，企业应当在履行了合同中的履约义务，即在客户取得相关商品控制权时确认收入。取得相关商品控制权，是指能够主导该商品的使用并从中获得几乎全部的经济利益，也包括有能力阻止其他方主导该商品的使用并从中获得经济利益。企业在判断商品的控制权是否发生转移时，应当从客户的角度进行分析，即客户是否取得了相关商品的控制权以及何时取得该控制权。

取得商品控制权同时包括下列三项要素：

一是能力。企业只有在客户拥有现时权利，能够主导该商品的使用并从中获得几乎全部经济利益时，才能确认收入。如果客户只能在未来的某一期间主导该商品的使用并从中获益，则表明其尚未取得该商品的控制权。例如，企业与客户签订合同为其生产产品，虽然合同约定该客户最终将能够主导该产品的使用，并获得几乎全部的经济利益，但是，只有在客户真正获得这些权利时，企业才能确认收入。

二是主导该商品的使用。客户有能力主导该商品的使用，是指客户在其活动中有权使用该商品，或者能够允许或阻止其他方使用该商品。

三是能够获得几乎全部的经济利益。客户必须拥有获得商品几乎全部经济利益的能力，才能被视为获得了对该商品的控制。商品的经济利益，是指该商品的潜在现金流量，既包括现金流入的增加，也包括现金流出的减少。客户可以通过使用、消耗、出售、处置、交换、抵押或持有等多种方式直接或间接地获得商品的经济利益。

具体来说，收入的确认与计量应当采用五步法原则，即识别与客户订立的合同、识别合同中的单项履约义务、确定交易价格、将交易价格分摊至各单项履约义务、履行每一单项履约义务时确认收入。其中，识别与客户订立的合同、识别合同中的单项履约义务、履行每一单项履约义务时确认收入，这三步主要是收入的确认过程；确定交易价格、将交易价格分摊至各单项履约义务，这两步主要是收入的计量过程。

（一）识别与客户订立的合同

1. 合同的识别

企业与客户之间的合同同时满足下列五项条件的，企业应当在履行了合同中的履约义务，即在客户取得相关商品控制权时确认收入。

（1）合同各方已批准该合同并承诺将履行各自义务。

（2）该合同明确了合同各方与所转让商品相关的权利和义务。

（3）该合同有明确的与所转让商品相关的支付条款。

（4）该合同具有商业实质，即履行该合同将改变企业未来现金流量的风险、时间分布或金额。

（5）企业因向客户转让商品而有权取得的对价很可能收回。

这五项条件可称为企业收入确认的前提条件，企业在对上述前提条件进行判断时，需要注意下列三点：

（1）合同约定的权利和义务是否具有法律约束力，需要根据企业所处的法律环境和实务操作进行判断。

（2）合同具有商业实质，是指履行该合同将使企业未来现金流量的风险、时间分布或金额发生改变。商业实质应按照《企业会计准则第 7 号——非货币性资产交换》中的有关规定进行判断，不具有商业实质的非货币性资产交换，无论何时均不应确认收入。

（3）企业在评估其因向客户转让商品而有权取得的对价是否很可能收回时，仅应考虑客户到期时支付对价的能力和意图，即客户的信用风险。当对价是可变对价时，由于企业可能会向客户提供价格折让，企业有权收取的对价金额可能会低于合同标价。企业向客户提供价格折让的，应当在估计交易价格时加以考虑。

2. 合同合并

企业与同一客户同时订立或在相近时间内先后订立的两份或多份合同，在满足下列条件之一时，应当合并为一份合同进行会计处理。

（1）该两份或多份合同基于同一商业目的而订立并构成一揽子交易，如一份合同在不考虑另一份合同的对价的情况下将会发生亏损。

（2）该两份或多份合同中的一份合同的对价金额取决于其他合同的定价或履行情况，即如果一份合同发生违约，将会影响另一份合同的对价金额。

（3）该两份或多份合同中所承诺的商品（或每份合同中所承诺的部分商品）构成收入准则规定的单项履约义务。两份或多份合同合并为一份合同进行会计处理的，仍然需要区分该一份合同中包含的各单项履约义务。

3. 合同变更

收入准则中所称的合同变更，是指经合同各方批准对原合同范围或价格做出的变更。合同变更既可能形成新的具有法律约束力的权利和义务，也可能是变更了合同各方现有的具有法律约束力的权利和义务。与合同初始订立时相同，合同各方能以书面形式、口头形式或其他形式批准合同变更。

某些情况下，合同各方对于合同范围或价格的变更还存在争议，或者合同各方已批准合同范围的变更，但尚未确定相应的价格变动，企业应当考虑包括合同条款及其他证据在内的所有相关事实和情况，以确定该变更是否形成了新的有法律约束力的权利和义务，或者变更了现有的有法律约束力的权利和义务。合同各方已批准合同范围变更，但尚未确定相应价格变动的，企业应当按照收入准则有关可变对价的规定对合同变更所导致的交易价格变动进行估计。

（二）识别合同中的单项履约义务

合同开始日，企业应当对合同进行评估，识别该合同所包含的各单项履约义务，并确定各单项履约义务是在某一时段内履行还是在某一时点履行，然后在履行各单项履约义务时分别确认收入。

履约义务是指合同中企业向客户转让可明确区分商品的承诺。企业为履行合同而开展的初始活动，通常不构成履约义务，除非该活动向客户转让了承诺的商品。下列两种情况下，企业应当将向客户转让商品的承诺作为单项履约义务：一是企业向客户转让可明确区分商品的承诺。二是企业向客户转让一系列实质相同且转让模式相同的可明确区分商品的承诺。

企业向客户转让的商品的承诺包括在合同中明确约定的承诺，也包括在某些情况下企业已公开宣布的政策、特定声明或以往的习惯做法等可能隐含的企业将向客户转让额外商品的承诺。

在识别合同中的单项履约义务时，如果合同承诺的某项商品不可明确区分，企业应当将该商品与合同中承诺的其他商品进行组合，直到该组合满足可明确区分的条件。

1. 企业向客户转让可明确区分商品的承诺

企业向客户承诺的商品同时满足下列两项条件的，应当作为可明确区分的商品：

（1）客户能够从该商品本身或从该商品与其他易于获得资源一起使用中受益，即该商品本身能够明确区分。

（2）企业向客户转让该商品的承诺与合同中其他承诺可单独区分，即转让该商品的承诺在合同中是可明确区分的。下列情形通常表明企业向客户转让商品的承诺与合同中的其他承诺不可单独区分：

①企业需提供重大的服务以将该商品与合同中承诺的其他商品进行整合，形成合同约定的某个或某些组合产出，转让给客户。

②该商品将对合同中承诺的其他商品予以重大修改或定制。例如，企业承诺向客户提供其开发的一款现有软件，并提供安装服务，虽然该软件无须更新或技术支持也可直接使用，但是企业在安装过程中需要在该软件现有基础上对其进行定制化的重大修改，为该软件增加重要的新功能，以使其能够与客户现有的信息系统兼容。在这种情况下，转让软件的承诺与提供定制化的重大修改的承诺在合同层面是不可明确区分的。

③该商品与合同中承诺的其他商品具有高度关联性。合同中包含多项商品时，如果

企业无法通过单独交付其中的某一单项商品而履行其合同承诺，可能表明合同中的这些商品会受到彼此的重大影响。

2. 企业向客户转让一系列实质相同且转让模式相同的可明确区分商品的承诺

当企业向客户连续转让某项承诺的商品时，如果这些商品属于实质相同且转让模式相同的一系列商品，企业应当将这一系列商品作为单项履约义务。

转让模式相同是指每一项可明确区分的商品均满足收入准则规定的在某一时段内履行履约义务的条件，且采用相同方法确定其履约进度。例如，企业与客户签订为期一年的保洁服务合同，承诺每天为客户提供保洁服务。由于企业每天所提供的服务都是可明确区分且实质相同的，并且，根据控制权转移的判断标准，每天的服务都属于在某一时段内履行的履约义务。因此，企业应当将每天提供的保洁服务合并在一起作为单项履约义务进行会计处理。

企业在判断所转让的一系列商品是否实质相同时，应当考虑合同中承诺的性质，当企业承诺的是提供确定数量的商品时，需要考虑这些商品本身是否实质相同。例如，企业向客户提供2年的酒店管理服务，具体包括保洁、维修、安保等，但没有具体的服务次数或时间的要求，尽管企业每天提供的具体服务不一定相同，但是其对于客户的承诺都是相同的，即按照约定的酒店管理标准，随时准备根据其需要为其提供相关服务，因此企业每天提供的该酒店管理服务符合“实质相同”的条件。

（三）确定交易价格

交易价格是指企业因向客户转让商品而预期有权收取的对价金额。企业代第三方收取的款项以及企业预期将退还给客户的款项，应当作为负债进行会计处理，不计入交易价格。合同标价并不一定代表交易价格，企业应当根据合同条款，并结合以往的习惯做法确定交易价格。在确定交易价格时，企业应当考虑可变对价、合同中存在的重大融资成分、非现金对价以及应付客户对价等因素的影响，并应当假定将按照现有合同的约定向客户转移商品，且该合同不会被取消、续约或变更。

1. 可变对价

企业与客户的合同中约定的对价金额可能是固定的，也可能是变化的，如果合同中有折扣、价格折让、返利、退款、奖励积分、激励措施、业绩奖金、索赔等条款约定，则合同的交易价格是可变的。即使合同中没有明确约定，在下列情况下，合同的对价金额也是可变的：一是根据企业已公开宣布的政策、特定声明或者以往的习惯做法等，客户能够合理预期企业会以折扣、返利等形式提供价格折让；二是其他相关事实和情况表明，企业在与客户签订合同时即打算向客户提供价格折让。

【例10－1】珠江公司为其客户建造一座展销大厅，合同约定的价款为300万元（不含税），同时约定，如果珠江公司不能在合同签订之日起的180天内竣工，则须支付20万元（不含税）罚款，该罚款从合同价款中扣除。

本例中，该合同的对价金额实际由两部分组成，即280万元的固定价格以及20万元的可变对价。

合同中存在可变对价的，企业应当对计入交易价格的可变对价进行估计。

（1）可变对价最佳估计数的确定。

在对可变对价进行估计时，企业应当按照期望值或最可能发生的金额确定可变对价的最佳估计数。企业应当选择能够更好地预测其有权收取的对价金额的方法，并且对于类似的合同，应当采用相同的方法进行估计。

期望值是按照各种可能发生的对价金额及相关概率计算确定的金额。如果企业拥有大量具有类似特征的合同，企业据此估计合同可能产生多个结果时，应该按照期望值估计可变对价金额。

【例 10－2】20×2 年 5 月，珠江公司向中正公司销售投影仪 1 000 台，每台价格为 2 000元，合同价款合计 200 万元。珠江公司向中正公司提供价格保护，同意在未来 6 个月内，如果同款投影仪售价下降，则按照合同价格与最低售价之间的差额向中正公司支付差价。珠江公司根据以往执行类似合同的经验，预计各种结果发生的概率为：价格不变的概率 60%，降价 200 元的概率 30%，降价 500 元的概率 10%。上述价格均不包含增值税。

本例中，珠江公司认为期望值能够更好地预测其有权获取的对价金额。在该方法下，珠江公司估计交易价格为每台1 890 元（2 000×60% ＋1 800×30% ＋1 500×10%）。

最可能发生金额是一系列可能发生的对价金额中最可能发生的单一金额，即合同最可能产生的单一结果。当合同仅有两个可能结果时，应当按照最可能发生金额估计可变对价金额。

【例 10－3】承【例 10－1】，珠江公司对合同结果的估计如下：工程按时完工的概率为 90%，工程延期的概率为 10%。本例中，由于该合同涉及两种可能结果，珠江公司认为按照最可能发生金额能够更好地预测其有权获取的对价金额。因此，珠江公司估计的交易价格为 100 万元，即为最可能发生的单一金额。

需要说明的是，对于某一事项的不确定性对可变对价金额的影响，企业应当在整个合同期间采用同一种方法进行估计。但是，当存在多个不确定性事项均会影响可变对价金额时，企业可以采用不同的方法对其进行估计。

（2）计入交易价格的可变对价金额的限制。

企业按照期望值或最可能发生金额确定可变对价金额之后，在相关不确定性消除时，计入交易价格的可变对价金额应当不超过累计已确认的收入极可能不会发生重大转回的金额，以避免因某些不确定因素的发生导致之前已经确认的收入发生转回。

“极可能”是指发生的概率远高于“很可能”（50% <可能性≤95%），但不要求达到“基本确定”（95% <可能性<100%）。企业应当将满足上述限制条件的可变对价的金额计入交易价格。

每一资产负债表日，企业应当重新估计可变对价金额，包括重新评估可变对价的估计是否受到限制，以如实反映报告期末存在的情况以及报告期内发生的情况变化。

【例 10－4】20×2 年 1 月 1 日，珠江公司与中正公司签订销售录音笔的合同。合同约定，20×2 年珠江公司的采购量不超过 2 000 支时，每支录音笔的价格为 80 元，采购量超过 2 000 支时，每支的价格为 70 元。珠江公司在第一季度的采购量为 150 支，珠江公司预计全年的采购量不会超过 2 000 支。20×2 年 4 月，由于市场需求增加，珠江公司增加了录音笔的采购量，第二季度共向中正公司采购录音笔 1 000 支，珠江公司预计全年的采购量将超过2 000支，因此，将全年采购录音笔的单价均调整为70元。

本例中，20×2年第一季度，珠江公司根据以往经验估计全年的采购量将不会超过2 000支，按照80元的单价确认收入，满足在不确定性消除之后，累计已确认的收入将极可能不会发生重大转回的要求，因此，珠江公司在第一季度确认的收入金额为12 000元（80×150）。20×2年第二季度，珠江公司对交易价格进行重新估计，由于预计全年的采购量将超过2 000支，按照70元的单价确认收入才满足极可能不会导致累计已确认的收入发生重大转回的要求。因此,珠江公司在第二季度确认收入68 500元［70×（1 000+150）－12 000］。

2. 合同中存在的重大融资成分

当企业将商品的控制权转移给客户的时间与客户实际付款的时间不一致时，如果双方在合同中明确约定了包含重大融资成分的，企业在确定交易价格时，应当对已承诺的对价金额做出调整，以剔除货币时间价值的影响。

合同中存在重大融资成分的，企业应当按照假定客户在取得商品控制权时即以现金支付的应付金额确定交易价格。该交易价格与合同对价之间的差额，应当在合同期间内采用实际利率法摊销。

在合同开始日，企业预计客户取得商品控制权与客户支付价款间隔不超过一年的，可以不考虑合同中存在的重大融资成分。

【例10－5】20×2年1月1日，珠江公司与中正公司签订商品销售合同。合同约定，该批商品将于2年之后交货。合同中给中正公司提供了两种可供选择的付款方式，一是在合同签订时支付3 000 000元，二是可以在2年后交付商品时支付3 370 800元。中正公司选择在合同签订时支付货款。该批商品的控制权在交货时转移。珠江公司于20×2年1月1日收到中正公司支付的货款。

本例中，按照上述两种付款方式计算的内含利率为6%。考虑到中正公司付款时间和商品交付时间之间的间隔以及现行市场利率水平，珠江公司认为该合同包含重大融资成分，在确定交易价格时，应当对合同承诺的对价金额进行调整，以反映该重大融资成分的影响。珠江公司的会计处理为：

（1）20×2年1月1日收到货款：

借：银行存款　　3 000 000

　　未确认融资费用　　370 800

　贷：合同负债　　3 370 800

（2）20×2年12月31日确认融资成分的影响：

借：财务费用　　180 000（3 000 000×6%）

　贷：未确认融资费用　　180 000

（3）20×4年1月1日交付商品：

借：财务费用　　190 800（3 180 000×6%）

　贷：未确认融资费用　　190 800

借：合同负债　　3 370 800

　贷：主营业务收入　　3 370 800

3. 非现金对价

非现金对价是指客户以存货、固定资产、无形资产、股权等非现金方式支付的对价。当企业收取的对价是非现金形式时，企业应当按照非现金对价在合同开始日的公允价值确定交易价格。非现金对价公允价值不能合理估计的，企业应当参照其承诺向客户转让商品的单独售价间接确定交易价格。

非现金对价的公允价值可能会因对价的形式而发生变动，也可能会因为其形式以外的原因而发生变动，如因企业的履约情况而发生变动。合同开始日后，非现金对价的公允价值因对价形式以外的原因而发生变动的，应当作为可变对价进行会计处理。

4. 应付客户对价

企业在向客户转让商品的同时，需要向客户或第三方支付对价的，应当将该应付对价冲减交易价格，但应付客户对价是为了自客户取得其他可明确区分商品的除外。

企业应付客户对价是为了自客户取得其他可明确区分商品的，应当采用与企业其他采购相一致的方式确认所购买的商品。企业应付客户对价超过自客户取得的可明确区分商品公允价值的，超过金额应当作为应付客户对价，冲减交易价格。自客户取得的可明确区分商品公允价值不能合理估计的，企业应当将应付客户对价全额冲减交易价格。

（四）将交易价格分摊至各单项履约义务

当合同中包含两项或多项履约义务时，企业应当在合同开始日，按照各单项履约义务所承诺商品的单独售价的相对比例，将交易价格分摊至各单项履约义务。

1. 确定单独售价

单独售价，是指企业向客户单独销售商品的价格。企业在类似环境下向类似客户单独销售某商品的价格，应作为确定该商品单独售价的最佳证据。售价无法直接观察的，企业应当综合考虑其能够合理取得的全部相关信息，采用市场调整法、成本加成法、余值法等方法合理估计单独售价。

市场调整法，是指企业根据某商品或类似商品的市场售价，考虑本企业的成本和毛利等进行适当调整后的金额，确定其单独售价的方法。

成本加成法，是指企业根据某商品的预计成本加上其合理毛利后的金额，确定其单独售价的方法。

余值法，是指企业根据合同交易价格减去合同中其他商品可观察单独售价后的余额，确定某商品单独售价的方法。企业在商品近期售价波动幅度巨大，或者因未定价且未曾单独销售而无法可靠确定售价时，可采用余值法估计其单独售价。

2. 分摊合同折扣

当客户购买的一组商品中所包含的各单项商品的单独售价之和高于合同交易价格时，这表明客户因购买该组商品而取得了合同折扣。合同折扣，是指合同中各单项履约义务所承诺商品的单独售价之和高于合同交易价格的金额。企业应当在各单项履约义务之间按比例分摊合同折扣。有确凿证据表明合同折扣仅与合同中一项或多项而非全部履约义务相关的，企业应当将该合同折扣分摊至相关的一项或多项履约义务。

【例 10-6】 20×2 年 10 月 1 日，珠江公司与客户签订合同，向其销售 A、B、C 三种产品，合同总价款为 1 200 000 元，这三种产品构成三项履约义务。珠江公司经常以

500 000 元的价格单独销售 A 产品，其单独售价可直接观察；B 产品和 C 产品的单独售价不可直接观察，珠江公司采用市场调整法估计 B 产品的单独售价为 250 000 元，采用成本加成法估计 C 产品的单独售价为 750 000 元。珠江公司通常将 B 产品和 C 产品组合在一起以 700 000 元的价格销售。

本例中，三种产品的单独售价合计为 1 500 000 元，而该合同的总价款为 1 200 000 元，该合同的整体折扣为 300 000 元。由于珠江公司经常将 B 产品和 C 产品组合在一起以 700 000 元的价格销售，该价格与其单独售价之和 1 000 000 元的差额为 300 000 元，与该合同的整体折扣一致，而 A 产品经常单独销售的价格与其在合同中的单独售价一致，证明该合同的整体折扣仅应归属于 B 产品和 C 产品。因此，在该合同下，分摊至 A 产品的交易价格为 500 000 元，分摊至 B 产品和 C 产品的交易价格合计为 700 000 元。珠江公司应当进一步按照 B 产品和 C 产品的单独售价的相对比例将该价格在二者之间进行分摊：B 产品应分摊的交易价格为 175 000 元（250 000 ÷ 1 000 000 × 700 000），C 产品应分摊的交易价格为 525 000 元（750 000 ÷ 1 000 000 × 700 000）。

3. 分摊可变对价

合同中包含可变对价的，该可变对价可能与整个合同相关，也可能仅与合同中的某一特定组成部分有关。

同时满足下列两项条件的，企业应当将可变对价及可变对价的后续变动额全部分摊至与之相关的某项履约义务，或者构成单项履约义务的一系列可明确区分商品中的某项商品：一是可变对价的条款专门针对企业为履行该项履约义务或转让该项可明确区分商品所做的努力；二是企业在考虑了合同中的全部履约义务及支付条款后，将合同对价中的可变金额全部分摊至该项履约义务或该项可明确区分商品，符合分摊交易价格的目标。

对于不满足上述条件的可变对价和可变对价的后续变动额，以及可变对价和其后续变动额中未满足上述条件的剩余部分，企业应当按照分摊交易价格的一般原则，将其分摊至合同中的各单项履约义务。

【例 10-7】 20×2 年 3 月 1 日珠江公司与中正公司签订合同，将其拥有的两项专利技术 M 和 N 授权给中正公司使用。假定两项授权均分别构成单项履约义务，且都属于在某一时点履行的履约义务。合同约定，授权使用专利技术 M 的价格为 90 万元，授权使用专利技术 N 的价格为中正公司使用该专利技术所生产的产品销售额的 5%。专利技术 M 和 N 的单独售价分别为 90 万元和 100 万元。珠江公司估计其就授权使用专利技术 N 而有权收取的特许权使用费为 100 万元。

本例中，该合同中包含固定对价和可变对价，其中，授权使用专利技术 M 的价格为固定对价，且与其单独售价一致，授权使用专利技术 N 的价格为中正公司使用该专利技术所生产的产品销售额的 5%，属于可变对价，该可变对价全部与授权使用专利技术 N 能够收取的对价有关，且珠江公司基于实际销售情况估计收取的特许权使用费的金额接近 N 的单独售价。因此，珠江公司将可变对价部分的特许权使用费金额全部由 N 承担，符合交易价格的分摊目标。

4. 交易价格的后续变动

合同开始日之后，由于相关不确定性的消除或环境的变化等，交易价格可能会发生变化，从而导致企业因向客户转让商品而预期有权收取的对价金额发生变化。交易价格发生后续变动的，企业应当按照在合同开始日所采用的基础将该后续变动金额分摊至合同中的履约义务。企业不得因合同开始日之后单独售价的变动而重新分摊交易价格。

（五）履行每一单项履约义务时确认收入

企业应当在履行了合同中的履约义务，即在客户取得相关商品控制权时确认收入。企业将商品的控制权转移给客户，该转移可能在某一时段内发生，即履行履约义务的过程中发生，也可能在某一时点发生，即履约义务完成时发生。企业应当根据实际情况，按照收入准则相关规定判断履约义务是否满足在某一时段内履行的条件，如不满足，则该履约义务属于在某一时点履行的履约义务。对于在某一时段内履行的履约义务，企业应当选取适当的方法来确定履约进度；对于在某一时点履行的履约义务，企业应当综合分析判断控制权转移的时点。

1. 在某一时段内履行的履约义务

（1）在某一时段内履行的履约义务的条件。按照收入准则的规定，满足下列条件之一的，属于在某一时段内履行的履约义务，相关收入应当在该履约义务履行的期间内确认：

① 客户在企业履约的同时即取得并消耗企业履约所带来的经济利益。企业在履约过程中持续地向客户转移企业履约所带来的经济利益的，该履约义务属于在某一时段内履行的履约义务，企业应当在履行履约义务的期间确认收入。

② 客户能够控制企业履约过程中在建的商品。企业在履约过程中在建的商品包括在产品、在建工程、尚未完成的研发项目、正在进行的服务等，由于客户控制了在建的商品，客户在企业提供商品的过程中获得其利益。因此，该履约义务属于在某一时段内履行的履约义务，应当在该履约义务履行的期间内确认收入。

③ 企业履约过程中所产出的商品具有不可替代的用途，且该企业在整个合同期间内有权就累计至今已完成的履约部分收取款项。

商品具有不可替代的用途，是指因合同限制或实际可行性限制，企业不能轻易地将商品用于其他用途。当企业产出的商品只能提供给某特定客户，而不能被轻易地用于其他用途时，该商品就具有不可替代用途。

企业在整个合同期间内有权就累计至今已完成的履约部分收取款项，是指在由于客户或其他方原因终止合同的情况下，企业有权就累计至今已完成的履约部分收取能够补偿其已发生成本和合理利润的款项，并且该权利具有法律约束力。

（2）在某一时段内履行的履约义务的收入确认。对于在某一时段内履行的履约义务，企业应当在该段时间内按照履约进度确认收入，但是，履约进度不能合理确定的除外。企业按照履约进度确认收入时，通常应当在资产负债表日，按照合同的交易价格总额乘以履约进度，再扣除以前会计期间累计已确认的收入后的金额，确认为当期收入；同时，按照履约合同估计发生的总成本乘以履约进度，再扣除以前会计期间累计确认的合同成本后的金额，结转当期成本。用公式表示为：

本期确认的收入 = 合同总收入 × 本期末止履约进度 - 以前期间已确认的收入

本期确认的成本 = 合同总成本 × 本期末止履约进度 - 以前期间已确认的成本

企业应当视商品的性质不同，分别选择产出法或投入法确定恰当的履约进度，在确定履约进度时，应当扣除那些控制权尚未转移给客户的商品和服务。

①产出法。产出法是根据已转移给客户的商品对于客户的价值确定履约进度的方法，履约进度通常可采用实际测量的完工进度、评估已实现的结果、已达到的里程碑、时间进度、已完工或交付的产品等产出指标确定。企业在评估是否采用产出法确定履约进度时，应当考虑具体的事实和情况，并选择能够如实反映企业履约进度和向客户转移商品控制权的产出指标。当选择的产出指标无法计量控制权已转移给客户的商品时，不应采用产出法。

【例 10-8】 20×2 年 1 月 1 日，珠江公司与客户签订合同，对该客户厂房内使用的 80 台电风扇进行更换，合同价格为 40 000 元（不含税价）。截至 20×2 年 12 月 31 日，珠江公司共更换电风扇 50 台，剩余 30 台预计在 20×3 年 3 月 31 日之前完成。该合同仅包含一项履约义务，且该履约义务满足在某一时段内履行的条件。

本例中，珠江公司提供的更换电风扇的服务属于在某一时段内履行的履约义务，珠江公司按照已完成的工作量确定履约进度。因此，截至 20×2 年 12 月 31 日，该合同的履约进度为 62.5%（50÷80），珠江公司应确认的收入为 25 000 元（40 000×62.5%）。

产出法是根据能够代表向客户转移商品控制权的产出指标直接计算履约进度的，因此通常能够客观地反映履约进度。但是，产出法下有关产出指标的信息有时可能无法直接观察获得，企业为获得这些信息需要花费很高的成本，在这种情况下可采用投入法来确定履约进度。

②投入法。投入法是根据企业履行履约义务的投入确定履约进度的方法，通常可采用投入的材料数量、花费的人工工时或机器工时、发生的成本和时间进度等投入指标确定履约进度。当企业从事的工作或发生的投入是在整个履约期间内平均发生的，企业也可以按照直线法确认收入。

【例 10-9】 珠江公司经营一家健身俱乐部。20×2 年 3 月 1 日，某客户与珠江公司签订合同，成为珠江公司的会员，并向珠江公司支付会员费 3 600 元，合同约定，客户可在未来的 12 个月内在该俱乐部健身，没有次数限制。

本例中，客户在签约期间可随时到俱乐部健身，且没有次数限制，客户已使用俱乐部健身的次数不会影响其未来继续使用的次数。珠江公司在该合同下的履约义务是承诺在客户需要时随时准备为其提供健身服务，因此，该履约义务属于在某一时段内履行的履约义务，并且该履约义务在会员的签约期间内随时间的流逝而被履行。因此，珠江公司按照直线法确认收入，即每月应当确认的收入为 300 元（3 600÷12），截至 20×2 年 12 月 31 日，珠江公司应确认的收入为 3 000 元（300×10）。

如果客户购买的是确定数量的服务，例如在未来 12 个月内，客户可随时来健身俱乐部健身 200 次，则珠江公司的履约义务是为客户提供这 200 次健身服务，而不是随时准备为其提供健身服务的承诺。因此，珠江公司应当按照客户已使用健身服务的次数确认收入。

投入法所需要的投入指标虽然易于获得，但是，投入指标与企业向客户转移商品的控制权之间未必存在直接的对应关系。因此，企业在采用投入法确定履约进度时，应当扣除那些虽然已经发生、但是未导致向客户转移商品的投入。

实务中，通常按照成本法确定履约进度，成本法是指采用累计实际发生的成本占预计总成本的比例计算确定履约进度的方法。累计实际发生的成本包括企业向客户转移商品过程中所发生的直接成本和间接成本，如直接人工、直接材料、分包成本以及其他与合同相关的成本。企业在采用成本法确定履约进度时，如果已发生的成本并未反映企业履行履约义务的进度，或者已发生的成本与企业履行履约义务的进度不成比例，则需要对已发生的成本进行适当的调整。

对于在某一时段内履行的履约义务，只有当其履约进度能够合理确定时，才应当按照履约进度确认收入。企业如果无法获得确定履约进度所需的可靠信息，则无法合理地确定其履行履约义务的进度。当履约进度不能合理确定时，企业已经发生的成本预计能够得到补偿的，应当按照已经发生的成本金额确认收入，直到履约进度能够合理确定为止。

2. 在某一时点履行的履约义务

对于在某一时点履行的履约义务，企业应当在客户取得相关商品控制权的时点确认收入。在判断客户是否已取得商品控制权时，企业应当考虑下列五个迹象。

（1）企业就该商品享有现时收款权利，即客户就该商品负有现时付款义务。

（2）企业已将该商品的法定所有权转移给客户，即客户已拥有该商品的法定所有权。

（3）企业已将该商品实物转移给客户，即客户已占有该商品实物。

（4）企业已将该商品所有权上的主要风险和报酬转移给客户，即客户已取得该商品所有权上的主要风险和报酬。

（5）客户已接受该商品。

需要强调的是，在上述五个迹象中，并没有哪一个或哪几个迹象是决定性的，企业应当根据合同条款和交易实质进行分析，综合判断其是否将商品的控制权转移给客户以及何时转移的，从而确定收入确认的时点。此外，企业应当从客户的角度进行评估，而不应当仅考虑企业自身的看法。

三、收入的会计处理

（一）收入核算应设置的会计科目

企业为了核算各项收入的实现和成本的结转情况，需要设置“主营业务收入”“其他业务收入”“主营业务成本”“其他业务成本”等会计科目。为了单独反映已经发出，但尚未确认销售收入的商品成本，企业还应设置“发出商品”“委托代销商品”“分期收款发出商品”等会计科目。

1. 主营业务收入

主营业务收入科目核算企业在销售商品、提供劳务及让渡资产使用权等日常活动中所产生的收入。该科目贷方记录企业已实现的主营业务收入；借方记录期末转入“本年利润”的收入，销售折让和销售退回应冲减的收入记入该科目的借方或用红字记入该科目的贷方；期末结转后应无余额。本科目应按主营业务的种类设置明细账，进行明细核算。

（1）企业在履行了合同中的单项履约义务时，应按照已收或应收的合同价款，加上应收取的增值税额，借记“银行存款”“应收账款”“应收票据”“合同资产”等科目，按应确认的收入金额，贷记本科目，按应收取的增值税额，贷记“应交税费——应交增值税（销项税额）”“应交税费——待转销项税额”等科目。

（2）合同中存在企业为客户提供重大融资利益的，企业应按照应收合同价款，借记“长期应收款”等科目，按照假定客户在取得商品控制权时即以现金支付需支付的金额（即现销价格）确定的交易价格，贷记本科目，按其差额，贷记“未实现融资收益”科目；合同中存在客户为企业提供重大融资利益的，企业应按照已收合同价款，借记“银行存款”等科目，按照假定客户在取得商品控制权时即以现金支付的应付金额（即现销价格）确定的交易价格，贷记“合同负债”等科目，按其差额，借记“未确认融资费用”科目。涉及增值税的，还应进行相应的处理。

（3）企业收到的对价为非现金资产时，应按该非现金资产在合同开始日的公允价值，借记“存货”“固定资产”“无形资产”等有关科目，贷记本科目。涉及增值税的，还应进行相应的处理。

（4）期末，应将本科目的余额转入“本年利润”科目，结转后本科目应无余额。

2. 其他业务收入

其他业务收入科目核算企业确认的除主营业务活动以外的其他经营活动实现的收入，包括出租固定资产、出租无形资产、出租包装物和商品、销售材料、用材料进行非货币性交换（非货币性资产交换具有商业实质且公允价值能够可靠计量）或债务重组等实现的收入。企业（保险）经营受托管理业务收取的管理费收入，也通过本科目核算。本科目可按其他业务的种类进行明细核算。

其他业务收入的主要账务处理参见“主营业务收入”科目。

期末，应将本科目的余额转入“本年利润”科目，结转后本科目应无余额。

3. 主营业务成本

主营业务成本科目核算企业确认销售商品、提供服务等主营业务收入时应结转的成本。本科目可按主营业务的种类进行明细核算。

会计期末，企业应根据本期销售各种商品、提供各种服务等实际成本，计算应结转的主营业务成本，借记本科目，贷记“库存商品”“合同履约成本”等科目。采用计划成本或售价核算库存商品的，平时的营业成本按计划成本或售价结转，月末，还应结转本月销售商品应分摊的产品成本差异或商品进销差价。

期末，应将本科目的余额转入“本年利润”科目，结转后本科目无余额。

4. 其他业务成本

其他业务成本科目核算企业确认的除主营业务活动以外的其他经营活动所发生的支出，包括销售材料的成本、出租固定资产的折旧额、出租无形资产的摊销额、出租包装物的成本或摊销额等。除主营业务活动以外的其他经营活动发生的相关税费，在“税金及附加”科目核算。采用成本模式计量投资性房地产的，其投资性房地产计提的折旧额或摊销额，也通过本科目核算。本科目可按其他业务成本的种类进行明细核算。

企业发生的其他业务成本，借记本科目，贷记“原材料”“周转材料”等科目。期末，应将本科目的余额转入“本年利润”科目，结转后本科目无余额。

5. 合同履约成本

合同履约成本科目核算企业为履行当前或预期取得的合同所发生的、不属于其他企业会计准则规范范围且按照收入准则应当确认为一项资产的成本。企业因履行合同而产生的毛利不在本科目核算。本科目可按合同进行“服务成本”“工程施工”等明细核算。

企业发生上述合同履约成本时，借记本科目，贷记“银行存款”“应付职工薪酬”“原材料”等科目；对合同履约成本进行摊销时，借记“主营业务成本”“其他业务成本”等科目，贷记本科目。涉及增值税的，还应进行相应的处理。

本科目期末借方余额反映企业尚未结转的合同履约成本。按照收入准则确认为资产的合同履约成本，初始确认时摊销期限不超过一年或一个正常营业周期的，期末余额记入资产负债表“存货”项目；初始确认时摊销期限在一年或一个正常营业周期以上的，期末余额记入资产负债表“其他非流动资产”项目。

6. 合同资产

合同资产科目核算企业已向客户转让商品而有权收取对价的权利。仅取决于时间流逝因素的权利不在本科目核算。本科目应按合同进行明细核算。

企业在客户实际支付合同对价或在该对价到期应付之前，已经向客户转让了商品的，应当按因已转让商品而有权收取的对价金额，借记本科目或“应收账款”科目，贷记“主营业务收入”“其他业务收入”等科目；企业取得无条件收款权时，借记“应收账款”等科目，贷记本科目。涉及增值税的，还应进行相应的处理。

7. 合同负债

合同负债科目核算企业已收或应收客户对价而应向客户转让商品的义务。本科目应按合同进行明细核算。

企业在向客户转让商品之前，客户已经支付了合同对价或企业已经取得了无条件收取合同对价权利的，企业应当在客户实际支付款项与到期应支付款项孰早时点，按照该已收或应收的金额，借记“银行存款”“应收账款”“应收票据”等科目，贷记本科目；企业向客户转让相关商品时，借记本科目，贷记“主营业务收入”“其他业务收入”等科目。涉及增值税的，还应进行相应的处理。本科目期末贷方余额反映企业在向客户转让商品之前，已经收到的合同对价或已经取得的无条件收取合同对价权利的金额。

企业因转让商品收到的预收款适用收入准则进行会计处理时，不再使用“预收账款”科目及“递延收益”科目。

8. 发出商品

发出商品科目核算一般的销售方式下已经发出但尚未确认销售收入的商品成本。该科目借方记录发出商品的成本；贷方记录已实现销售的发出商品成本；余额在借方，表示尚未实现销售的发出商品成本。本科目应按销售对象设置明细账或设置备查簿，详细记录发出商品的数量、成本、售价、代垫运费、应收取的货款等有关情况。

9. 委托代销商品

委托代销商品科目核算企业委托其他单位代销的商品的实际成本。该科目借方记录发出委托其他单位代销的商品成本；贷方记录收到结算清单，确认收入后转销的商品成本；余额在借方，表示尚未实现收入的委托代销商品成本。本科目应按受托单位设置明细账，进行明细核算。

10. 分期收款发出商品

分期收款发出商品科目核算企业采用分期收款销售方式发出商品的实际成本。该科目借方记录采用分期收款销售方式发出商品的成本；贷方记录在每期销售实现时，按商品全部销售成本与全部销售收入的比率计算的本期应结转的商品销售成本；余额在借方，表示企业采用分期收款销售方式销售、尚未收到货款部分的已发出商品的实际成本。本科目应按销售对象设置明细账或设置备查簿，详细记录分期收款发出商品的数量、成本、售价、代垫运费、已收取的货款和尚未收取的货款等有关情况。

期末“发出商品”“委托代销商品”“分期收款发出商品”科目的余额，应并入资产负债表的“存货”项目反映。

（二）在某一时点履行履约义务的会计处理

在会计实务中，大多数情况下企业转让商品的交易签订的都是简单合同，履约义务单一，交易价格基本固定。在这种情况下，企业在应用五步法模型时，可以简化其中的某些步骤，比如在确定属于某一时点履行履约义务的前提下，重点关注企业是否已经履行了履约义务，即客户是否已经取得了相关商品的控制权，企业因向客户转让商品而有权取得的对价是否很可能收回。企业应当在客户取得相关商品控制权的时点确认收入的实现。

1. 现销方式

【例 10－10】 20×2 年 7 月 10 日，珠江公司与中正公司签订合同，采用现销方式向中正公司销售一批 A 商品。商品销售价格为 100 000 元，增值税税额为 13 000 元。珠江公司为中正公司开具了增值税专用发票并收取了货税款，商品已交付中正公司。珠江公司应编制如下会计分录：

借：银行存款　　113 000
　贷：主营业务收入　　100 000
　　　应交税费——应交增值税（销项税额）　　13 000

本例中，珠江公司采用现销方式销售商品，已将商品交付对方，这表明商品的控制权已经转移给购买方，款项已经收到，珠江公司应确认收入的实现。

2. 赊销方式

【例 10－11】 承 **【例 10－10】**，假设合同约定采用赊销方式销售 A 商品，赊销期为 60 天。珠江公司按合同约定发出商品，中正公司收到商品并验收入库。这表明珠江公司已经履行了合同中的履约义务，中正公司也已取得了商品的控制权，珠江公司应确认该笔销售收入，会计分录为：

借：应收账款　　113 000

贷：主营业务收入　　100 000
　　应交税费——应交增值税（销项税额）　　13 000

本例中，珠江公司已按合同约定发出商品，中正公司已取得商品控制权，珠江公司应确认相应的收入。

3. 预收款销售方式

【例 10－12】20×2 年 7 月 16 日，珠江公司与中正公司签订一份销售合同。合同约定，珠江公司采用预收款销售方式向中正公司销售 B 商品一批，该批商品的售价为 80 000 元，增值税税额为 10 400 元，实际成本为 48 000 元。中正公司在合同签订日预付商品售价的 50%，即 40 000 元；剩余价款及税额共 50 400 元于 2 个月后即 20×2 年 9 月 16 日全部付清。珠江公司在中正公司付清全部款项后，即向中正公司交付商品。该批商品的控制权在交货时转移给中正公司。根据以上资料，珠江公司应编制如下会计分录：

（1）20×2 年 7 月 16 日，预收中正公司货款时：

借：银行存款　　40 000
　贷：合同负债　　40 000

（2）20×2 年 9 月 16 日，收到中正公司支付剩余款项并交付商品时：

借：银行存款　　50 400
　　合同负债　　40 000
　贷：主营业务收入　　80 000
　　　应交税费——应交增值税（销项税额）　　10 400

同时，

借：主营业务成本　　48 000
　贷：库存商品　　48 000

本例中，珠江公司在预收款销售方式下，签订合同时先预收一半货款 40 000 元，2 个月后付清余款时才交付商品，在这种情况下，销售方在收到最后一笔货税款时才将商品的控制权转移给购买方，此时销售方才确认收入。

4. 委托代销方式

委托代销方式是指委托方和受托方签订代销合同或协议，委托受托方代销商品的一种销售方式。

委托方可以通过下列迹象判断一项合同安排是否在实质上属于委托代销：一是在特定事件发生之前，企业拥有对商品的控制权；二是企业能够要求将委托代销的商品退回或者将其销售给其他方；三是尽管受托方可能被要求向企业支付一定金额的押金，但是受托方并没有对这些商品承担无条件付款的义务。

受托方则应当根据在向客户转让商品前是否拥有对该商品的控制权，来判断其向客户转让商品时的身份是主要责任人还是代理人，从而确定其应当按照已收或应收客户对价总额确认收入，还是按照预期有权收取的代销手续费金额确认收入。

委托代销方式具体又可分为视同买断方式和支付手续费方式两种。

第一，视同买断方式。

视同买断方式是指委托方与受托方签订合同，委托方按合同价格收取代销商品的货款，受托方可自定销售价格，受托方实际售价与合同价之间的差额归受托方所有的一种代销方式。根据视同买断方式的特点，可以认为委托方在向受托方交付代销商品时，商品的控制权已经转移给了受托方。从受托方来看，由于已经取得了对代销商品的控制权，在向客户转让商品时，其身份是主要责任人，应当按照已收或应收客户对价总额确认销售商品收入；从委托方来看，应当根据受托方是否承担了对受托代销商品无条件付款的义务等迹象，判断该项合同安排是否在实质上属于委托代销安排，并进行相应的会计处理。

如果委托方和受托方之间的合同明确表明，受托方在取得代销商品后，无论是否能够卖出、是否获利，均与委托方无关，则可以认为受托方实际上已经承担了对受托代销商品无条件付款的义务，委托方和受托方之间的代销商品交易与委托方直接销售商品给受托方没有实质区别。委托方应于受托方取得代销商品控制权时确认销售收入，受托方应将取得的代销商品作为购进商品处理。

【例10－13】20×2年8月1日，珠江公司采用视同买断方式委托中正公司代销一批C商品。双方商定，该批商品的合同价为18 000元，增值税税额为2 340元；中正公司在取得代销商品后，无论是否能够卖出、是否获利，均与珠江公司无关；代销商品的实际售价由中正公司自定。珠江公司该批商品成本为12 600元。中正公司将该批商品按23 000元的价格售出，收取增值税2 990元，月末给珠江公司开出了代销清单。

（1）委托方珠江公司的会计处理：

①发出委托代销商品：

借：应收账款	20 340	
贷：主营业务收入		18 000
应交税费——应交增值税（销项税额）		2 340
借：主营业务成本	12 600	
贷：库存商品		12 600

②收到中正公司开来的代销清单及货款：

借：银行存款	20 340	
贷：应收账款		20 340

（2）受托方中正公司的会计处理：

①收到受托代销商品：

借：库存商品	18 000	
应交税费——应交增值税（进项税额）	2 340	
贷：应付账款		20 340

②售出代销商品：

借：银行存款	25 990	
贷：主营业务收入		23 000
应交税费——应交增值税（销项税额）		2 990
借：主营业务成本	18 000	
贷：库存商品		18 000

③按合同价将货款汇给珠江公司：

借：应付账款　　20 340

　贷：银行存款　　20 340

第二，支付手续费方式。

支付手续费方式是指委托方与受托方签订合同，受托方按照委托方规定的价格代销商品，并以合同约定的价格为基础与委托方结算已售商品货款，委托方根据代销商品的数量向受托方支付手续费的一种代销方式。支付手续费方式的主要特点是在受托方向其客户出售商品之前，委托方拥有对商品的控制权；受托方一般应按照委托方规定的价格销售商品，不得另行定价。

支付手续费方式是一种典型的委托代销安排。因此，委托方在向受托方交付代销商品时，不能确认收入，发出的代销商品转入“委托代销商品”科目或“发出商品”科目核算；收到受托方的代销清单时，根据代销清单所列的已售商品金额确认收入，支付的代销手续费计入当期销售费用。对于受托方，由于其在向客户转让商品前并不拥有对该商品的控制权，其向客户转让商品时的身份是代理人，因此对收到的代销商品应通过“受托代销商品”科目核算；受托方将受托代销的商品售出后，根据代销商品的数量和合同约定的收费方式，计算应向委托方收取的手续费，确认代销服务收入。

【例 10－14】20×2 年 8 月 10 日，珠江公司采用支付手续费方式委托中正公司代销一批 D 商品，商品成本为 16 000 元。合同约定，商品售价为 22 000 元，增值税为 2 860 元，商品售出后，珠江公司按不含税售价的 10% 向中正公司支付手续费，手续费适用的增值税税率为 6%。中正公司将该批商品售出后，给珠江公司开来了代销清单，珠江公司开具了增值税专用发票。

（1）委托方珠江公司的会计处理：

①发出委托代销商品时：

借：委托代销商品　　16 000

　贷：库存商品　　16 000

②收到中正公司开来的代销清单时：

借：应收账款　　24 860

　贷：主营业务收入　　22 000

　　　应交税费——应交增值税（销项税额）　　2 860

借：主营业务成本　　16 000

　贷：委托代销商品　　16 000

③计算确认代销手续费：

应付代销手续费 = 22 000 × 10% = 2 200（元）

增值税进项税额 = 2 200 × 6% = 132（元）

借：销售费用　　2 200

　　应交税费——应交增值税（进项税额）　　132

　贷：应收账款　　2 332

④收到中正公司汇来的货款：

借：银行存款　　22 528
　贷：应收账款　　22 528

（2）受托方中正公司的会计处理：

①收到受托代销商品时：

借：受托代销商品　　22 000
　贷：受托代销商品款　　22 000

②售出代销商品：

借：银行存款　　24 860
　贷：受托代销商品　　22 000
　　应交税费——应交增值税（销项税额）　　2 860

③收到增值税专用发票：

借：受托代销商品款　　22 000
　应交税费——应交增值税（进项税额）　　2 860
　贷：应付账款　　24 860

④计算确认代销手续费收入并结清代销商品款：

借：应付账款　　24 860
　贷：银行存款　　22 528
　　其他业务收入　　2 200
　　应交税费——应交增值税（销项税额）　　132

5. 销售折扣的会计处理

企业在销售商品的过程中有时会采取一些促销手段，如给予客户商业折扣、现金折扣等，有时也会因已出售的商品不符合质量要求等而在价格上给予客户一定的折让或者同意客户退货。当企业发生折扣、折让或退货时，需要对销售收入、销售成本或相关费用做相应的调整。

（1）商业折扣（commercial discount）也称折扣销售，指销售方为促销或因购货方购货数量较大等给予购货方的价格优惠，一般在商品标价基础上给予价格扣除。常见的商品打折销售就是商业折扣的例子。由于商业折扣发生在销售时而不是像现金折扣那样发生在销售收入确认之后，因此，企业在确认和计量收入时，应按扣除商业折扣后的金额入账。

【例 10－15】 20×2 年 6 月 1 日珠江公司采取促销活动，规定凡客户一次性购买其产品达到 50 000 元或以上的，给予 10% 的价格折扣。本月中正公司一次性购买了 100 000元的产品，珠江公司开出增值税专用发票，在同一张发票的金额栏分别注明销售额和折扣额，给予折扣后实收不含税销售额 90 000 元，增值税 11 700 元。货税款已存入银行。珠江公司的会计处理如下：

借：银行存款　　101 700
　贷：主营业务收入　　90 000
　　应交税费——应交增值税（销项税额）　　11 700

（2）现金折扣（cash discount）也称销售折扣，是指销货方在销售货物或提供劳务后，为鼓励购货方尽早偿还货款而许诺给予购货方的一种折扣优待。销售折扣通常表示为："2/10，1/20，n/30"，其含义为：付款期30天，若购货方在10天内付款，可获得2%的货款折扣；若在11～20天付款，则货款折扣为1%，21天以后付款，需全额支付。现金折扣主要发生在企业以赊销的方式销售商品及提供劳务的交易中。现金折扣的处理方法一般有两种：一种是总价法，即以未扣减现金折扣的金额确认销售收入和应收账款。这种方法是把现金折扣理解为鼓励客户尽早付款而给予的优惠。从融资的角度看，销售方给予客户的现金折扣属于一种理财费用，作为当期财务费用处理。另一种是净价法，即将扣除现金折扣后的金额确认为收入和应收账款。这种方法是假定客户一般都会得到现金折扣，因此放弃现金折扣只是例外情况。客户超过折扣期多付的金额，于收到账款时入账，作为冲减财务费用处理。《企业会计准则第14号——收入》规定采用总价法计量收入。

【例10－16】20×2年7月10日珠江公司销售一批商品给中正公司，合同约定商品售价为每件100元，共5 000件，增值税税率为13%，付款条件为2/10，n/30，双方约定现金折扣只按不含税的销售额计算。

①珠江公司销售商品时：

借：应收账款——中正公司	565 000	
贷：主营业务收入		500 000
应交税费——应交增值税（销项税额）		65 000

②假设于10天内收到中正公司的货款：

借：银行存款	550 000	
财务费用	10 000	
贷：应收账款——中正公司		565 000

③假设中正公司于15天之后才付款：

借：银行存款	565 000	
贷：应收账款——中正公司		565 000

6. 销售折让的会计处理

销售折让，指企业因售出商品的质量、规格、型号等不符合合同要求，与对方协商后，同意在不退货的情况下给予对方一定的让利。销售折让可能发生在企业确认收入之前，也可能发生在企业确认收入之后。在此主要介绍后者。

销售折让有两种会计处理方法。一是在确认销售时，对实际发生的销售折让通过设置"销售折让"科目核算，销售折让作为收入的抵减项目，在利润表中列入主营业务收入项目之后。二是不设置"销售折让"科目，当销售折让实际发生时，直接冲减发生当期的销售收入。实务中主要采用第二种方法。

【例10－17】20×2年8月1日珠江公司销售一批商品给中正公司，增值税发票上注明货款30 000元，增值税3 900元。中正公司收到商品后发现其规格型号与合同规定不符，提出退货要求。珠江公司与中正公司协商，如果不退货，同意给予其5%的折让，双方达成了协议，珠江公司开出红字增值税发票并做如下会计处理：

①销售商品时：

借：应收账款——中正公司　　33 900
　贷：主营业务收入　　30 000
　　　应交税费——应交增值税（销项税额）　　3 900

②发生销售折让时，开出红字增值税发票冲减收入及税金：

借：主营业务收入　　1 500
　　应交税费——应交增值税（销项税额）　　195
　贷：应收账款——中正公司　　1 695

7. 销售退回的会计处理

销售退回指企业销售的商品因质量等问题而发生退货情况。如果销售退回发生在确认收入之前，只需将已记入“发出商品”等科目的商品成本转回企业“产成品”或“库存商品”科目。如果销售退回发生在确认收入之后，分两种情况：一种是一般销售退回，即不属于资产负债表日后事项的销售退回；另一种是属于资产负债表日后事项的销售退回。

（1）一般销售退回，是指除资产负债表日后事项销售退回之外的退回。在实际进行销售退回处理时，如果原收入、成本已经结转，退回的商品当月正在销售，则冲减同种商品的收入、成本；如果当月没有该种商品销售，则以退回商品的金额冲减其他种类商品的收入、成本。

【例 10－18】珠江公司于 20×2 年 8 月 10 日收到（本年或以前年度）销售给中正公司的商品退货一批，珠江公司开出退货（红字）增值税发票，发票上注明货款 80 000 元，增值税 10 400 元。该批商品的成本为 48 000 元。珠江公司会计处理如下：

借：主营业务收入　　80 000
　　应交税费——应交增值税（销项税额）　　10 400
　贷：银行存款（应收账款）　　90 400
借：产成品（库存商品）　　48 000
　贷：主营业务成本　　48 000

（2）资产负债表日后事项的销售退回，指发生在资产负债表日至财务报表批准报出日之间的于资产负债表日之前销售的商品退回。对于这类退回，除应在退回当月做相关的账务处理外，还应作为资产负债表日后发生的调整事项重建报告年度的收入、成本与税金。

【例 10－19】珠江公司于 20×2 年 2 月 10 日收到 20×1 年 12 月 10 日出售给中正公司的商品退货一批，珠江公司开出退货（红字）增值税发票，发票上注明货款 40 000 元，增值税 5 200 元。该批商品的成本为 24 000 元。此项销售退回属于资产负债表日后事项。珠江公司的会计处理如下：

借：以前年度损益调整　　40 000
　　应交税费——应交增值税（销项税额）　　5 200
　贷：应收账款（银行存款）　　45 200
借：产成品（库存商品）　　24 000
　贷：以前年度损益调整　　24 000

其他会计分录和报表调整略。

（三）在某一时段内履行的履约义务的会计处理

一般情况下，企业对于其已向客户转让商品或提供服务而有权收取的对价金额，应当确认为合同资产或应收账款；对于其应向客户转让商品或提供服务的义务，应当按照已收或应收的金额确认合同负债。因同一合同下的合同资产和合同负债应当以净额列示，企业也可以设置“合同结算”总账科目，核算同一合同下在某一时段内履行履约义务的合同资产或合同负债。资产负债表日，“合同结算”总账科目的期末余额在借方的，在资产负债表中列示为“合同资产”或“其他非流动资产”项目；期末余额在贷方的，在资产负债表中列示为“合同负债”或“其他非流动负债”项目。

1. 提供服务下的收入业务

企业与客户签订的服务合同，满足在某一时段内履行履约义务的，相关收入应当在该履约义务履行的期间内确认。

【例 10－20】 20×2 年 1 月 1 日，珠江公司与中正公司签订一项保洁服务合同，合同约定珠江公司每周为中正公司的办公楼提供一次保洁服务，合同总价款为 300 000 元，合同期限为 3 年，每年年末支付一次服务费 100 000 元及相应的税率为 6% 的增值税。该履约义务符合客户在企业履约的同时即取得并消耗企业履约所带来的经济利益的条件，属于在某一时段内履行的履约义务，珠江公司按照完成的时间进度确定履约进度。20×2 年度和 20×3 年度实际发生服务成本分别为 62 000 元和 63 000 元。珠江公司会计处理如下：

（1）20×2 年 1 月 1 日至 12 月 31 日，实际发生服务成本时：

借：合同履约成本　　62 000

　贷：原材料、应付职工薪酬等　　62 000

（2）20×2 年 12 月 31 日，确认收入、结转履约成本以及结算价款时：

履约进度＝1/3

合同收入＝300 000×1/3＝100 000（元）

借：合同结算　　100 000

　贷：主营业务收入　　100 000

借：主营业务成本　　62 000

　贷：合同履约成本　　62 000

借：应收账款　　106 000

　贷：合同结算　　100 000

　　　应交税费——应交增值税（销项税额）　　6 000

借：银行存款　　106 000

　贷：应收账款　　106 000

（3）20×3 年 1 月 1 日至 12 月 31 日，实际发生服务成本时：

借：合同履约成本　　63 000

　贷：原材料、应付职工薪酬等　　63 000

（4）20×3 年 12 月 31 日，确认收入、结转履约成本以及结算价款时：

履约进度＝2/3

合同收入＝300 000×2/3－100 000＝100 000（元）

借：合同结算　　100 000
　贷：主营业务收入　　100 000
同时，
借：主营业务成本　　63 000
　贷：合同履约成本　　63 000
借：应收账款　　106 000
　贷：合同结算　　100 000
　　　应交税费——应交增值税（销项税额）　　6 000
借：银行存款　　106 000
　贷：应收账款　　106 000

本例中，珠江公司20×2年度实现合同毛利38 000元（100 000－62 000），20×3年度实现合同毛利37 000元（100 000－63 000）。

2. 建造合同下的收入业务

建造合同是指为建造一项或数项在设计、技术、功能、最终用途等方面密切相关的资产而订立的合同。建造合同的甲方为需求方，也称为客户，乙方为建造企业，也称为建造承包商。建造承包商在开展业务活动的过程中，通常是先有买主，后有标的，其建造或生产的产品通常具有如下特点：一是产品体积大，如建造的房屋、道路、桥梁等，或者生产的飞机、船舶、大型机械设备等；二是产品建造或生产周期长，往往要超越一个甚至几个会计年度；三是产品价值高，计量单位可能是百万元、千万元甚至亿元。因此，在实务中，建造承包商在开始建造或生产产品之前，通常要与需求方签订建造合同，确定包括产品造价、完成期限等在内的相关内容。

【例10－21】20×1年1月1日，珠江公司与中正公司签订一栋厂房建造工程合同，合同约定，该工程的总造价为30 000 000元，预计可能发生的总成本为20 000 000元。工程期限为3年，预计20×3年12月31日竣工。珠江公司负责工程的施工及全面管理，中正公司每年按照完工量与珠江公司结算一次工程价款。假定该建造工程整体构成单项履约义务，并属于在某一时段内履行的履约义务，珠江公司采用成本法确定履约进度，增值税税率为9%，不考虑其他相关因素。具体资料如表10－1所示。

表10－1　合同成本与价款结算一览表

单位：万元

项目	20×1年	20×2年	20×3年
累计实际发生的成本	800	1 400	2 000
预计完成合同尚需发生成本	1 200	600	—
当年结算合同价款	1 000	900	1 100
当年实际收到价款（不含税）	1 000	900	1 100
当年实际收到增值税额	90	81	99
履约进度	800/2 000＝40%	1 400/2 000＝70%	100%

假定珠江公司与中正公司结算时即发生增值税纳税义务，中正公司在实际支付工程价款时支付相应的增值税税款。

根据以上资料，珠江公司应编制如下会计分录：

(1) 20×1 年 1 月 1 日至 12 月 31 日，实际发生工程成本时：

20×1 年发生的合同成本 = 8 000 000（元）

借：合同履约成本	8 000 000	
贷：原材料、应付职工薪酬等		8 000 000

(2) 20×1 年 12 月 31 日，确认收入、结转履约成本以及结算价款时：

20×1 年确认的合同收入 = 30 000 000 × 40% = 12 000 000（元）

借：合同结算	12 000 000	
贷：主营业务收入		12 000 000

同时，

借：主营业务成本	8 000 000	
贷：合同履约成本		8 000 000
借：应收账款	10 900 000	
贷：合同结算		10 000 000
应交税费——应交增值税（销项税额）		900 000
借：银行存款	10 900 000	
贷：应收账款		10 900 000

(3) 20×2 年 1 月 1 日至 12 月 31 日，实际发生工程成本时：

20×2 年发生的合同成本 = 14 000 000 − 8 000 000 = 6 000 000（元）

借：合同履约成本	6 000 000	
贷：原材料、应付职工薪酬等		6 000 000

(4) 20×2 年 12 月 31 日，确认收入、结转履约成本以及结算价款时：

20×2 年确认的合同收入 = 30 000 000 × 70% − 12 000 000 = 9 000 000（元）

借：合同结算	9 000 000	
贷：主营业务收入		9 000 000

同时，

借：主营业务成本	6 000 000	
贷：合同履约成本		6 000 000
借：应收账款	9 810 000	
贷：合同结算		9 000 000
应交税费——应交增值税（销项税额）		810 000
借：银行存款	9 810 000	
贷：应收账款		9 810 000

(5) 20×3 年 1 月 1 日至 12 月 31 日，实际发生工程成本时：

20×3 年实际发生的合同成本 = 20 000 000 − 14 000 000 = 6 000 000（元）

借：合同履约成本	6 000 000	

贷：原材料、应付职工薪酬等　　　　6 000 000

（6）20×3 年 12 月 31 日，确认收入、结转履约成本以及结算价款时：

20×3 年确认的合同收入 = 30 000 000 - 12 000 000 - 9 000 000 = 9 000 000（元）

借：合同结算　　　　9 000 000

贷：主营业务收入　　　　9 000 000

同时，

借：主营业务成本　　　　6 000 000

贷：合同履约成本　　　　6 000 000

借：应收账款　　　　9 810 000

贷：合同结算　　　　9 000 000

应交税费——应交增值税（销项税额）　　　　810 000

借：银行存款　　　　9 810 000

贷：应收账款　　　　9 810 000

本例中，珠江公司 20×1 年实现合同毛利 4 000 000 元（12 000 000 - 8 000 000），20×2 年实现合同毛利 3 000 000 元（9 000 000 - 6 000 000），20×3 年实现合同毛利 3 000 000元（9 000 000 - 6 000 000）。

第二节　利润及利润分配

一、利润及其构成

（一）利润的概念

利润是指企业在一定会计期间的经营成果，是综合反映企业在一定会计期间内所取得的经营成果的重要指标，通常将利润指标分为营业利润、利润总额和净利润等，以分别反映相应的经营成果。

营业利润反映企业日常活动取得的经营成果，是收入减去费用后的净额。利润总额反映企业在日常活动和非日常活动中形成的经营成果，是在营业利润的基础上加上直接计入当期利润的利得和损失。直接计入当期利润的利得和损失反映的是企业非日常活动的经营成果，是指应当计入当期损益的利得或者损失。净利润是企业利润总额扣除所得税费用后形成的经营成果。

由于利润包括收入减去费用后的净额、直接计入当期利润的利得和损失等，利润的确认与计量取决于收入和费用以及直接计入当期利润的利得和损失的确认与计量。

（二）利润的构成

1. 营业利润

营业利润是企业一定期间通过日常活动取得的经营成果。营业利润的具体构成，可用公式表示如下：

营业利润 = 营业收入 - 营业成本 - 税金及附加 - 销售费用 - 管理费用 - 研发费用 -

财务费用－资产减值损失－信用减值损失＋其他收益±投资损益±公允价值变动损益±资产处置损益

营业收入是指企业在日常活动中所实现的经营业务收入，包括主营业务收入和其他业务收入。

营业成本是指企业在日常活动中所发生的经营业务成本，包括主营业务成本和其他业务成本。

税金及附加是指企业在日常活动中应负担的税金及附加费用，如消费税、城市维护建设税、资源税、教育费附加、房产税、城镇土地使用税、车船税、印花税、契税等。

研发费用是指企业在研究与开发过程中发生的支出费用化部分，核算中计入管理费用，在利润表中将其从管理费用中分离出来，单独列报。

资产减值损失是指资产的可收回金额低于其账面价值的差额。

信用减值损失是指企业按规定计提的金融工具预期信用损失。

其他收益是指与企业日常活动相关，但不宜冲减成本费用而应计入其他收益的政府补助。政府补助是指企业从政府处无偿取得的货币性资产或非货币性资产，包括政府对企业的无偿拨款、税收返还、财政贴息等。

投资损益是指企业在交易性金融资产投资、债权投资、其他债权投资、其他权益工具投资、长期股权投资等中确认的投资收益或投资损失。

公允价值变动损益是指企业交易性金融资产、交易性金融负债以及采用公允价值计量模式的投资性房地产等资产或负债，其公允价值变动形成的应当计入当期损益的利得或损失。

资产处置损益是指企业出售划分为持有待售的（金融资产、长期股权投资和投资性房地产除外）非流动资产或处置组（子公司和业务除外）时确认的处置利得或损失，以及处置未划分为持有待售的固定资产、在建工程、无形资产等而产生的处置利得或损失。

2. 利润总额

利润总额是指企业一定期间的营业利润，加上营业外收入减去营业外支出后的利润，即：

利润总额＝营业利润＋营业外收入－营业外支出

营业外收入和营业外支出是指企业发生的与日常活动无直接关系的各项利得或损失。营业外收入与营业外支出虽然与企业日常生产经营活动无直接关系，但同样是企业经济利益的流入或流出，从而构成利润的一部分。

（1）营业外收入，是指企业取得的与日常活动没有直接关系的各项利得。营业外收入是企业的非日常活动产生的，因此不能纳入企业的营业利润，营业外收入属于企业的利得，是无须付出代价确定的所得，即不是由企业消耗经营资金而产生的，因此营业外收入不需要与企业的费用进行配比，也不需要与企业的营业外支出进行配比，营业外收入以纯收入或净收益反映。

营业外收入主要包括非流动资产毁损报废利得、债务重组利得、罚没利得、政府补助利得、无法支付的应付款项、接受捐赠利得、财产盘盈利得等。

①非流动资产毁损报废利得，是指因自然灾害等发生毁损、已丧失使用功能而报废的固定资产等非流动资产所产生的清理净收益。

②债务重组利得，是指企业在进行债务重组时，债务人重组债务的账面价值高于用于偿债的现金及非现金资产公允价值、债权人放弃债权而享有股份的公允价值、重组后债务的账面价值的差额所形成的利得。

③罚没利得，是指企业收取的滞纳金、违约金以及其他形式的罚款，在弥补了由于对方违约而造成的经济损失后的净收益。

④政府补助利得，是指企业取得的与其日常活动无关的政府补助，如企业因遭受重大自然灾害而获得的政府补助。

⑤无法支付的应付款项，是指由于债权单位撤销或其他原因而无法支付，按规定程序报经批准后转入当期损益的应付款项。

⑥接受捐赠利得，是指企业接受外部现金和非现金资产捐赠而获得的利得。

⑦财产盘盈利得，是指企业在财产清查中发现的库存现金实存数额超过账面数额而获得的资产溢余利得。

（2）营业外支出，是指企业发生的与日常活动没有直接关系的各项损失。营业外支出不是企业经常会发生或者重复会发生的业务，因此，与营业外收入一样，营业外支出也不纳入企业的营业利润。营业外支出不是企业经营资金的消耗，是不产生收入的支出，因此，营业外支出不需要与企业的收入进行配比，也不需要与营业外收入进行配比。营业外支出以纯损失或净损失反映。

营业外支出主要包括非流动资产毁损报废损失、债务重组损失、罚款支出、捐赠支出、非常损失、盘亏损失等。

①非流动资产毁损报废损失，包括固定资产毁损报废损失和无形资产报废损失。固定资产毁损报废损失，是指固定资产毁损报废所得清理价款扣除其账面价值、清理费用和相关税费后发生的净损失。无形资产报废损失是指无形资产报废转销其账面价值发生的损失。

②债务重组损失，是指企业在进行债务重组时，债权人重组债权的账面价值高于接受抵债取得的现金及非现金资产公允价值、放弃债权而享有股份的公允价值、重组后债权的账面价值的差额所形成的损失。

③罚款支出，是指企业因违反法律法规或合同协议等规定而支付的罚款、违约金、滞纳金、赔偿款等支出。

④捐赠支出，是指企业对外进行公益性和非公益性捐赠而付出资产的公允价值。

⑤非常损失，是指企业因水灾、火灾等非常事项造成的财产损失，在扣除保险公司赔款和残料价值后，应计入当期损益的净损失。

⑥盘亏损失，是指企业在财产清查中发现的固定资产实存数少于账面数而发生的资产短缺损失。

营业外收入和营业外支出之间没有因果关系，因此，不得以营业外支出直接冲减营业外收入，营业外收入与营业外支出应当分别核算。

3. 净利润

净利润是指企业一定期间的利润总额减去所得税费用后的净额，用公式表示是：

净利润 = 利润总额 − 所得税费用

所得税费用是指企业按照企业会计准则的规定确认的应从当期利润总额中扣除的当期所得税费用和递延所得税费用。

二、利润的结转

为了核算企业当期实现的利润或发生的亏损，企业应设置“本年利润”科目。会计期末，企业应将各损益类科目的余额转入“本年利润”科目，结平各损益类科目。结转收入类科目的贷方余额时，借记“主营业务收入”“其他业务收入”“其他收益”“营业外收入”等科目，贷记“本年利润”科目；结转支出类科目的借方余额时，借记“本年利润”科目，贷记“主营业务成本”“其他业务成本”“税金及附加”“销售费用”“管理费用”“财务费用”“资产减值损失”“信用减值损失”“营业外支出”“所得税费用”等科目。“投资收益”“公允价值变动损益”“资产处置损益”科目如为贷方余额，借记“投资收益”“公允价值变动损益”“资产处置损益”科目，贷记“本年利润”科目；如为借方余额，做相反的会计分录。

期末结转损益类科目余额后，“本年利润”科目如为贷方余额，反映年初至本期末累计实现的净利润；如为借方余额，反映年初至本期末累计发生的净亏损。年度终了，企业应将本年实现的净利润，转入“利润分配——未分配利润”科目，借记“本年利润”科目，贷记“利润分配——未分配利润”科目；如果为净亏损，做相反的会计分录。结转后，“本年利润”科目应无余额。

【例 10 − 22】珠江公司 20×2 年 12 月 31 日有关损益类账户结账前的余额如表 10 − 2 所示，假定珠江公司中期期末不结转损益类账户，年末一次性结转。

表 10 − 2 损益类账户年末余额表

单位：元

账户名称	借方余额	贷方余额
主营业务收入		6 000 000
其他业务收入		1 600 000
其他收益		700 000
公允价值变动损益		500 000
投资收益		900 000
营业外收入		290 000

（续上表）

账户名称	借方余额	贷方余额
主营业务成本	3 600 000	
其他业务成本	1 100 000	
税金及附加	330 000	
销售费用	380 000	
管理费用	320 000	
财务费用	180 000	
资产减值损失	110 000	
信用减值损失	90 000	
资产处置损益	100 000	
营业外支出	210 000	
所得税费用	860 000	
合计	7 280 000	9 990 000

珠江公司结转损益类账户的会计处理如下：

①20×2 年 12 月 31 日，结转本年各收入、利得类账户余额：

借：主营业务收入　　6 000 000
　　其他业务收入　　1 600 000
　　其他收益　　700 000
　　公允价值变动损益　　500 000
　　投资收益　　900 000
　　营业外收入　　290 000
　贷：本年利润　　9 990 000

②20×2 年 12 月 31 日，结转本年各费用、损失类账户余额：

借：本年利润　　7 280 000
　贷：主营业务成本　　3 600 000
　　　其他业务成本　　1 100 000
　　　税金及附加　　330 000
　　　销售费用　　380 000
　　　管理费用　　320 000
　　　财务费用　　180 000
　　　资产减值损失　　110 000
　　　信用减值损失　　90 000
　　　资产处置损益　　100 000
　　　营业外支出　　210 000
　　　所得税费用　　860 000

③20×2 年 12 月 31 日，结转本年净利润：

借：本年利润　　　　　　　　　　　　　　　　　　　2 710 000

　贷：利润分配——未分配利润　　　　　　　　　　　　2 710 000

珠江公司 20×2 年度实现利润情况计算如下：

营业利润 =(6 000 000+1 600 000+700 000+500 000+900 000)-(3 600 000+1 100 000+330 000+380 000+320 000+180 000+110 000+90 000+100 000)

=9 700 000-6 210 000

=3 490 000（元）

利润总额 =3 490 000+290 000-210 000=3 570 000（元）

净利润 =3 570 000-860 000=2 710 000（元）

本年实现的净利润 2 710 000 元转入“利润分配——未分配利润”科目后，有关利润分配的核算通过“利润分配——未分配利润”账户进行。

第三节　所得税会计

一、所得税会计概述

企业会计准则和企业所得税法是基于不同的目的、依据不同的原则制定的。在我国，制定企业会计准则的目的在于全面、真实地反映企业的财务状况、经营成果和现金流量等，为投资者、债权人以及其他会计信息使用者提供对其决策有用的信息。企业所得税法则是以课税为目的，根据国家有关税收法律法规的规定，确定一定时期内企业的应纳税所得额，以对企业的经营所得进行征税。会计的确认、计量、报告应当遵从企业会计准则的规定，而企业纳税则需要遵从税法的规定。

（一）会计利润与应纳税所得额的差异

会计利润是企业按照企业会计准则的规定，采用一定的会计程序和方法计算确定的税前利润总额。应纳税所得额是按照企业所得税法的规定，以一定期间的应税收入减去税法准予扣除的项目金额后计算的应税所得。

由于企业会计准则与企业所得税法在资产负债的计量标准、收入费用的确认原则等方面存在差异，造成企业一定时期按照企业会计准则确认的会计利润与按照企业所得税法计算的应纳税所得额往往存在差异。二者之间的差异，按其性质不同可分为永久性差异和暂时性差异。

1. 永久性差异

永久性差异是指某一会计期间，由于企业会计准则和企业所得税法在计算收益、费用或损失时的口径不同所产生的税前会计利润与应纳税所得额之间的差异。这种差异在本期发生，不会在以后各期转回。例如，企业购买国债取得的利息收入在会计上作为投资收益，计入当期利润，但根据企业所得税法规定，国债利息收入免税，不计入应纳税所得额；又如，企业直接支付给受赠人的捐赠款，在会计核算上作为营业外支出，在计算当期利润时可以扣除，但根据税法的规定，直接捐赠不允许在所得税前扣除。只要会计与税法的规定不变，这些差异不会在以后转回，属于永久性差异。

2. 暂时性差异

暂时性差异是指由于企业会计准则和企业所得税法在确认收益、费用或损失时的时间不同而产生的税前会计利润与应纳税所得额的差异，这种差异发生于某一会计期间，但在以后一期或若干期内能够转回。例如，按照企业会计准则的规定，交易性金融资产期末应以公允价值计量，公允价值的变动计入当期损益，但按照企业所得税法的规定，金融资产在持有期间的公允价值变动属于未实现的损益，不计入应纳税所得额，待处置金融资产时再确认损益计税，因此造成会计和税法对交易性金融资产的损益确认时间不同。又如，按照企业会计准则的规定，对于提供产品质量担保的销售，在确认销售收入的期间，计提保修费用，借记销售费用，贷记预计负债，因此减少了当期利润，但按照企业所得税法的规定，预计的费用不得在税前扣除，待实际发生时可以扣除，因此造成费用确认时间的不同。这种差异是因双方确认损益的时间不同造成的，一方先确认，一方后确认，因此称为暂时性差异。

（二）所得税的会计处理方法

如果会计利润与应纳税所得额之间仅存在永久性差异，只要根据确定的应纳税所得额和适用税率，计算当期应交所得税，并确认为当期所得税费用即可，会计处理非常简单。但如果还存在暂时性差异，则所得税的会计处理方法有两种：应付税款法和纳税影响会计法。

1. 应付税款法

应付税款法是指企业不确认暂时性差异对所得税的影响金额，按照当期计算的应交所得税确认当期所得税费用的方法。在这种方法下，当期确认的所得税费用等于当期应交所得税。

应付税款法的会计处理比较简便，但不符合权责发生制原则。因此，我国企业会计准则不允许采用这种方法。

2. 纳税影响会计法

纳税影响会计法是指企业确认暂时性差异对所得税的影响金额，按照当期应交所得税和暂时性差异对所得税影响金额的合计确认所得税费用的方法。采用纳税影响会计法进行会计处理，暂时性差异对所得税的影响金额需要递延和分配到以后各期，即采用跨期摊配的方法逐渐确认和依次转回暂时性差异对所得税的影响金额。

在纳税影响会计法下，交易或事项在某一会计期间确认，与其相关的所得税费用也在该期间确认，同一会计期间的会计利润与所得税费用相互配比，更符合权责发生制原则和配比原则。

在采用纳税影响会计法进行所得税的会计处理时，按照税率变动是否需要对已入账的递延所得税项目进行调整，又分为递延法和债务法两种会计处理方法。

（1）递延法。递延法是指在产生暂时性差异时，均按当期的适用税率计算确认对所得税的影响金额并作为递延所得税项目确认入账，在税率发生变动的情况下，不需要按未来适用税率调整已入账的递延所得税项目，待转回暂时性差异对所得税的影响金额时，按照原确认递延所得税项目时的适用税率计算并予以转销的一种会计处理方法。

（2）债务法。债务法是指在产生暂时性差异时，均按当期的适用税率计算确认对所得税的影响金额并作为递延所得税项目确认入账，在税率发生变动的情况下，需要按未来转回暂时性差异对所得税的影响金额期间的适用税率调整已入账的递延所得税项目，待转回暂时性差异对所得税的影响金额时，按照转回期间适用税率计算并予以转销的一种会计处理方法。

2006 年，我国颁布了《企业会计准则第 18 号——所得税》，要求所得税会计处理统一采用资产负债表债务法。

二、资产负债表债务法

（一）资产负债表债务法的概念及原理

资产负债表债务法是从资产负债表出发，通过比较资产负债表上列示的资产、负债，按照企业会计准则规定确定的账面价值与按照税法规定确定的计税基础，对于两者之间的差异，分成应纳税暂时性差异与可抵扣暂时性差异，确认相关的递延所得税负债与递延所得税资产，并在此基础上确定每一会计期间利润表中的所得税费用。

资产负债表债务法以资产负债观为理论基础，从资产负债表中分析产生暂时性差异的原因及其性质，将其对未来所得税的影响分别确认递延所得税资产和递延所得税负债，并在此基础上倒推出所得税费用。

从资产负债表角度考虑，资产的账面价值代表的是企业在持续持有及最终处置某项资产的一定期间内，该项资产能够为企业带来的未来经济利益，而其计税基础代表的是在这一期间内，就该项资产按照税法规定可以税前扣除的金额。一项资产的账面价值小于其计税基础的，表明该项资产于未来期间产生的经济利益流入低于按照税法规定允许税前扣除的金额，产生可抵减未来期间应纳税所得额的因素，减少未来期间以应交所得税的方式流出企业的经济利益，应确认为资产；反之，一项资产的账面价值大于其计税基础的，两者之间的差额将会于未来期间产生应税金额，增加未来期间的应纳税所得额及应交所得税，对企业形成经济利益流出的义务，应确认为负债。

（二）资产负债表债务法的核算程序

采用资产负债表债务法核算所得税的情况下，企业一般应于每一资产负债表日进行所得税的核算。发生特殊交易或事项时，如企业合并，在确认因交易或事项取得的资产、负债时即应确认相关的所得税影响。资产负债表债务法核算的一般程序如下：

1. 确定资产和负债的账面价值

资产、负债的账面价值是指企业按照企业会计准则的规定进行核算后在资产负债表中列示的金额。例如，企业某年末应收账款账面余额为 300 万元，期末企业对该应收账款计提了 12 万元的坏账准备，则应收账款的账面价值为 288 万元，该金额即为应收账款在资产负债表中应列示的金额。

企业应对资产负债表中除递延所得税资产和递延所得税负债以外的其他资产和负债项目，按照企业会计准则的规定确定账面价值。

2. 确定资产和负债的计税基础

企业应按照企业会计准则中对于资产和负债计税基础的确定方法，以适用的税收法规为基础，确定资产负债表中有关资产、负债项目的计税基础。

3. 确定递延所得税

比较资产、负债的账面价值与其计税基础，对于两者之间存在差异的，分析其性质，除企业会计准则中规定的特殊情况外，分成应纳税暂时性差异和可抵扣暂时性差异，并乘以适用的所得税税率，确定资产负债表日递延所得税负债和递延所得税资产的应有金额，再与期初递延所得税负债和递延所得税资产的余额相比，确定当期应予进一步确认的递延所得税资产和递延所得税负债金额或应予转销的金额，作为构成利润表中所得税费用的其中一个组成部分——递延所得税。

4. 确定当期所得税

企业应按照适用的税法规定，计算确定当期应纳税所得额，将应纳税所得额与适用的所得税税率计算的结果确认为当期应交所得税，作为利润表中应予确认的所得税费用的另外一个组成部分——当期所得税。

5. 确定利润表中的所得税费用

利润表中的所得税费用由当期所得税和递延所得税两个部分组成。企业在计算确定了当期所得税和递延所得税后，将两者之和（或之差）作为利润表中的所得税费用。

三、资产和负债的计税基础

确定资产、负债的计税基础是所得税会计的关键。企业应严格按照税收法规中对于资产的税务处理以及可税前扣除项目等的规定来确定。

（一）资产的计税基础

资产的计税基础是指企业收回资产账面价值的过程中，计算应纳税所得额时按照税法规定可以自应税经济利益中抵扣的金额，即某一项资产在未来期间计税时按照税法规定可以税前扣除的金额。

资产在初始确认时，其计税基础一般为取得成本，即企业为取得某项资产支付的成本在未来期间准予税前扣除。通常情况下，资产在初始确认时，会计认定的入账金额（即账面价值）与税法认定的计税基础是一致的，均为资产的取得成本。在资产持续持有的过程中，其计税基础是指资产的取得成本减去以前期间按照税法规定已经税前扣除的金额后的余额，该余额代表的是按照税法规定，就涉及的资产在未来期间计税时仍然可以税前扣除的金额。如固定资产在某一资产负债表日的计税基础是指其成本扣除按照税法规定已在以前期间税前扣除的累计折旧后的金额。而资产的账面价值是指在资产持续持有的过程中，资产的取得成本减去以前期间按照企业会计准则规定已经在计算利润时扣除的金额后的余额，该余额代表的是按照企业会计准则规定，就涉及的资产在未来期间计算利润时仍然可以扣除的金额。如固定资产在某一资产负债表日的账面价值是指其成本扣除按照企业会计准则规定已在以前期间计算利润时扣除的累计折旧和固定资产减值准备后的金额。

资产负债表中常见资产项目计税基础的确定如下：

1. 固定资产

企业以各种方式取得的固定资产，初始确认时按照企业会计准则规定确定的入账价值基本上是被税法认可的，即取得时其账面价值一般等于计税基础。

固定资产在持有期间进行后续计量时，企业会计准则规定按照“成本—累计折旧—固定资产减值准备”进行计量，税法规定按照“成本—按照税法规定已在以前期间税前扣除的折旧额”进行计量。由于会计与税法处理规定的不同，导致固定资产的账面价值与计税基础产生差异。差异产生的主要原因是采用了不同的折旧方法、折旧年限以及固定资产减值准备的提取。

（1）因折旧方法或折旧年限不同导致的差异。企业会计准则规定，企业应当根据与固定资产有关的经济利益的预期实现方式合理选择折旧方法，可供选择的方法有直线法、双倍余额递减法和年数总和法；折旧年限是由企业根据固定资产的性质和使用情况合理确定的。税法一般规定按照直线法计提折旧，只有一些符合规定条件的固定资产可采用加速折旧法。另外，税法还就每一类固定资产的折旧年限做出了规定。如果企业进行会计处理时采用的折旧方法或确定的折旧年限与税法规定的不同，就会产生固定资产持有期间账面价值与计税基础的差异。

（2）因计提固定资产减值准备导致的差异。按照企业会计准则，企业在持有固定资产的期间可能对固定资产计提减值准备，但税法规定在资产发生实质性损失前不允许税前扣除预计的减值损失，这也会造成固定资产的账面价值与计税基础的差异。

【例 10－23】珠江公司于 20×1 年末购入一台设备，实际成本为 500 万元，预计使用寿命为 10 年，采用直线法计提折旧，预计降残值为 0。假定税法规定的折旧年限、折旧方法及净残值与企业会计准则规定的相同。20×2 年年末，珠江公司估计这台设备的可收回金额为 480 万元。20×2 年 12 月 31 日，珠江公司确定该项固定资产的账面价值和计税基础为：

账面价值＝500－500÷10－20＝430（万元）

计税基础＝500－500÷10＝450（万元）

该项固定资产的账面价值 430 万元与其计税基础 450 万元之间产生的 20 万元差额，在未来期间会减少企业的应纳税所得额和应交所得税。

2. 无形资产

除内部研究开发形成的无形资产以外，以其他方式取得的无形资产，初始确认时按照企业会计准则规定确定的入账价值与按照税法规定确定的成本之间一般不存在差异。无形资产的账面价值与计税基础之间的差异主要产生于内部研究开发形成的无形资产以及使用寿命不确定的无形资产。

（1）内部研究开发形成的无形资产导致的差异。企业会计准则规定内部研究开发活动分为两个阶段，研究阶段的支出应当费用化计入当期损益，开发阶段符合资本化条件以后至达到预定用途前发生的支出应当资本化作为无形资产的成本。对于研究开发费用的税前扣除，税法中规定企业为开发新技术、新产品、新工艺发生的研究开发费用，未形成无形资产计入当期损益的，在按照规定据实扣除的基础上，可加计 75% 扣除；形成无形资产的，按照无形资产成本的 175% 摊销。同时所得税准则规定，如该无形资产的确认不是产生于合并交易，在确认时既不影响会计利润也不影响应纳税所得额的，不确认有关暂时性差异的所得税影响。

（2）使用寿命不确定的无形资产导致的差异。无形资产在后续计量时，会计与税收的差异主要产生于对无形资产是否需要摊销及无形资产减值准备的提取。

企业会计准则规定，无形资产应根据使用寿命情况区分为使用寿命有限的无形资产与使用寿命不确定的无形资产。对于使用寿命不确定的无形资产，不要求摊销，但在持有期间应每年进行减值测试。税法中没有界定使用寿命不确定的无形资产，规定除外购商誉外所有的无形资产成本均应在一定期间内摊销。

对于使用寿命不确定的无形资产，会计处理时不予摊销，但计税时其按照税法规定确定的摊销额允许税前扣除，造成该类无形资产的账面价值与计税基础的差异。

（3）因计提无形资产减值准备导致的差异。企业会计准则规定，企业在持有无形资产期间，如果无形资产发生了减值，应当对无形资产计提减值准备，计提资产减值准备后无形资产账面价值随之下降。但税法对会计计提的无形资产减值准备在形成实质性损失前不允许税前扣除，即无形资产的计税基础不会随减值准备的提取发生变化，从而造成无形资产的账面价值与计税基础的差异。

【例 10－24】 20×1 年 1 月 1 日，珠江公司购入一项商标权，实际成本为 300 万元，预计使用年限为 10 年，采用直线法摊销。假定税法有关使用年限、摊销方法的规定与会计相同。20×2 年年末，珠江公司估计该商标权的可收回金额为 220 万元。20×2 年 12 月 31 日，珠江公司确定的该项无形资产的账面价值和计税基础如下：

计提减值准备前的账面价值＝300－300÷10×2＝240（万元）

应计提的减值准备＝240－220＝20（万元）

计提减值准备后的账面价值＝240－20＝220（万元）

计税基础＝300－300÷10×2＝240（万元）

该项无形资产因计提减值准备，导致其账面价值小于计税基础 20 万元，该差额将于未来期间减少企业的应纳税所得额。

3. 以公允价值进行后续计量的金融资产

以公允价值进行后续计量的资产，主要有以公允价值计量且其变动计入当期损益的金融资产、以公允价值计量且其变动计入其他综合收益的金融资产、采用公允价值模式进行后续计量的投资性房地产等，按照企业会计准则的规定，这类资产在某一会计期末的账面价值为该时点的公允价值。税法规定，企业以公允价值计量的金融资产、金融负债以及投资性房地产等，持有期间公允价值的变动不计入应纳税所得额，在实际处置或结算时，处置取得的价款扣除其历史成本后的差额应计入处置或结算期间的应纳税所得额。按照该规定，有关金融资产在某一会计期末的计税基础仍为其取得成本，计税时不考虑在资产持有期间市价波动引起的损益，从而造成在公允价值变动的情况下，对以公允价值计量的资产账面价值与计税基础之间的差异。

【例 10－25】 20×2 年 3 月 1 日，珠江公司自公开市场购入中正公司股票 300 万股，支付价款 1 200 万元，作为交易性金融资产核算。20×2 年 12 月 31 日，该股票的市价为 1 320 万元。20×2 年 12 月 31 日，珠江公司确定该项交易性金融资产的账面价值和计税基础如下：

账面价值＝期末公允价值＝1 320 万元

计税基础＝初始入账成本＝1 200 万元

该项金融资产因按公允价值进行后续计量，导致其账面价值大于计税基础 120 万元，该差异在未来期间转回时会增加未来期间的应纳税所得额，导致企业应交所得税的增加。

4. 长期股权投资

按照企业会计准则的规定，长期股权投资的核算方法分为成本法和权益法。在成本法下，除计提减值准备外，税法对长期股权投资认定的计税基础与会计认定的账面价值是一致的，两者不会产生差异。在权益法下，长期股权投资的账面价值会随着初始投资成本的调整、投资损益的确认、利润分配，应享有被投资单位其他综合收益及其他权益变动的确认而发生相应的变动，但税法中对于长期股权投资并没有权益法的概念，税法对于投资资产的处理，要求在转让或处置投资资产时，按取得投资时确定的实际投资成本予以扣除，即长期股权投资的计税基础为其投资成本。由此导致了长期股权投资的账面价值与计税基础之间产生差异。

5. 其他资产

因企业会计准则规定与企业所得税法的规定不同，企业持有的其他资产可能造成其账面价值与计税基础之间存在差异的，如存货、金融资产、长期股权投资、投资性房地产等，如果计提了资产减值准备，同样会导致其账面价值与计税基础之间产生差异。

（二）负债的计税基础

负债的计税基础，是指负债的账面价值减去未来期间计算应纳税所得额时按照税法规定可予抵扣的金额。用公式表示为：

负债的计税基础 = 负债的账面价值 − 未来期间按照税法规定可予税前扣除的金额

一般情况下，负债的确认与偿还不会影响企业的损益，也不会影响其应纳税所得额，未来期间计算应纳税所得额时按照税法规定可予抵扣的金额为零，计税基础即为账面价值。如企业的短期借款、应付账款等。但是，某些情况下，负债的确认可能会影响企业的损益，进而影响不同期间的应纳税所得额，使得其计税基础与账面价值之间产生差额，如按照企业会计准则规定确认的某些预计负债。

1. 因销售商品提供售后服务等确认的预计负债

按照或有事项准则规定，企业因提供售后服务而预计将要发生的支出，在满足有关确认条件时，应在销售当期确认为费用，同时确认预计负债。如果税法规定，与销售产品相关的支出在实际发生时准予税前扣除，按照公式计算，该项预计负债的计税基础等于其账面价值减去未来期间可税前扣除的金额，如果税法允许发生时全额扣除，则计税基础为零；如果只准予发生时部分扣除，则按公式计算出来的计税基础为未来期间计税时按照税法规定不允许税前扣除的部分。

某些情况下，因有些事项确认的预计负债，税法规定其支出无论是否实际发生，均不允许税前扣除，即未来期间按照税法规定可予抵扣的金额为零，负债的账面价值等于其计税基础。

【例 10 − 26】珠江公司 20×2 年销售一批产品，当年实现了收入，合同约定为产品提供 3 年的保修服务，按照历史数据估计将会发生 100 万元的保修费用，公司确认为销售费用，同时确认为预计负债，当年度未发生任何保修支出。

假设按照税法规定，与产品售后服务相关的费用在实际发生时允许税前扣除。20×2 年 12 月 31 日珠江公司确定该项预计负债的账面价值和计税基础如下：

账面价值 = 100 万元

计税基础 = 100 万元 - 100 万元 = 0

该项预计负债的账面价值 100 万元与计税基础 0 之间产生了 100 万元的暂时性差异，该差异将在未来期间减少企业的应纳税所得额。

2. 预收账款

企业在预收客户的款项时，因不符合企业会计准则确认收入的条件，会计上将其确认为负债。税法中对于收入的确认原则一般与会计规定相同，即会计上未确认收入时，计税时一般也不计入应纳税所得额，该部分经济利益在未来期间计税时可予以税前扣除的金额为零，其计税基础等于账面价值。

某些情况下，因不符合企业会计准则规定的收入确认条件、未确认为收入的预收款项，按照税法规定应计入当期应纳税所得额，因其预收时已经计算交纳所得税，未来期间会计确认收入时，不再需要计算缴纳所得税，可全额在税前扣除。因此该项预收账款的计税基础为零。

【例 10-27】 珠江公司于 20×2 年 12 月 1 日从客户处收到一笔合同预付款 600 万元，因不符合收入确认条件，将其作为预收账款核算。假设按照税法规定，该款项预收当期即应计算交纳所得税。珠江公司 20×2 年 12 月 31 日确认该项预收账款的账面价值和计税基础如下：

账面价值 = 600 万元

计税基础 = 600 万元 - 600 万元 = 0

该项负债的账面价值 600 万元与其计税基础 0 之间产生的 600 万元暂时性差异，会减少企业未来期间的应纳税所得额。

3. 应付职工薪酬

企业会计准则规定，企业为获得职工提供的服务给予的各种形式的报酬以及其他相关支出均应作为企业的成本费用，在未支付之前确认为负债。税法中对于合理的职工薪酬基本允许税前扣除，但税法中如果规定了税前扣除标准的，按照企业会计准则规定，计入成本费用的金额超过规定标准部分，应进行纳税调整。因超过部分在发生当期不允许税前扣除，在以后期间也不允许税前扣除，即该部分差额对未来期间计税不产生影响，所产生应付职工薪酬负债的账面价值等于计税基础。

4. 其他负债

企业的其他负债项目，如应交的罚款和滞纳金等，在尚未支付之前按照会计规定，确认为费用，同时作为负债反映。税法规定，罚款和滞纳金不能税前扣除，即该部分费用无论是在发生当期还是在以后期间均不允许税前扣除，其计税基础等于账面价值，不形成暂时性差异。

四、暂时性差异

暂时性差异是指资产、负债的账面价值与其计税基础不同产生的差额。暂时性差异视其对未来期间应纳税所得额的影响不同，分为应纳税暂时性差异和可抵扣暂时性差异。除因资产、负债的账面价值与其计税基础不同产生的暂时性差异以外，按照税法规定可以结转以后年度的未弥补亏损和税款抵减，也视同可抵扣暂时性差异处理。

资产负债表债务法下，仅确认暂时性差异的所得税影响。对于永久性差异，因其不会使资产、负债的账面价值与其计税基础产生差异，对企业在未来期间计税没有影响，无须核算递延所得税。

（一）应纳税暂时性差异

应纳税暂时性差异是指在确定未来收回资产或清偿负债期间的应纳税所得额时，将导致产生应纳税金额的暂时性差异，该差异在未来期间转回时，会增加转回期间的应纳税所得额。在应纳税暂时性差异产生当期，应当确认相关的递延所得税负债。应纳税暂时性差异通常产生于以下情况：

1. 资产的账面价值大于其计税基础

资产的账面价值代表的是企业在持续使用或最终出售该项资产时将取得的经济利益的总额，而计税基础代表的是一项资产在未来期间可予以税前扣除的金额。资产的账面价值大于其计税基础，表明该项资产未来期间产生的经济利益不能全部税前抵扣，两者之间的差额需要缴纳所得税，产生应纳税暂时性差异。例如，一项资产账面价值为 100 万元，计税基础如果为 90 万元，意味着这项资产在未来期间可予以税前扣除的金额为 90 万元，账面价值大于计税基础的差额 10 万元不能在税前扣减，未来期间纳税时需调整应纳税所得额，从而使应交所得税增加。在应纳税暂时性差异产生当期，符合确认条件的情况下，应确认相关的递延所得税负债。

2. 负债的账面价值小于其计税基础

负债的账面价值为企业预计在未来期间清偿该项负债时的经济利益流出，而其计税基础代表的是账面价值在扣除税法规定未来期间允许税前扣除的金额之后的差额。负债的账面价值与其计税基础不同，产生了暂时性差异。因为按照税法规定，就该项负债在未来期间可以税前扣除的金额，本质上是与该项负债相关的费用支出在未来期间可予以税前扣除的金额。反过来说，如果税法规定该项负债对应的相关费用在未来期间不可扣除，则负债的账面价值与计税基础不会产生暂时性差异。从公式可见：

负债产生的暂时性差异 = 负债的账面价值 − 负债的计税基础
= 负债的账面价值 − （负债的账面价值 − 未来期间计税时按照税法规定可予以税前扣除的金额）
= 未来期间计税时按照税法规定可予以税前扣除的金额

负债的账面价值小于其计税基础，意味着就该项负债在未来期间可以税前扣除的金额为负数，即应在未来期间应纳税所得额的基础上调增，增加未来期间的应纳税所得额和应交所得税金额，产生应纳税暂时性差异，符合确认条件时，应确认相关的递延所得税负债。

（二）可抵扣暂时性差异

可抵扣暂时性差异，是指在确定未来收回资产或清偿负债期间的应纳税所得额时，将导致产生可抵扣金额的暂时性差异。该差异在未来期间转回时会减少转回期间的应纳税所得额，减少未来期间的应交所得税。在可抵扣暂时性差异产生当期、符合确认条件的情况下，应当确认相关的递延所得税资产。可抵扣暂时性差异一般产生于以下情况：

1. 资产的账面价值小于其计税基础

资产的账面价值小于其计税基础，意味着资产在未来期间产生的经济利益小于按照税法规定允许税前扣除的金额，两者之间的差额可以在未来期间减少企业应纳税所得额并减少应交所得税，属于可抵扣暂时性差异，符合有关条件时，应当确认相关的递延所得税资产。例如，一项资产的账面价值为100万元，计税基础为130万元，则企业在未来期间就该项资产可以在其自身取得经济利益的基础上多扣除30万元，从而导致未来期间应纳税所得额减少，应交所得税也减少，形成可抵扣暂时性差异，当其符合确认条件时，应确认相关的递延所得税资产。

2. 负债的账面价值大于其计税基础

如前所述，负债产生的暂时性差异实质上是税法规定就该项负债可以在未来期间税前扣除的金额。

一项负债的账面价值大于其计税基础，意味着未来期间按照税法规定与该项负债相关的费用可以在未来应税经济利益中扣除，减少未来期间的应纳税所得额，从而减少应交所得税。例如，企业因合同违约被提起诉讼，客户要求支付违约金，法院尚未做出最终判决，企业于年末计提了80万元预计负债。如果税法规定合同违约金在实际发生时可全额税前扣除，则该项预计负债的账面价值为80万元，计税基础为零，账面价值大于计税基础的差额80万元使未来实际支付合同违约金期间的应纳税所得额减少，产生可抵扣暂时性差异，符合有关确认条件时，应确认相关的递延所得税资产。

（三）特殊项目产生的暂时性差异

1. 未作为资产、负债确认的项目产生的暂时性差异

某些交易或事项发生以后，因为不符合资产、负债的确认条件而未体现为资产负债表中的资产或负债，其账面价值为零。如果按照税法规定能够确定其计税基础，则其账面价值与计税基础之间的差异也构成暂时性差异。如企业发生的广告费和业务宣传费支出，按照企业会计准则的规定在发生时即全部计入当期损益，不形成资产负债表中的资产，其账面价值为零。但按税法规定，符合条件的广告费和业务宣传费支出，不超过当年销售收入15%的部分准予扣除；超过部分准予向以后纳税年度结转扣除。因此超出当年扣减额度可结转以后年度扣减的部分可以确定其计税基础，形成一项可抵扣暂时性差异。

【例10－28】珠江公司20×2年实现销售收入6 000万元，发生广告费支出1 000万元，发生时已作为销售费用计入当期损益。税法规定，该项广告费支出不超过当年销售收入15%的部分允许当期税前扣除，超过部分允许向以后纳税年度结转税前扣除。珠江

公司20×2年12月31日确认该项广告费的账面价值和计税基础为：

账面价值为=0

计税基础为=1 000万元−6 000万元×15%=100万元

该项资产的账面价值与其计税基础之间产生了100万元的暂时性差异，该暂时性差异在未来期间可减少企业的应纳税所得额，为可抵扣暂时性差异，符合确认条件时，应确认相关的递延所得税资产。

2. 可抵扣亏损及税款抵减产生的暂时性差异

按照税法规定可以结转以后年度抵扣的亏损及税款抵减，虽不是因资产、负债的账面价值与计税基础不同产生的，但本质与可抵扣暂时性差异具有同样的作用，均能减少未来期间的应纳税所得额和应交所得税，视同可抵扣暂时性差异，在符合确认条件的情况下，应确认与其相关的递延所得税资产。

五、递延所得税负债和递延所得税资产

企业在计算确定了应纳税暂时性差异与可抵扣暂时性差异后，应当按照所得税准则规定的原则，确认相关的递延所得税负债以及递延所得税资产。

（一）递延所得税负债的确认和计量

应纳税暂时性差异在转回期间将增加企业的应纳税所得额和应交所得税，导致企业经济利益的流出，在其发生当期，应确认为递延所得税负债。

确认应纳税暂时性差异产生的递延所得税负债时，交易或事项发生时影响到会计利润或应纳税所得额的，相关的所得税影响应增加所得税费用；与直接计入所有者权益的交易或事项相关的，相关所得税影响应减少所有者权益；与企业合并中取得资产、负债相关的，相关所得税影响应调整购买日确认的商誉或是计入合并当期损益的金额。

1. 递延所得税负债的确认

企业在确认因应纳税暂时性差异产生的递延所得税负债时，应遵循以下原则：

（1）除所得税准则中明确规定可不确认递延所得税负债的情况以外，企业对于所有的应纳税暂时性差异均应确认相关的递延所得税负债。从谨慎性原则出发，为了充分反映交易或事项发生后对未来期间的计税影响，企业应尽可能地确认与应纳税暂时性差异相关的递延所得税负债，特殊情况除外。

（2）不确认递延所得税负债的特殊情况。有些情况下，虽然资产、负债的账面价值与其计税基础不同，产生了应纳税暂时性差异，但出于各方面考虑，所得税准则中规定不确认相应的递延所得税负债，主要包括：

①商誉的初始确认。在非同一控制下的企业合并中，企业合并成本大于合并中取得的被购买方可辨认净资产公允价值份额的差额，按照企业会计准则规定，应确认为商誉。按照税法规定，在免税合并的情况下，计税时不认可商誉的价值，即商誉的计税基础为零，两者之间的差额形成应纳税暂时性差异。对于商誉的账面价值与其计税基础不同产生的应纳税暂时性差异，企业会计准则中规定不确认与其相关的递延所得税负债。

在非同一控制下的企业合并中，按照企业会计准则规定确认了商誉，并且按照所得税法规的规定，该商誉在初始确认时计税基础等于账面价值的，该商誉在后续计量过程

中因企业会计准则规定与税法规定不同产生暂时性差异的，应当确认相关的所得税影响。

②在除企业合并以外的其他交易或事项中，如果该项交易或事项发生时既不影响会计利润，也不影响应纳税所得额，则所产生的资产、负债的初始确认金额与其计税基础不同，形成应纳税暂时性差异的，交易或事项发生时不确认相应的递延所得税负债，以免违背历史成本原则，影响会计信息的可靠性。

③与子公司、联营企业、合营企业投资等相关的应纳税暂时性差异，一般应确认相关的递延所得税负债，但同时满足以下两个条件的除外：一是投资企业能够控制暂时性差异转回的时间；二是该暂时性差异在可预见的未来很可能不会转回。满足上述条件时，投资企业可以运用自身的影响力决定暂时性差异的转回，如果不希望其转回，则在可预见的未来，该项暂时性差异不会转回，从而对未来期间不会产生所得税影响，无须确认相应的递延所得税负债。

对于采用权益法核算的长期股权投资，其账面价值与计税基础产生的暂时性差异是否应确认相关的所得税影响，应考虑该项投资的持有意图。

如果企业拟长期持有该项投资，则因初始投资成本的调整产生的暂时性差异，预计未来期间不会转回并对未来期间没有所得税影响；因确认投资损益产生的暂时性差异，如果在未来期间逐期分回现金股利或利润时免税，也不存在对未来期间的所得税影响；因确认应享有被投资单位其他权益的变动而产生的暂时性差异，在长期持有的情况下，对于采用权益法核算的长期股权投资账面价值与计税基础之间的差异，一般不确认相关的所得税影响。

如果企业改变长期持有意图，在拟对外出售投资资产的情况下，按照税法规定，企业在转让或者处置投资资产时，投资资产的成本准予扣除。这种情况下，因长期股权投资账面价值与计税基础不同产生的有关暂时性差异，均应确认相关的所得税影响。

2. 递延所得税负债的计量

（1）所得税准则规定，资产负债表日，对于递延所得税负债，应当根据适用税法规定，按照预期清偿该负债期间的适用税率计量，即递延所得税负债应以相关应纳税暂时性差异转回期间按照税法规定适用的所得税税率计量。

在我国，企业适用的所得税税率在不同年度之间一般不会发生变化，企业在确认递延所得税负债时，可以现行适用税率为基础计算确定。对于享受优惠政策的企业，在一定期间可享受税率优惠的，所产生的暂时性差异应以预计其转回期间的适用所得税税率计量。

（2）无论应纳税暂时性差异的转回期间如何，所得税准则中规定递延所得税负债不要求折现。

（二）递延所得税资产的确认和计量

1. 递延所得税资产的确认

资产、负债的账面价值与其计税基础不同而产生可抵扣暂时性差异的，在估计未来期间能够取得足够的应纳税所得额用以扣减该可抵扣暂时性差异时，应当以很可能取得的用来抵扣可抵扣暂时性差异的应纳税所得额为限，确认相关的递延所得税资产。

企业确认递延所得税资产时，有关交易或事项发生时对税前会计利润或是应纳税所得额产生影响的，所确认的递延所得税资产应作为利润表中所得税的调整；有关的可抵扣暂时性差异产生于直接计入所有者权益的交易或事项的，确认的递延所得税资产也计入所有者权益；企业合并中取得的有关资产、负债产生的可抵扣暂时性差异，其所得税影响相应调整合并中确认的商誉或是计入合并当期损益的金额。

企业在确认递延所得税资产时需要关注以下问题：

（1）递延所得税资产的确认应以未来期间很可能取得的用来抵扣可抵扣暂时性差异的应纳税所得额为限。因无法取得足够的应纳税所得额而未确认相关的递延所得税资产的，应在会计报表附注中进行披露。

在判断企业于可抵扣暂时性差异转回的未来期间是否能够产生足够的应纳税所得额时，应考虑两个方面的影响：一是通过正常的生产经营活动能够实现的应纳税所得额；二是以前期间产生的应纳税暂时性差异在未来期间转回时将增加的应纳税所得额。

（2）对与子公司、联营企业、合营企业的投资相关的可抵扣暂时性差异，同时满足下列条件的，应当确认相关的递延所得税资产：一是暂时性差异在可预见的未来很可能转回；二是未来很可能获得用来抵扣可抵扣暂时性差异的应纳税所得额。

对联营企业和合营企业等的投资产生的可抵扣暂时性差异，主要产生于权益法下投资单位发生亏损时，投资企业按照持股比例确认应予承担的部分相应减少长期股权投资的账面价值，但税法规定长期股权投资的成本在持有期间不发生变化，造成长期股权投资的账面价值小于其计税基础，产生可抵扣暂时性差异。另外，在长期股权投资计提减值准备的情况下，也会产生可抵扣暂时性差异。

（3）对于按照税法规定可以结转以后年度税前扣减的可抵扣亏损和税款抵减，应视同可抵扣暂时性差异处理。在预计可利用、可弥补亏损或税款抵减的未来期间内，很可能取得足够的应纳税所得额时，应当以很可能取得的应纳税所得额为限，确认相应的递延所得税资产，同时减少确认当期的所得税费用。

对于未来期间是否能够产生足够的应纳税所得额，并利用该部分抵扣亏损或税款抵减时，应考虑以下相关因素的影响：一是在可抵扣亏损到期前，企业是否会因以前期间产生的应纳税暂时性差异转回而产生足够的应纳税所得额；二是在可抵扣亏损到期前，企业是否可能通过正常的生产经营活动产生足够的应纳税所得额；三是可抵扣亏损是否产生于一些在未来期间不可能重复发生的特殊原因；四是是否存在其他的证据表明在可抵扣亏损到期前能够取得足够的应纳税所得额。

企业在确认与可抵扣亏损和税款抵减相关的递延所得税资产时，应当在会计报表附注中说明在可抵扣亏损和税款抵减到期前，企业能够产生足够的应纳税所得额的估计基础。

2. 不确认递延所得税资产的特殊情况

某些情况下，如果企业发生的某项交易或事项不属于企业合并，并且交易发生时既不影响会计利润也不影响应纳税所得额，同时该项交易中产生的资产、负债的初始确认金额与其计税基础不同而产生可抵扣暂时性差异的，所得税准则规定在交易或事项发生时不确认相关的递延所得税资产。因为如果确认递延所得税资产，则需调整资产、负债的入账价值，对实际成本进行调整将有违会计核算中的历史成本原则，影响会计信息的可靠性。

【例 10－29】20×0 年珠江公司在内部研究开发中形成了一项专利权，成本为1 000万元，按税法规定未来期间可予税前扣除的金额为1 750万元，其计税基础为 1 750 万元。该项无形资产并非产生于企业合并，同时在初始确认时既不影响会计利润也不影响应纳税所得额，确认其账面价值与计税基础之间产生暂时性差异的所得税影响，需要调整该项资产的历史成本，按照企业会计准则规定不应确认相关的递延所得税资产。

3. 递延所得税资产的计量

（1）适用税率的确定。企业确认递延所得税资产时，应当以预期收回该资产期间的适用所得税税率为基础计算确定。无论相关的可抵扣暂时性差异转回期间如何，递延所得税资产均不要求折现。

（2）递延所得税资产的减值。所得税准则规定，资产负债表日，企业应当对递延所得税资产的账面价值进行复核。如果未来期间很可能无法取得足够的应纳税所得额用以利用可抵扣暂时性差异带来的经济利益，应当减记递延所得税资产的账面价值。

企业在确认了递延所得税资产以后因情况变化导致按照新的情况估计，在有关可抵扣暂时性差异转回的期间内，无法产生足够的应纳税所得额用以利用可抵扣暂时性差异，使得与递延所得税资产相关的经济利益无法全部实现的，对于预期无法实现的部分，应当减记递延所得税资产的账面价值。除原确认时计入所有者权益的递延所得税资产，其减记金额亦应计入所有者权益外，其他的情况应增加减记当期的所得税费用。因无法取得足够的应纳税所得额利用可抵扣暂时性差异而减记递延所得税资产账面价值的，继后期间根据新的环境和情况判断能够产生足够的应纳税所得额利用可抵扣暂时性差异，使得递延所得税资产包含的经济利益能够实现的，应相应恢复递延所得税资产的账面价值。

应当说明的是，无论是递延所得税资产还是递延所得税负债的计量，均应考虑资产负债表日企业预期收回资产或清偿负债方式的所得税影响，在计量递延所得税资产和递延所得税负债时，应当采用与收回资产或清偿债务的预期方式相一致的税率和计税基础。

（三）特殊交易或事项中涉及的递延所得税的确认

1. 与直接计入所有者权益的交易或事项相关的所得税

与当期及以前期间直接计入所有者权益的交易或事项相关的当期所得税及递延所得税，应当计入所有者权益。直接计入所有者权益的交易或事项，主要有以公允价值计量且其变动计入其他综合收益的金融资产、因会计政策变更而采用追溯调整法或因对前期差错更正而采用追溯重述法调整的期初留存收益、包含负债及权益成分的金融工具在初始确认时将分拆的权益成分计入其他资本公积等。

【例 10－30】珠江公司于 20×2 年 2 月 1 日自公开市场买入 A 公司债券，初始投资成本为 300 万元（假设不考虑其他税费），分类为以公允价值计量且其变动计入其他综合收益的金融资产。20×2 年 12 月 31 日该债券的公允价值为 306 万元。20×3 年 7 月 1 日，珠江公司将该债券售出，收到价款 309 万元。税法规定，企业在未来处置金融资产期间计算应纳税所得额时按初始投资成本抵扣。公司适用的所得税税率为25%，假定在未来期间不会发生变化。珠江公司预计在未来期间能够产生足够的应纳税所得额用以抵扣可抵扣暂时性差异。珠江公司对该项金融资产的相关会计处理如下：

(1) 20×2年2月1日买入债券时：

借：其他债权投资——成本	3 000 000	
贷：银行存款		3 000 000

(2) 20×2年12月31日确认公允价值变动：

借：其他债权投资——公允价值变动	60 000	
贷：其他综合收益		60 000

(3) 20×2年12月31日确认递延所得税负债：

应纳税暂时性差异＝3 060 000－3 000 000＝60 000（元）

递延所得税负债＝60 000×25%＝15 000（元）

借：其他综合收益	15 000	
贷：递延所得税负债		15 000

(4) 20×3年7月1日售出债券：

借：银行存款	3 090 000	
贷：其他债权投资——成本		3 000 000
——公允价值变动损益		60 000
投资收益		30 000
借：其他综合收益	45 000	
递延所得税负债	15 000	
贷：投资收益		60 000

2. 与企业合并相关的递延所得税

企业会计准则与税法对企业合并的处理不同，可能会造成企业合并中取得的资产、负债的账面价值和计税基础之间产生差异。因企业合并产生的暂时性差异，在确认递延所得税负债或递延所得税资产时，相关的所得税影响应调整购买日确认的商誉或计入合并当期损益。

3. 与股份支付相关的当期及递延所得税

与股份支付相关的支出按照企业会计准则确认为成本费用时，其相关的所得税影响应因税法规定的不同而做不同的处理：如果税法规定与股份支付相关的支出不允许税前扣除，则不形成暂时性差异；如果税法规定与股份支付相关的支出允许税前扣除，按照企业会计准则规定，在确认成本费用的期间内，企业应当估计未来可税前扣除的金额，计算确定其计税基础及由此产生的暂时性差异，确认相关的递延所得税。预计未来期间可税前扣除的金额超过企业会计准则确认的与股份支付相关的成本费用，超过部分的所得税影响直接计入所有者权益。

(四) 适用税率变动时对已确认递延所得税项目的调整

在资产负债表债务法下，因适用税收法规的变化，导致企业在某一会计期间适用的所得税税率发生变化的，企业应对已确认的递延所得税资产和递延所得税负债按照新的税率重新进行计量。

递延所得税资产和递延所得税负债的金额，代表的是有关可抵扣暂时性差异或应纳税暂时性差异于未来期间转回时，导致应交所得税金额的减少或增加的金额。适用税率发生变化，必然导致应纳税暂时性差异或可抵扣暂时性差异在未来期间转回时产生应交所得税金额的变化。因此，在适用税率变动的情况下，应对原已确认的递延所得税资产及递延所得税负债的金额进行调整，反映税率变化带来的影响。

调整时，直接计入所有者权益的交易或事项产生的递延所得税资产及递延所得税负债，相关的调整金额应计入所有者权益，其他情况下产生的递延所得税资产及递延所得税负债的调整金额应确认为变化当期的所得税费用（或收益）。

六、所得税费用的确认和计量

所得税会计核算主要是为了确定当期应交所得税以及利润表中的所得税费用。资产负债表债务法下，利润表中的所得税费用由当期所得税和递延所得税两部分组成。

（一）当期所得税

当期所得税是指企业对当期发生的交易和事项，按照税法规定计算确定的应交纳给税务部门的所得税金额，即应交所得税。

企业在确定当期所得税时，对于当期发生的交易或事项，会计处理与税收处理不同的，应在会计利润的基础上，按照适用税收法规的规定进行调整，计算出当期应纳税所得额，按照应纳税所得额与适用所得税税率计算确定当期应交所得税。一般情况下，应纳税所得额可在会计利润的基础上，考虑会计与税收之间的差异，按照以下公式计算确定：

应纳税所得额＝会计利润＋计入利润表但计税时不允许税前扣除的费用±计入利润表的费用与可予税前抵扣的费用之间的差额±计入利润表的收入与计入应纳税所得额的收入之间的差额－税法规定的不征税收入±其他需要调整的因素

当期所得税＝当期应交所得税＝应纳税所得额×适用的所得税税率

其中，计入利润表是指按照企业会计准则规定确定的损益，计入应纳税所得额是指按照税法规定确定的损益。

（二）递延所得税

递延所得税是指按照所得税准则规定应予确认的递延所得税资产和递延所得税负债在期末应有的金额相对于原已确认金额之间的差额，即当期递延所得税负债净增加额减去当期递延所得税资产净增加额的差额。用公式表示即为：

递延所得税＝（期末递延所得税负债－期初递延所得税负债）－（期末递延所得税资产－期初递延所得税资产）

企业因确认递延所得税资产和递延所得税负债产生的递延所得税，一般应当计入所得税费用，但以下两种情况除外：

一是某项交易或事项按照企业会计准则规定应计入所有者权益的，由该交易或事项产生的递延所得税资产或递延所得税负债及其变化亦应计入所有者权益，不构成利润表中的所得税费用（或收益）。

二是企业合并中取得的资产、负债，其账面价值与计税基础不同，应确认相关递延所得税的，该递延所得税的确认影响合并中产生的商誉或是计入合并当期损益的金额，不计入所得税费用。

（三）所得税费用

企业计算确定了当期所得税及递延所得税以后，利润表中应予确认的所得税费用为两者之和，即：

所得税费用 = 当期所得税 + 递延所得税

【例 10 - 31】珠江公司 20×2 年度利润表中利润总额为 1 200 万元，该公司适用的所得税税率为 25%。递延所得税资产期初余额为 0，递延所得税负债期初余额为 20 万元。与所得税核算有关的交易和事项如下：

（1）20×2 年 1 月开始计提一项旧的固定资产，成本为 600 万元，使用年限为 10 年，净残值为 0，会计按双倍余额递减法计提折旧，税法规定按直线法计提折旧。假设税法规定的使用年限及净残值与企业会计准则的规定相同。

（2）当年向关联企业捐赠现金 200 万元。税法规定企业向关联方的捐赠不允许税前扣除。

（3）期末持有的交易性金融资产成本为 400 万元，公允价值为 500 万元。税法规定以公允价值计量的金融资产持有期间市价变动不计入应纳税所得额。

（4）期末持有的其他债权投资成本为 1 000 万元，公允价值为 1 200 万元。税法规定以公允价值计量的金融资产持有期间市价变动不计入应纳税所得额。

（5）违反环保规定应支付罚款 200 万元。税法规定违反环保罚款不允许税前扣除。

（6）期末计提存货跌价准备 36 万元，计提固定资产减值准备 11 万元。税法规定计提的准备金不允许税前扣除。

（7）期末计提产品保修费用 80 万元。税法规定实际发生时可以扣除。

该公司 20×2 年资产、负债的账面价值与计税基础相关资料如表 10 - 3 所示：

表 10－3　资产、负债账面价值与计税基础比较表

单位：元

项目	账面价值	计税基础	差异	
			应纳税暂时性差异	可抵扣暂时性差异
交易性金融资产	5 000 000	4 000 000	1 000 000	
其他债权投资	12 000 000	10 000 000	2 000 000	
存货	6 120 000	6 480 000		360 000
固定资产：				
固定资产原价	6 000 000	6 000 000		
减：累计折旧	1 200 000	600 000		
减：固定资产减值准备	110 000	0		
固定资产账面价值/计税基础	4 690 000	5 400 000		710 000
预计负债	800 000	0	800 000	
总计			3 800 000	1 070 000

假设珠江公司预计在未来期间能够产生足够的应纳税所得额用以抵扣可抵扣暂时性差异。有关所得税会计处理如下：

（1）20×2 年度应交所得税：

应纳税所得额＝12 000 000＋600 000＋2 000 000－1 000 000－2 000 000＋
2 000 000＋360 000＋110 000＋800 000
＝14 870 000（元）

应交所得税＝14 870 000×25%＝3 717 500（元）

（2）20×2 年度递延所得税：

当期确认的递延所得税资产＝1 070 000×25%－0＝267 500（元）

当期确认的递延所得税负债＝3 800 000×25%－200 000＝750 000（元）

递延所得税＝750 000－267 500＝482 500（元）

（3）利润表中应确认的所得税费用：

所得税费用＝3 717 500＋482 500＝4 200 000（元）

（4）编制相关会计分录：

借：所得税费用　　4 200 000
　　递延所得税资产　　267 500
　贷：应交税费——应交所得税　　3 717 500
　　　递延所得税负债　　750 000

思考题

1. 什么是收入？它有哪些主要特征？
2. 收入确认与计量的五步法是怎样的？

3. 企业与客户之间的合同同时满足哪五项条件时，企业应当在履行合同中的履约义务时确认收入？

4. 满足什么条件时，履约义务属于在某一时段内履行的履约义务，相关的收入应当在该履约义务履行的期间内确认？

5. 对于在某一时点履行的履约义务，在判断客户是否已经取得商品或服务的控制权时，企业应当考虑哪几个迹象？

6. 什么是暂时性差异？应纳税暂时性差异和可抵扣暂时性差异通常产生于什么情况？

第十一章　租赁

学习目标

1. 熟悉租赁的优点。
2. 掌握会计角度的租赁识别。
3. 掌握承租人角度的租赁会计处理。
4. 掌握出租人角度的租赁分类和会计处理。
5. 了解租赁售后租回的会计处理。

导入阅读

融资租赁行业始于1952年，以美国租赁公司的诞生为标志，经过半个多世纪的发展，目前已成为仅次于银行信贷的融资方式。作为资本投资增长最快的一种形式，租赁越来越受欢迎。公司不再花钱购买飞机、电脑、卫星等，而是以分期付款的方式租赁这些资产。据统计，2018年共计184家境内上市公司通过租赁的方式进行融资，披露融资金额共计1 142.09亿美元。

航空业是一个典型的飞机租赁的经营模式。许多乘客都认为乘坐的飞机属于航空公司，然而，根据民航业咨询机构CAPA的报告，2017年全球超过30 000架的商飞机队中，近50%的飞机是以租赁的方式运营的。其中，中国最大的三家航空公司，南航、国航、东航几乎60%的飞机都来自租赁。中国飞机租赁业和中国航空业相辅相成，呈螺旋式增长态势，而且增速远远高于全球平均增速。其间，中国监管部门对于飞机租赁政策的变化，更进一步使中资租赁公司在租赁产业中的市场占有率越来越高。根据Flightglobal Ascend的数据，在全球总规模超过2 600亿美元的飞机租赁市场中，中资公司占据其中的28%，远高于9年前的5%。目前，海航的Avolon、工银租赁、中银航空租赁、国银租赁、交银租赁、新创建（周大福）子公司Goshawk、中飞租7家公司已位列全球飞机租赁行业机队总价值的前20。

第一节　租赁的定义与识别

一、租赁的定义

租赁（leases）是指在约定的期间内，出租人将资产使用权让与承租人以获取租金的协议。出租人将自己拥有的某种物品交于承租人使用，承租人由此获得在一段时间内使用该物品的权利，但物品的所有权仍保留在出租人手中。承租人为其所获得的使用权需向出租人支付一定的费用（租金）。

现代租赁诞生于20世纪50年代，它以其特有的集投资、融资、变现、促销和资产管理功能于一身的巨大优势迅速形成市场。租赁业务在中国和世界其他地方都非常普遍，许多企业都涉及租赁一项或多项资产。虽然所有资产都可以租赁，但车辆和办公设备（例如复印机）的租赁尤其普遍。如今租赁业务已成为仅次于银行信贷的第二大融资方式。租赁业务的兴起，有部分原因是它是获得表外融资①的一种方式。但是相关租赁的会计准则多年来不断完善，很大程度上抑制了表外融资的现象②。

二、租赁的优点

亚里士多德曾经说过："财富显然不是我们所追求的东西，因为它只是有用，而且是因为其他事物而有用。"租赁业务的增长说明它相对于拥有财产来说的确具有一些优势：

（1）以固定利率筹集全部资金。换句话讲，承租人可以获得高达资产价值100%的融资，不需要动用权益资本。租赁协议的签订也不会要求承租人支付定金，承租人可以保留稀缺的资金——这对于新成立的公司是一项极为吸引人的特点。而且，租赁的付款额通常固定，这就使得承租人免受通货膨胀和资金成本上升的影响。

（2）避免更新换代或过时风险。租赁设备减少了承租人承担的设备过时的风险，在许多情形下，设备余值的风险转移给了出租人。承租人也会因为率先使用先进设备，而不用担负由于技术进步导致设备落伍淘汰的风险。这对企业及时更新技术装备，迅速采取新技术、新工艺，提高产品竞争力和市场占有率十分有利。

（3）租赁形式灵活。相较于传统的贷款融资合同，租赁合同具有较少的限制条款。出租人会根据承租人的特殊需要制定租赁协议。例如，租赁的长短——租赁期（the lease term）既可以是一个较短的期限，也可以扩展至预计资产经济寿命的整个期间。租赁付款额可能每年固定不变，也可能发生增减变动。付款额可以事先确定，也可以随着销售、基本利率、消费者价格指数或者其他因素而改变。

（4）税收优惠。一些国家为鼓励投资，专门为融资租赁提供了税收优惠，有些国家在融资租赁发展初期，采取了特定领域投资的税收减免政策，承租人通过融资租赁可以直接或分享出租人在特定领域进行租赁投资获得的投资税收减免。

（5）规避贸易壁垒。各国对相互之间的贸易都有一定的限制，通过融资租赁，可以避免直接购买的限制，从而突破贸易壁垒，迂回进入。另外，通过融资转租赁的方式还可以打破一些国家的金融管制，将贷款改为融资租赁可以避免直接融资的限制。

三、租赁的识别

租赁的识别并不是合同上写着"租赁"二字，而是要看合同的实质。在合同开始日，企业应当评估合同是否为租赁或者包含租赁，并且在合同条款不变的情况下，不需

① 资产负债表外融资（off-balance-sheet financing）：简称表外融资，是指不需列入资产负债表的融资方式，即该项融资既不在资产负债表的资产方表现为某项资产的增加，也不在负债及所有者权益方表现为负债的增加。

② 根据《企业会计准则21号——租赁》（2006），承租人往往会绞尽脑汁地与出租人缔结租赁协议，想方设法地使实质上是融资租赁的合同被视为经营租赁进行会计处理，以获得表外融资的好处。

要重新评估。评估合同类型的依据是："如果合同中一方让渡了在一定期间内控制一项或多项已识别资产使用的权利以换取对价，则该合同为租赁或者包含租赁。"①

具体来讲，界定合同是否为租赁性质，需要满足三个条件：

（1）是否存在一定期间。

（2）是否存在已识别资产。

（3）资产供应方是否向客户转移对已识别资产使用权的控制。

已识别资产通常由合同明确指定，也可以在资产可供客户使用时隐性指定。合同明确指定是指通过特定的标识明确指定用于履行合同的资产，隐性指定是指合同中并未明确标识出的特定资产，但是出租人必须通过某些特定资产来履行合同义务。但是，即使合同已对资产进行指定，如果资产的供应方在整个使用期间拥有对该资产的实质性替换权，则该资产不属于已识别资产，该合同不包含租赁。实质性替换权是指资产供应方在整个使用期间拥有替换资产的实际能力并且通过行使该权利可以获得经济利益。因为如果供应方（出租人）可以在使用期间替换该资产，可视为供应方控制了资产的使用，客户（承租方）没有主导资产的使用，则不符合租赁的定义②。

因而，准确识别租赁成为厘清租赁合同与服务合同的关键。若客户在一定期间控制了被识别资产的使用，则合同应视为租赁合同或包含租金。相反，在服务合同中，客户并未获得对标的资产的控制，该资产的使用为客户是由供应商控制的，供应商通过控制标的资产的使用为客户提供一项服务，则不能视为租赁合同。

第二节　承租人会计处理

一、初始确认与计量

（一）初始确认

与出租人不同，承租人不对租赁进行分类，几乎所有租赁都作为一种具有融资性质的购买行为，确认使用权资产和相应的租赁负债，并分别确认折旧和利息费用。从承租人的角度来看，租赁合同可以看作以分期付款的方式支付买价取得标的资产的使用权。但是对于短期租赁和低价值资产租赁来说，承租人可以选择做简化处理，即在租赁期内直接确认为费用③。确认的方法通常是在租赁期内使用直线法计入相关资产成本或当期损益，如果其他方法更为系统合理，也可以采用其他方法。

短期租赁，是指在租赁期开始日，租赁期不超过 12 个月的租赁。需要注意的是，如果一项短期租赁包含廉价购买选择权（BPO），则不属于短期租赁。另外，短期租赁适

---

① 《企业会计准则第 21 号——租赁》（2018）规定。

② 《企业会计准则第 21 号——租赁》（2018）规定，企业难以确定供应方是否拥有对该资产的实质性替换权的，应当视为供应方没有对该资产的实质性替换权。如果资产的某部分产能或其他部分在物理上不可区分，则该部分不属于已识别资产，除非其实质上代表该资产的全部产能，从而使客户获得因使用该资产所产生的几乎全部经济利益。

③ 承租人对短期租赁和低价值资产租赁进行简化处理的，应当披露这一事实。

用于每一类资产，承租人应该按照租赁资产的类别做出简化会计处理的选择。

低价值资产租赁，是指单项租赁资产为全新资产时，其绝对价值较低的租赁[①]。例如企业的办公家具和电脑等设备在全新时单价较低，则可以选择进行简化处理。如果标的资产为房产等，则不符合简化处理的豁免规定。

（二）初始计量

1. 租赁负债的初始计量

租赁负债应当按照租赁期开始日尚未支付的租赁付款额的现值进行初始计量。租赁付款额是指承租人向出租人支付的与在租赁期内使用租赁资产的权利相关的款项，包括：

（1）固定付款额及实质固定付款额；存在租赁激励的，扣除租赁激励相关金额。

（2）取决于指数或比率的可变租赁付款额。

（3）廉价购买选择权的行权价格，前提是承租人合理确定将行使该选择权。

（4）行使终止租赁选择权需支付的款项，前提是租赁期反映出承租人将行使终止租赁选择权。

（5）根据承租人提供的担保余值预计应支付的款项。

更直观的计算租赁付款额的方法可以表示如下：

	固定付款额 – 租赁激励
+	可变租赁付款额
+	行权价格
+	终止租赁选择权的付款
+	担保余值
=	租赁付款额

固定付款额是指租赁合同中规定的定期（每月或每年）支付的使用标的资产的权利的金额，其形式上可能包含变量，但实质上无法避免，并且不包括租赁合同中包含的任何非租赁部分的收入和对价。非租赁部分包括出租人提供的服务，这些服务将由承租人购买，与承租人是否购买或租赁该资产无关。例如，承租人支付的维修和维护费用均为非租赁合同对价。因为无论承租人购买还是租赁该资产，都会产生维修和维护的费用。如果合同中还包含保险或者税金等，也属于非租赁的部分。

可变租赁付款额是指承租人为取得在租赁期内使用租赁资产的权利，向出租人支付的因租赁期开始后的事实或情况发生变化（而非时间推移）而变动的款项。可变租赁付款额可能与基准利率等市场比率或指数、承租人源自租赁资产的绩效和租赁资产的使用等挂钩。例如，零售场地的租赁通常包含一项条款，即承租人向出租人支付其销售额的一个百分比；所需支付的金额取决于未来的销售额，它属于可变付款额，但不能确认为

① 《国际会计准则第 16 号——租赁》（简称 IFRS16）规定，一项资产在全新时价值不超过 5 000 美元，则属于低价值资产。

租赁付款额，只能确认为费用。因为只有当可变付款额与比率和指数（如基准利率、隔夜货币市场融资利率或消费者价格指数）挂钩时，才能包括在租赁付款和租赁负债中。

只有在承租人行使取消选择权的情况下，才包括终止租赁选择权的付款。在这一方面，有些租赁合同允许承租人取消租赁，但必须支付一定的赔偿金额。例如：如果一项期限为5年的租约，约定承租人可以在5年期限结束前终止该租约，并且预期承租人将行使该选择权，那么租赁付款额中将包括这笔赔偿金额。

担保余值是承租人或第三方向出租人保证租赁结束时租赁资产的价值大于或等于指定的担保金额。未担保余值是指租赁资产余值中出租人无法保证能够实现或仅由与出租人有关的一方予以担保的部分。由于承租人不负责任何未担保的部分，因此在确定租赁负债时不包含未担保余值。

在计算租赁付款额的现值时，承租人应当采用租赁内含利率（implicit rate）作为折现率；承租人无法确定租赁内含利率的，应当采用承租人增量借款利率（incremental borrowing rate，IBR）作为折现率①。

2. *使用权资产的初始计量*

承租人应当按照成本对使用权资产进行初始计量。计量的方法与大多数以成本进行初始计量的其他非金融资产（如固定资产、无形资产等）一样。但是由于租赁涉及一段时间内的多次付款，因此确定使用权资产的成本比较复杂。使用权资产的成本由四项内容构成：

（1）租赁负债的初始计量金额。

（2）在租赁期开始日或之前支付的租赁付款额；存在租赁激励的，扣除租赁激励相关金额。

（3）承租人发生的初始直接费用。

（4）复原成本。

更直观的计算使用权资产的成本的方法如下：

	租赁付款的现值
+	初始直接费用
+	复原成本
−	租赁激励
=	使用权资产的成本

租赁付款的现值包括根据租赁合同所有承租人应付的款项，它可以不同于租赁负债的初始计量金额。因为租赁付款可能包括租赁开始日之前承租人所付的押金和在租赁开

① 租赁内含利率，是指使出租人的租赁收款额的现值与未担保余值的现值之和等于租赁资产公允价值与出租人的初始直接费用之和的利率。承租人增量借款利率，是指承租人在类似经济环境下为获得与使用权资产价值接近的资产，在类似期间以类似抵押条件借入资金须支付的利率。

始日支付的款项。初始直接费用是指为达成租赁所发生的增量成本，如律师费和房产经纪人的佣金等，换句话说是指如果企业不签订租赁合同则不会发生的成本。复原成本则是承租人为拆卸及移除租赁资产、复原租赁资产所在场地或将租赁资产恢复至租赁条款约定状态预计将发生的成本[①]。租赁激励是指出租人向承租人支付的款项，作为签订租赁合同或补偿承租人所发生的费用。

（三）初始计量的会计处理举例

下面通过一个实例说明融资租赁中承租人的初始会计处理。

【例 11 - 1】20×0 年 1 月 1 日，珠江公司向东信资本租借一台大型设备，具体租赁协议的相关内容列示如下：

（1）本协议不可撤销，租赁期为 8 年整，并且每年年初支付租金 19 199 元。

（2）设备的公允价值为 115 000 元，估计剩余经济寿命为 10 年。

（3）该设备期末残值为 25 000 元，珠江公司可以选择用 5 000 元在期末购买该设备。

（4）内含利率为 10%。

情景一：假设珠江公司已知内含利率为 10%，将如何编制会计分录？

步骤 1：计算租赁负债与使用权资产的确认金额。

租赁负债（尚未支付的租赁付款额的现值）= 年租金 × *PVFA*（7.10%）[②] + 5 000 × *PVFA*（8.10%）= 19 199 × 4.8684 + 5 000 × 0.4665 = 95 801（元）

使用权资产（租赁付款额现值）= 95 801 + 19 199 = 115 000（元）

步骤 2：录入初始会计分录——20×0 年 1 月 1 日：

借：使用权资产	115 000	
贷：租赁负债		95 801
银行存款		19 199

情景二：假设珠江公司不知道内含利率，且本公司的增量借款利率（IBR）= 11%。

步骤 1：计算租赁负债与使用权资产的确认金额。

租赁负债（尚未支付的租赁付款额的现值）= 年租金 × *PVFA*（7.11%）+ 5 000 × *PVFA*（8.11%）= 19 199 × 4.7122 + 5 000 × 0.4339 = 92 639（元）

使用权资产（租赁付款额现值）= 92 639 + 19 199 = 111 838（元）

步骤 2：录入初始会计分录——20×0 年 1 月 1 日：

借：使用权资产	111 838	
贷：租赁负债		92 639
银行存款		19 199

二、后续计量与会计处理

（一）租赁负债的后续计量

在合同开始日之后，承租人应采用实际利率法，按摊余成本进行后续计量。对于承

① 复原成本应按照《企业会计准则第 13 号——或有事项》进行确认和计量。

② 因为租金是每年年初支付，所以尚未支付的期数为 7 期。

租人而言，实际利率与最初衡量负债的折现利率相同。即如果承租人可以确定内含利率，则用内含利率；否则采用增量借款利率。

如果在租赁开始日后，租赁付款条约发生了变化，则需要重新计量租赁负债。例如，续租选择权或终止租赁选择权的评估结果发生了变化。当出租人和承租人均同意更改原始条款时，必须调整租赁负债以反映修订后的付款情况，并且也要以相同的金额更改使用权资产。例如，如果租赁修改导致租赁负债增加1万元，则租赁资产也要相应地增加1万元。

（二）使用权资产的后续计量

1. 计量基础

在租赁开始日后，使用权资产通常采用成本模式进行后续计量，即以初始成本减累计折旧及累计减值损失来计量使用权资产。

	初始成本
-	累计折旧
-	累计减值损失
+/-	重新计量的调整项目
=	使用权资产

2. 使用权资产的折旧

承租人在确定使用权资产的折旧方法时，应当根据与使用权资产有关的经济利益的预期实现方式做出决定。通常，承租人按直线法对使用权资产计提折旧，其他折旧方法更能反映使用权资产有关经济利益预期实现方式的，应采用其他折旧方法。

（1）折旧期的确定。承租人能够合理确定租赁期届满时取得租赁资产所有权的，应当在租赁资产剩余使用寿命内计提折旧。无法合理确定租赁期届满时能够取得租赁资产所有权的，应当在租赁期与租赁资产剩余使用寿命两者孰短的期间内计提折旧。

由于租期超过资产的使用寿命是非常不寻常的情况，因此这个标准的实际应用如下：

如果租赁合同将资产所有权转让给承租人或者包含廉价购买权，则租赁资产将在资产使用寿命内计提折旧。如果资产所有权预计不会转让，租赁资产将在租赁期内计提折旧。

（2）折旧金额的确定。如果租赁资产在租赁期结束时转让给承租人，则应用资产使用寿命结束时的残值来确定折旧金额。因为承租人会获得租赁资产的所有权，这也就意味着承租人将拥有资产的残值。

如果租赁资产在租赁期结束时未转让给承租人，则折旧金额不考虑资产的残值。因为即使租赁期满，租赁资产有残值也不归承租人所拥有。

（三）后续计量的会计处理举例

【例11-2】20×0年1月1日，珠江公司向东信资本租借一台大型设备，具体租赁协议的相关内容列示如下：

（1）如果不做较大改造，该设备只能为珠江公司所用。

（2）租赁期为5年整，并且每年年初支付租金51 547元。

（3）设备的公允价值为250 000元，估计剩余经济寿命为6年。

（4）珠江公司拥有廉价购买权，可以在租赁期结束时以20 000元买入该设备，并且预计该资产的剩余残值为30 000元。

（5）东信资本的内含利率为5%。

（6）珠江公司不知道内含利率，且本公司的增量借款利率（IBR）=6%。

步骤1：确认租赁负债和资产所有权。

租赁负债（尚未支付的租赁付款额的现值）=年租金×*PVFA*（4.6%）+20 000×*PVFA*（5.6%）=193 561（元）

使用权资产（租赁付款额现值）= 193 561+51 547=245 108（元）

步骤2：计算折旧金额和利息费用。

因为珠江公司在期末很可能行使廉价购买权，所以折旧年限应使用该设备的经济寿命6年；并且计算折旧金额时也应将其残值考虑进去。

折旧金额=（245 108−30 000）/6=35 851（元）

具体使用权资产和租赁负债的各期计算过程，如表11−1所示。

表11−1 租赁负债和所有权资产计算过程

单位：元

租赁负债			
日期	付款额	利息费用	租赁负债
20×0−01−01	51 547		193 561
20×0−12−31		11 614	205 175
20×1−01−01	51 547		153 628
20×1−12−31		9 218	162 845
20×2−01−01	51 547		111 298
20×2−12−31		6 678	117 976
20×3−01−01	51 547		66 429
20×3−12−31		3 986	70 415
20×4−01−01	51 547		18 868
20×4−12−31		1 132	20 000
20×5−01−01	20 000		0
20×0−01−01			245 108
20×0−12−31	35 851	35 851	209 257
20×1−12−31	35 851	71 703	173 405

（续上表）

所有权资产			
日期	折旧	累计折旧	所有权资产
20×2－12－31	35 851	107 554	137 554
20×3－12－31	35 851	143 405	101 703
20×4－12－31	35 851	179 257	65 851
20×5－12－31	35 851	215 108	30 000

步骤3：根据表11－1的计算结果，编制会计分录如下：

（1）租赁第一年的会计分录：

20×0年1月1日：

借：使用权资产　　245 108

　贷：租赁负债　　193 561

　　　银行存款　　51 547

20×0年12月31日：

借：财务费用　　11 614

　贷：租赁负债　　11 614

借：制造费用——折旧费　　35 851

　贷：使用权资产累计折旧　　35 851

（2）租赁第二年的会计分录：

20×1年1月1日：

借：租赁负债　　51 547

　贷：银行存款　　51 547

20×1年12月31日：

借：财务费用　　9 218

　贷：租赁负债　　9 218

借：制造费用——折旧费　　35 851

　贷：使用权资产累计折旧　　35 851

租赁期后三年的会计分录基本同上（财务费用金额不同）。

20×5年1月1日，珠江公司行使购买权，获得租赁资产的所有权：

借：租赁负债　　20 000

　贷：银行存款　　20 000

借：使用权资产累计折旧　　179 257

　　固定资产　　65 851

　贷：使用权资产　　245 108

第三节　出租人会计处理

一、出租人的租赁分类

租赁通常是指在约定期间内，资产所有人（出租人）向资产使用人（承租人）出租某种资产以获取租金的行为。然而，从会计角度来看，交易通常是根据其实质（协议的经济实质）而不是其形式（法律合同）来核算的。对于出租人的会计处理可以概括为三个阶段，如图 11－1 所示：

图 11－1　租赁（出租人）会计处理的三个阶段

出租人应当在租赁开始日将租赁分为融资租赁（finance lease）和经营租赁（operating lease）（日后不重新评估）。

（一）主要分类原则

主要分类原则为：企业是否实质上转移了与资产所有权有关的几乎全部风险和报酬。如果一项租赁实质上转移了几乎所有的风险和报酬，则出租人应将其分类为融资租赁，除了融资租赁以外的其他租赁均为经营租赁。需要注意，在合同结束时，资产所有权最终可能转移，也可能不转移。

所有权的风险和回报包括但不限于以下方面：

（1）破损的风险和超过预期的使用寿命的收益。

（2）过时风险和处理资产的经济利益。

（3）由于经济环境变化造成的收益波动损失和收益。

（二）具体分类标准

由于主要分类原则比较抽象，因此符合下列任意一项或多项的则可认定为融资租赁：

（1）在租赁期届满时，租赁资产的所有权转移给承租人。

（2）承租人有廉价购买选择权（bargain purchase option，BPO）。

廉价购买选择权是指在租赁合同中，约定承租人享有以价格预计将远低于行使选择权时租赁资产的公允价值购买该资产的权利。因为所订立的购买价款与租赁资产的公允价值相比足够低，因而在租赁开始日就可以合理确定承租人将行使该购买权，最终获得资产的所有权。

例如：顺利物流公司将要租赁一辆东风牌载货车，租赁期限 5 年，每月付租金 3 000 元，并在 4 年满期后有权以 2 000 元的价格买下该资产。如果预计这辆东风载货车在 4 年后的公允价值为 4 万元，那么显然 2 000 元的购买选择权是显著低于公允价值的。因此顺利物流很大可能在租赁期结束时行使该购买权，获得货车的所有权。

（3）租赁期占租赁资产使用寿命的大部分。如果租赁期限占资产使用期限（自租赁日开始的剩余使用年限）的大部分①，那么出租人就将所有权上大部分风险和报酬转移给承租人。

（4）在租赁开始日，租赁收款额的现值几乎相当于租赁资产的公允价值。这里的“几乎相当”通常是指大于或等于90%。租赁收款额是指出租人因让渡在租赁期内使用租赁资产的权利而应向承租人收取的款项，其包括的五个项目与租赁付款额相同。

（5）租赁资产性质特殊，如果不做较大改造，只有承租人才能使用②。

二、出租人对融资租赁的会计处理

（一）初始确认和处理

在租赁期开始日，出租人应当以租赁投资净额作为应收融资租赁款的入账价值。这里的租赁投资净额需要设置“应收融资租赁款”科目进行核算。

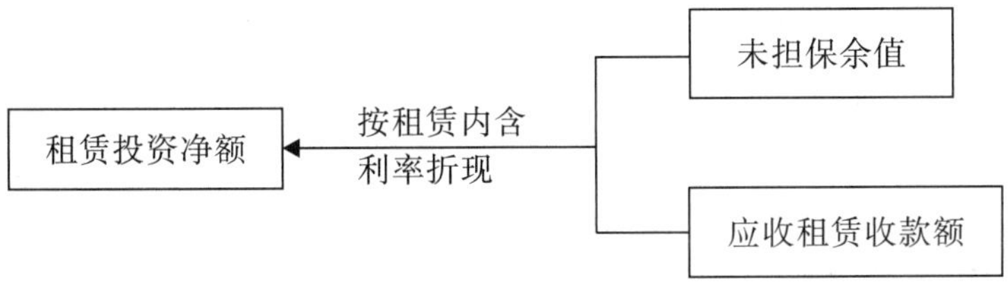

图 11－2　租赁投资净额

如图 11－2 所示，租赁投资净额为未担保余值和租赁期开始日尚未收到的租赁收款额按照租赁内含利率折现的现值之和。租赁收款额是指出租人因让渡在租赁期内使用租赁资产的权利而应向承租人收取的款项，其包括的范围与租赁付款额一致（请参考上一节的内容）。需要注意的是，应收租赁收款额不应该包括租赁开始日前或租赁开始日当天支付的款项，因此，承租人为保证租赁资产交付的任何押金，以及在租赁开始日支付的任何款项都不应在初始计量和确认的范围内。

下面通过举例说明出租人融资租赁的初始计量和会计处理。

【例 11－3】承**【例 11－1】**，针对同样的资料，现在换一个角度讨论出租人的会计处理。

步骤 1：确认租赁合约属于融资租赁，其原因如下：

（1）租赁期占租赁资产剩余使用寿命的大部分（83%）。

（2）租赁资产性质特殊，如果不做较大改造，只有承租人才能使用。

（3）租赁合同中含有廉价购买权。

---

① 《国际会计准则》规定，“大部分”是指大于或等于75%的使用年限。

② 其他补充分类标准。我国的企业会计准则还提供了另外三个标准用于租赁的分类。如果一项租赁存在下列一项或多项迹象的，也可分类为融资租赁：①若承租人撤销租赁，撤销租赁对出租人造成的损失由承租人承担。②资产余值的公允价值波动所产生的利得或损失归属于承租人。③承租人有能力以远低于市场水平的租金继续租赁至下一期间。

（4）租赁收款额的现值等于租赁资产的公允价值（计算过程如下）。

租赁收款额的现值 = ［年租金 × *PVFAD*（8. 10%）］[①] +5 000 × *PVFAD*（8. 10%）

= 115 000（元）

因此，满足以上任意一条，都可以判断该租赁合同为融资租赁。

步骤 2：录入初始会计分录——20 ×0 年 1 月 1 日：

借：应收融资租赁款　　95 801

　　银行存款　　19 199

　贷：融资租赁资产　　115 000

（二）后续计量与会计处理

出租人对融资租赁的后续计量应按照摊余成本计量，采用固定性利率计算并确认租赁各期间的租赁（利息）收入。该固定性周期利率就是初始计量时采用的折现率，即租赁内含利率。

租赁（利息）收入 = 租赁净投资额 × 租赁内含利率 × 期间月份数/12

【例 11 －4】承**【例 11 －2】**，针对同样的资料，现在换一个角度讨论出租人的会计处理。

步骤 1：判断租赁类型。

出租人租赁收款额现值 = 年租金 × *PVFAD*（5. 6%） +20 000 × *PVFAD*（5. 5%）

= 250 000（元）

由于租赁收款额现值几乎相当于租赁资产的公允价值 250 000 元，因此该项租赁分类为融资租赁。

步骤 2：计算租赁期内的融资收入，如表 11 －2 所示。

表 11 －2　租赁期内融资收入计算过程

单位：元

日期	收款额（*A*）	租赁收入（*B*） $B = C(t-1) \times 10\%$	租赁投资净额余额（*C*） $C = C(t-1) - A + B$
20 ×0 －01 －01	51 547		198 453
20 ×0 －12 －31		9 923	208 376
20 ×1 －01 －01	51 547		156 829
20 ×1 －12 －31		7 841	164 671
20 ×2 －01 －01	51 547		113 124
20 ×2 －12 －31		5 656	118 780

① 因为租金是每年年初支付，所以使用预计年金系数（*PVFAD*）。

（续上表）

日期	收款额（A）	租赁收入（B） B = C（t - 1） ×10%	租赁投资净额余额（C） C = C（t - 1） - A + B
20×3-01-01	51 547		67 233
20×3-12-31		3 362	70 595
20×4-01-01	51 547		19 048
20×4-12-31		952	20 000
20×5-01-01	20 000		0

步骤3：根据表11-2的计算结果，编制会计分录如下：

（1）租赁第一年的会计分录：

20×0年1月1日：

借：应收融资租赁款　198 453

　　银行存款　51 547

　贷：融资租赁资产　250 000

20×0年12月31日（确认利息收入）：

借：应收融资租赁款　9 923

　贷：租赁收入　9 923

（2）租赁第二年的会计分录：

20×1年1月1日：

借：银行存款　51 547

　贷：应收融资租赁款　51 547

20×1年12月31日：

借：应收融资租赁款　7 841

　贷：租赁收入　7 841

租赁期后三年的会计分录基本同上（财务费用金额不同）。

20×5年1月1日，收到珠江公司行权价20 000元：

借：银行存款　20 000

　贷：应收融资租赁款　20 000

三、出租人对经营租赁的会计处理

在经营租赁下，出租人仍将经营租赁的资产作为自己的资产列入资产负债表，如果出租的是固定资产，则应在其使用寿命内按与公司类似资产的折旧方法计提折旧；如果出租的是流动资产，则需要使用合理的方法进行摊销。

下面将通过举例说明出租人对经营租赁的会计处理。

在租赁期内的各个期间，出租人应当采用直线法或其他系统合理的方法，将经营租赁的租赁收款额确认为租金收入。出租人取得的与经营租赁有关的未计入租赁收款额的可变租赁付款额，应当在实际发生时计入当期损益。出租人发生的与谈判和获取经营租赁相关的直接费用应加总之后资本化，即合并到租赁资产的账面价值中，并在租赁期内以与租金收入确认相同的基础进行分摊，分期计入当期损益。

【例 11 -5】 在 20 ×0 年 1 月 1 日，珠江公司购买了价值 4 万元的打印机，并立即将其租赁给 A 公司。根据租约条款，A 公司必须在 20 ×0 年 1 月 1 日支付 2 000 元的租金，在 20 ×1 年 1 月 1 日和 20 ×2 年 1 月 1 日支付 5 000 元的租金。在租赁期结束时，A 公司必须归还打印机给珠江公司。其他相关信息：

（1）打印机的估计使用寿命为 20 年。

（2）其预期残值为 0 元（残值是资产使用寿命结束时资产的估计值）。

（3）珠江公司采用直线法计提折旧。

（4）该打印机的租赁收款额的现值为 10 000 元。

步骤 1：判断租赁合同的类型。

根据判断，打印机租赁合同属于经营租赁，具体分类理由请参考表 11 -3。

表 11 -3　租赁分类分析表

分类标准	分析
是否转移所有权	否，打印机需要还给出租方
是否含有廉价购买权	否，没有廉价购买权
租赁年限占比	并非大部分，3 年/20 年 = 15%
租赁收款额的现值	不几乎相当，10 000 元/40 000 元 = 25%
结论：此租赁属于经营租赁	

步骤 2：计算租赁收入摊销金额和折旧金额：

租赁收入（年摊销额） = ［2 000 + （2 ×5 000）］/3 = 4 000（元）

折旧金额 =40 000/20 = 2 000（元）

步骤 3：录入各年的会计分录：

20 ×0 年 1 月 1 日：

借：固定资产——打印机	40 000	
贷：银行存款		40 000
借：银行存款	2 000	
贷：预收租金		2 000

20 ×0 年 12 月 31 日：

借：预收租金	2 000	
应收租赁款（经营）	2 000	
贷：租赁收入		4 000
借：其他业务成本	2 000	
贷：累计折旧		2 000

20×1 年 1 月 1 日：

借：银行存款	5 000	
贷：应收租赁款（经营）		2 000
预收租金		3 000

20×1 年 12 月 31 日：

借：预收租金	3 000	
应收租赁款（经营）	1 000	
贷：租赁收入		4 000
借：其他业务成本	2 000	
贷：累计折旧		2 000

20×2 年 1 月 1 日：

借：银行存款	5 000	
贷：应收租赁款（经营）		1 000
预收租金		4 000

20×2 年 12 月 31 日：

借：预收租金	4 000	
贷：租赁收入		4 000
借：其他业务成本	2 000	
贷：累计折旧		2 000

第四节　售后租回

一、售后租回的概念

售后租回（sale-leaseback）是一种特殊形式的租赁业务，是指公司将自制或外购的资产出售后，立即向买方租回使用。换句话说，当企业（承租人）出售一项资产并立即通过向买方（出租人）租赁该资产而重新获得使用该资产的权力时，便发生了售后租回交易。

售后租回包含销售与租赁两种交易形式，使资产的出售者成为承租人，而资产的购买者成为出租人，具体流程如图 11－3 所示。

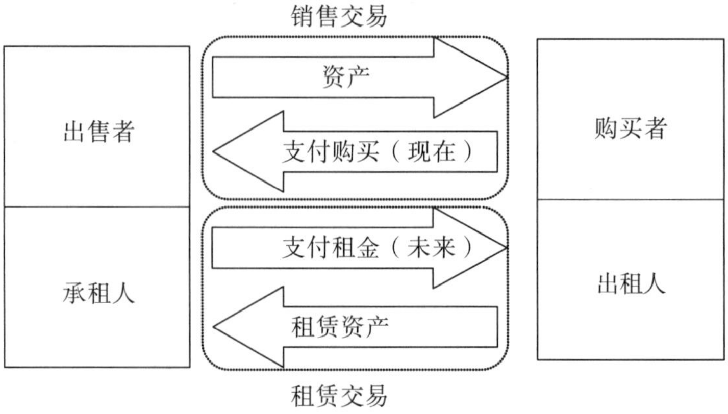

图 11－3　售后租回流程图

企业进行售后租回交易的主要原因如下：

（1）融资来源：出售资产的现金将立即注入卖方（承租人），通常等于资产的市场价值，减去资产直接担保的任何贷款。因此，卖方（承租人）可以获得现金融资并加速资金周转，同时仍保留资产使用权。

（2）灵活性：相较于传统的贷款融资合同，租赁合同会根据承租人的特殊需要制定更加灵活的租赁协议。

（3）不含财务限制条款：当公司借款为其房地产控股或其他资产提供资金时，贷款协议通常包括限制财务条款（如最高资产负债率），这可以限制实体以其意愿管理其运营的能力。租赁协议是一种财务工具，通常不包括财务限制条约。

二、售后租回的会计处理

在处理售后租回时，首先需要考虑两个问题：

（1）售后租回交易中的资产转让是否属于销售①；

（2）如果资产转让属于销售，出租人（买方）是将这项租赁作为经营租赁还是作为融资租赁核算。

售后租回交易中的资产转让不属于销售的，其会计处理相对简单：

承租人（卖方）应当继续在资产负债表中确认被转让资产，并且计提折旧。承租人同时确认一项与转让收入等额的金融负债。出租人（买方）即不确认租赁也不确认被转让资产，但应当确认一项与转让收入等额的金融资产。通常，买卖双方会按摊余成本确认金融资产。

售后租回交易中的资产转让属于销售的，其会计处理相对复杂：

对于出租人（买方）来讲，要以正常方式确认所购买的资产。如果该资产的购买价格与市场公允价值相等，并且租赁付款是按市场利率支付的，那么出租人（买方）的售

① 承租人和出租人应当按照《企业会计准则第 14 号——收入》的规定，评估确定售后租回交易中的资产转让是否属于销售。

后租回交易同其他租赁业务的会计处理一致，并无差别，即出租人需要对该笔租赁进行分类，之后再进行相应的会计处理。

对于承租人来讲，应当按原资产账面价值中与租回获得的使用权有关的部分，计量售后租回所形成的使用权资产，并仅就转让至出租人的权利确认相关利得或损失。因为承租人（卖方）不能承认其出售给自己的使用权的收益。由于承租人（卖方）在租赁期内有权使用该资产，意味着承租人并未将该资产百分之百全部转让给出租人（买方）。因此，承租人（卖方）对其剩余的资产使用权确认销售收益。

如果该资产是以公允价值以外的其他价值出售的，并且/或租赁付款不反映市场利率，则低于市场价格的部分被视为租赁付款的预付租金，而高于市场价格的部分被视为出租人（买方）向承租人（卖方）提供的额外融资。同时，承租人按照公允价值调整相关销售利得或损失，出租人按市场价格调整租金收入。

【例 11－6】珠江公司于 20×0 年 1 月 1 日以 50 万元向买方大江公司出售一个建筑物。同时，两方签订了一项为期 6 年的设备使用权合同，大江公司每年年底支付 7 万元。其他相关事实如下：

（1）该建筑物在出售之日的公允价值为 50 万元，租赁付款反映市场租金。

（2）在出售之日，该建筑物的账面净值为 40 万元（账面价值 65 万元减去 25 万元的累计折旧）。

（3）租赁中隐含的利率为每年 6%。

（4）出售时建筑物的估计剩余寿命为 10 年，并且使用结束时的预估残值为 0 元。

分析过程：

①珠江公司开始收到了 50 万元，放弃的资产（必须注销）的账面价值为 40 万元。需要注意的是该资产的销售价格等于市场价格。

租赁付款额现值 = 70 000 × *PVFA*（6. 6%）= 344 213（元）

② 确定使用权资产：

使用权资产 =（租赁付款额现值/市场价格）× 资产账面价值

=（344 213/500 000）× 400 000 = 275 370（元）

③ 出售该资产的收益为：公允价格 － 账面价值 = 50 万元 － 40 万元 = 10（万元）。分配收益的基础是承租人和出租人的相对资产使用权：

承租人的相对资产使用权 = 租赁付款额现值/市场价格 = 344 213/500 000 = 68. 84%

出租人的相对资产使用权 = 100% － 68. 84% = 31. 16%

根据上述计算，承租人珠江公司可以确认的收益为 10 万元 × 31. 16% = 3. 116（万元），因为这是与转让给出租人（买方）大江公司的使用权有关的收益部分。

会计分录：

20×0 年 1 月 1 日：

借：现金	500 000
使用权资产	275 370
累计折旧	250 000

贷：固定资产 650 000
　　租赁负债 344 213
　　营业外收入 31 157

20×0 年 12 月 31 日：

借：利息费用 20 653 （344 213×6%）
　　租赁负债 49 347（70 000－20653）
　贷：银行存款 70 000

借：制造费用——折旧（使用权资产） 49 347
　贷：累计折旧——使用权资产 49 347

思考题

1. 租赁的主要特征是什么？
2. 出租人如何划分经营租赁和融资租赁？
3. 什么是售后租回？
4. 售后租回交易的优势有哪些？

第十二章　财务报告

学习目标

1. 了解财务报告的内容。
2. 掌握资产负债表的编制。
3. 掌握利润表的编制。
4. 掌握现金流量表的编制。
5. 掌握所有者权益变动表的编制。

导入阅读

可持续发展近年来成为经济社会的热点问题。环境、社会和治理（environment，social and governance）即ESG逐渐成为评价企业可持续发展能力的核心理念和框架体系。

我国目前的二氧化碳排放量居世界第一，单位GDP的二氧化碳排放量也高于发达国家，但工业革命以来我国二氧化碳累计排放量不及OECD（经济合作与发展组织）国家的三分之一，人均二氧化碳排放量也低于美国且呈现下降趋势。中国作为负责任的大国，秉承人类命运共同体的理念，十分重视气候变化和减排工作，倡导包括绿色发展和可持续发展在内的高质量发展模式。2020年9月，习近平总书记在第七十五届联合国大会一般性辩论上发表重要讲话，中国力争在2030年前实现碳达峰，在2060年前实现碳中和。2021年5月，碳达峰碳中和工作领导小组成立，并要求制定碳达峰碳中和的路线图和时间表。2021年7月16日，全国碳排放权交易市场正式上线交易，标志着我国向通过市场化机制推动碳排放、碳中和迈出了重要一步。“双碳”目标和实施路线图的确立，必将为我国的ESG报告或可持续发展报告注入强大的发展动力，公司报告将迎来重大的改革发展机遇期。

ESG报告或可持续发展报告日益受到重视，离不开各国证券监管部门、证券交易所、专业投资机构和上市公司的鼎力支持，也离不开GRI、SASB、WEF、TCFD和CDSB等区域性和国际性组织的不懈努力。这些组织致力于ESG报告或可持续发展报告的标准制定，形成了百花齐放、各具特色的倡议和规范，为推动ESG报告或可持续发展报告做出了重大历史贡献。

第一节　财务报告概述

一、财务报告的内容

财务报告（financial report）是提供会计信息的一个重要手段，也是企业正式对外揭示或表述财务信息的总结性书面文件。财务报告亦称财务会计报告，是指企业对外提供更多反映企业某一特定日期的财务状况和某一会计期间的经营成果、现金流量等会计信息的文件。在市场经济中，由于所有权与经营权分离，企业必须面向市场进行筹资、投资和经营活动，这在客观上要求企业向市场披露信息以便帮助现在的和潜在的投资者、债权人和其他信息使用者对投资、信贷等做出正确的决策，并为国家进行必要的宏观调控提供所需要的基本数据。在企业对外披露的财务信息中，一些是通过财务报表提供的，另一些则是通过其他财务报告提供的。一般来说，财务报表是财务报告的核心，企业对外提供的主要财务信息都应纳入财务报表。财务报告一般应提供以下信息：

（1）提供企业的经济资源，包括这些资源上的权利以及引起资源和资源权利变动的各种交易、事项的信息。

（2）提供企业在报告期内的经营绩效，即企业经营活动（包括投资活动和理财活动）中引起的资产、负债和所有者权益的变动及其结果的信息。

（3）提供企业现金流动的信息。因为一个企业过去、现在和未来的现金流动（尤其是净现金流动）是现代企业在经济上有无活力、在财务上有无弹性、在未来发展上有无后劲的重要标志。就财务报告的外部使用者来说，他们特别关注企业的到期利息与本金能否用现金偿付，应付股利能否用现金分派的方式以及表明影响企业变现能力或偿债能力的其他信息。

（4）反映企业管理层（董事长、经理等）向资源提供者报告，如何利用受托使用的资源进行资源的保值、增值活动并履行法律与合同规定的其他义务等有关受托责任的信息。

（5）根据社会经济的发展，逐渐扩大财务报告信息的内容，包括非财务信息和未来信息，如企业未来经营预测和社会责任的履行情况。

二、财务报告的作用

财务报告的目标是为财务报告使用者提供与企业财务状况、经营成果和现金流量等有关的会计信息，反映企业管理层受托责任履行情况，有助于财务报告使用者做出经济决策。信息不对称理论指出，由于受托的企业管理层掌握更多的有关公司的信息，相对于外部财务报告使用者来说具有信息优势，而自利的管理层有可能利用信息优势侵害外部投资者利益。因此，财务报告作为信息传递的一种媒介，既有利于缓解内部管理者与外部投资者之间的信息不对称问题，又在股东评价管理层受托责任时发挥着重要的作用。财务报告使用者包括投资者、债权人、政府及有关部门和社会公众等。具体来说，财务报告的作用主要表现在以下几个方面：

（1）财务报告有助于投资者和债权人等进行合理的决策。在企业外部集团中，投资者、债权人是财务报告最重要的使用者。对于投资者和债权人来说，利用企业有关经济资源和经济业务等方面的财务信息，判断企业在激烈竞争的市场环境中生存、适应、成长与扩展的能力是非常有益的。财务报告提供的信息虽然主要是对过去经营成果和财务状况的反映与总结，但反映过去是为了更好地预测未来。由于事物的发展存在着一定程度的连续性、系统性和规律性，财务报告对企业已发生的资金运动及其结果的反映，有助于投资者和债权人等预测企业未来时期的现金流入净额、流入时间和不确定性。这些因素是外部使用者进行投资、信贷等决策时必须考虑的。

（2）财务报告反映企业管理层的受托经管责任。股份有限公司的“两权分离”使股东和企业管理层之间出现委托与受托关系。股东把资金投入公司，委托管理人员进行经营管理。他们为了确保自己的切身利益，保证其投入资本的保值与增值，需要经常了解管理层对受托经济资源的经营管理情况。通过公认会计原则或企业会计准则和其他一些法律规章的制约，财务报告能够较全面、系统、连续和综合地跟踪反映企业投入资源的渠道、性质、分布状态以及资源的运用效果，从而有助于评估企业的财务状况与经营绩效以及管理层对受托资源的经营管理责任的履行情况。

（3）财务报告能够帮助企业管理层改善经营管理，协调企业与相关利益集团的关系，促使企业快速、稳定地发展。在现代企业中，相关利益集团是企业各种资源的提供者，任何企业的生存与发展都必须依赖他们的贡献、配合与协作。企业管理层的主要职能就是鼓励和激发各种集团保持或扩大对企业的贡献，协调企业与相关利益集团以及各利益集团之间的关系。为此，管理人员不但要管理并有效利用受托的各种资源，而且需要定期向有关利益集团全面、系统、连续和客观地报告对受托资源的管理与利用情况，以及利用这些资源所创造的效益及其分配情况。财务报告提供的信息，在这一领域发挥了不可替代的重要作用。

（4）财务报告能够帮助国家有关部门实现其经济与社会目标，并进行必要的宏观调控，促进社会资源的有效配置，这一点在我国社会主义市场经济体制下尤为重要。由于企业是国民经济的细胞，通过对企业提供的财务报告进行汇总分析，国家有关部门可以考核国民经济各部门的运行情况、各种财经法律制度的执行情况，一旦发现问题即可及时采取相应措施，通过各种经济杠杆和政策倾斜，发挥政府在市场经济优化资源配置中的补充作用。

三、财务报告的披露方式

财务报告不仅包括财务报表，而且包括同会计信息系统有关的其他财务报告。在我国，严格意义上的财务报告应当包括财务报表、附注、审计报告和自己披露的信息四部分。其中，财务报表中的基本财务报表，要符合财政部发布的企业会计准则的规定；财务报表中的附注要符合财政部和中国证券监督委员会的规定（上市公司）；审计报告是指由具有证券相关业务资格的注册会计师遵守审计准则进行审计所出具的报告；经注册会计师审阅并发表的意见指的是企业自己披露的信息。

（一）财务报表

财务报表是根据公认的企业会计准则，以表格形式概括反映企业财务状况、现金流动、经营绩效及所有者权益变动的书面文书。按《企业会计准则第 30 号——财务报表列报》的规定，财务报表是对企业财务状况、经营成果和现金流量的结构性表述。财务报表至少应当包括资产负债表、利润表、现金流量表、所有者权益（或股东权益，下同）变动表和附注。其中，资产负债表、利润表、现金流量表、所有者权益变动表属于基本财务报表，是对基本财务报表信息的进一步说明、补充或解释，以便帮助使用者理解和使用报表信息。在会计实务中，财务报表附注可采用附表和底注等形式。

财务报表格式和附注分别按照一般企业、商业银行、保险公司、证券公司等企业类型予以规定。企业应当根据自身经营活动的性质，确定本企业适用的财务报表格式和附注。

（二）其他财务报告

其他财务报告的编制基础与方式可以不受企业会计准则的约束，而以灵活多样的形式提供各种相关的信息，包括定性信息和非会计信息。其他财务报告作为财务报表的辅助报告，提供的信息十分广泛。这种报告既包括历史性信息，又包括预测性信息。根据现行国际惯例，其他财务报告的内容主要包括：管理层的分析与讨论预测报告；物价变动影响报告；社会责任报告等。

四、财务报告的分类

财务报告可以按照以下两种标准进行分类。

（一）按编报期间的不同分类

按编报期间的不同，财务报表可以分为中期财务报表和年度财务报表。中期财务报表是以短于一个完整会计年度的报告期间为基础编制的财务报表，包括月报、季报和半年报等。中期财务报表至少应当包括资产负债表、利润表、现金流量表和附注。其中，中期资产负债表、利润表、现金流量表应当是完整报表，其格式和内容应当与年度财务报表相一致。与年度财务报表相比，中期财务报表中的附注披露可适当简略。

（二）按编制主体的不同分类

按编报主体的不同，财务报表可以分为个别财务报表和合并财务报表。个别财务报表是由企业在自身会计核算基础上对账簿记录进行加工而编制的财务报表，它主要反映企业自身的财务状况、经营成果和现金流量情况。合并财务报表是以母公司和子公司组成的企业集团为会计主体，根据母公司和所属分公司的财务报表，由母公司编制的综合反映企业集团财务状况、经营成果及现金流量的财务报表。

五、财务报告的编制原则

（一）报表内容真实可靠

财务报表上的数据直接涉及许多集团的利益，也是许多外部集团进行经济决策的依据。因此，真实可靠是编制财务报表的必备特征，否则财务报表的作用就无从谈起。财务报表所披露的数据和信息，必须遵守公认会计原则，从这个意义上说，要求报表内容真实可靠，既有必要，也有可能。财务报表提供的信息是通用信息，它是不同使用者集团都能同时得到并为各自进行决策所共同需要的。真实可靠是财务报表信息的主要流量特征，也就是说，报表中的数据应能由不同的会计人员在采用相同的方法下做出相同的结果。

（二）信息具有相关性

财务会计的目标是提供有助于使用者决策的信息，因此，相关性也是编制财务报表的基本要求。从财务报表的内容选择、指标体系设置到项目分类和排列顺序等都应当考虑使用者的决策需要。相关性还要求报表所反映的内容充分完整。企业应将当期发生的交易与事项全部确认并通过报表披露。填表应填列的指标，包括附注和补充资料，都必须填列齐全，不得漏列，一句话，就是要充分披露（揭示）。只有这样，财务报表的使用者才能全面了解企业的经营状况及其结果。此外，相关性还要求财务报表的编制与报送都必须及时进行。

（三）体现效益大于成本原则

从整个社会角度看，财务报表的编制、使用是具有效益的，但是它必须付出一定的代价。就是说，我们编制并公布财务报表，从报表提供者和使用者目标一致的角度看，必须是值得的。编制财务报表，信息加工和输出，不能不付出代价，但应能达到较大的效用，即帮助使用者做出合理的经济决策，从而促进社会资源的优化配置。与财务报表相关联的成本代价包括：①财务数据的收集、加工、传递成本；②信息使用成本；③信息不足、超量、错误或不公允，给使用者带来的损失或影响；④信息披露过量给企业带来的竞争劣势或给管理人员带来额外的约束，等等。很显然，无论是财务报表的成本还是效益，都是比较难以准确计量的。但是当人们在确定财务报表内容、披露方式和披露频率等问题时，总不能不考虑财务报表的成本效益问题。从理论上讲，只有提供财务报表的效益超过其所费成本，财务报表才是一种可取的信息披露手段。

六、财务报告列报的基本要求

财务报告列报主要是指财务报表的列报。财务报告列报的基本要求主要是针对财务报表的列报要求提出的。

财务报表列报是指交易和事项在报表中的列示和在附注中的披露。在财务报表的列报中，“列示”通常反映资产负债表、利润表、现金流量表、所有者权益变动表等报表中的信息，“披露”通常反映附注中的信息。财务报表应依据各项会计准则确认和计量的结果编制，除现金流量表外，按权责发生制编制其他财务报表。

（一）以持续经营为列报基础

企业应当以持续经营为基础，根据实际发生的交易和事项，按照《企业会计准则——基本准则》和其他各项会计准则的规定进行确认和计量，在此基础上编制财务报表。企业不应以辅助披露代替确认和计量，不恰当的确认和计量也不能通过充分披露和相关会计政策而纠正。如果按照各项会计准则规定披露的信息，不足以让报表使用者了解特定交易或事项对企业财务状况和经营成果的影响，企业还应当披露其他的必要信息。

在编制财务报表的过程中，企业管理层应当利用所有可获得的信息来评价企业自报告期末起至少 12 个月的持续经营能力。

评价时需要考虑宏观政策风险、市场经营风险、企业目前或长期的盈利能力、偿债能力、财务弹性以及企业管理层改变经营政策的意向等因素。评价结果表明对持续经营能力产生重大怀疑的，企业应当在附注中披露导致对持续经营能力产生重大怀疑的因素以及企业拟采取的改善措施。

企业如有近期获利经营的历史且有财务资源支持，则说明以持续经营为基础编制财务报表是合理的。

企业正式决定或被迫在当期或将在下一个会计期间进行清算或停止营业的，表明以持续经营为基础编制财务报表不再合理。在这种情况下，企业应当采用其他基础编制财务报表，并在附注中声明财务报表未以持续经营为基础编制的事实，披露未以持续经营为基础编制的原因和财务报表的编制基础。

（二）按重要性原则进行项目列报

财务报表是通过对大量的交易或其他事项进行处理而生成的，这些交易或其他事项按其性质或功能汇总归类而形成财务报表中的项目。关于项目在财务报表中是单独列报还是合并列报，应当依据重要性原则来判断。

重要性是指在合理预期下，财务报表省略或错报某项目，会影响使用者据此做出经济决策的，该项目具有重要性。重要性应当根据企业所处的具体环境，从项目的性质和金额两方面进行判断，且各项目重要性的判断标准一经确定，不得随意变更。

判断项目性质的重要性，应当考虑该项目在性质上是否属于企业日常活动，是否显著影响企业的财务状况、经营成果和现金流量等因素；判断项目金额大小的重要性，应当考虑该项目金额占资产总额、负债总额、所有者权益总额、营业收入总额、营业成本总额、净利润、综合收益总额等直接相关项目金额的比重或所属报表单列项目的比重。

性质或功能不同的项目，应当在财务报表中单独列报，但不具有重要性的项目除外。性质或功能类似的项目，其所属类别具有重要性的，应当按其类别在财务报表中单独列报。某些项目的重要性程度不足以在资产负债表、利润表、现金流量表、所有者权益变动表中单独列示的，但对附注却具有重要性，则应当在附注中单独披露。

财务报表中的资产项目和负债项目的金额、收入项目和费用项目的金额、直接计入当期利润项目和损失项目的金额不得相互抵销，但其他企业会计准则另有规定的除外。一组类似交易形成的利得和损失应当以净额列示，但具有重要性的除外。资产或负债项目按扣除备抵项目后的净额列示，不属于抵销。

非日常活动产生的利得和损失，以同一交易形成的收益扣减相关费用后的净额列示更能反映交易实质的，不属于抵销。

规定在财务报表中单独列报的项目，应当单独列报。其他会计准则规定单独列报的项目，应当增加单独列报项目。

（三）可比期间的数据列报

当期财务报表的列报，至少应当提供所有列报项目上一个可比会计期间的比较数据，以及与理解当期财务报表相关的说明，但其他会计准则另有规定的除外。

财务报表的列报项目发生变更的，至少应当对可比期间的数据按照当期的列报要求进行调整，并在附注中披露调整的原因和性质，以及调整的各项目金额。对可比期间的数据进行调整不切实可行的，应当在附注汇总中披露不能调整的原因。

不切实可行是指企业在做出所有合理努力后仍然无法采用某项企业会计准则的规定。

（四）财务报表表首的列报要求与报告期间

财务报表一般分为表首、正表两部分。其中，在表首部分企业应当在财务报表的显著位置至少披露下列各项：①编报企业的名称；②资产负债表日或财务报表涵盖的会计期间；③人民币金额单位；④财务报表是合并财务报表的，应当予以标明。

企业至少应当按年编制财务报表。根据《中华人民共和国会计法》的规定，会计年度自公历1月1日起至12月31日止。年度财务报表涵盖的期间短于一年的，应当披露年度财务报表的涵盖期间、短于一年的原因以及报表数据不具可比性的事实。

第二节　资产负债表

一、资产负债表的概述

资产负债表（balance sheet）是反映企业在资产负债表日（或报告期末）全部资产、负债和所有者权益情况的报表。它是一张揭示企业在一定时点上财务状况的静态报表。

资产负债表是根据“资产＝负债＋所有者权益”这一会计基本等式编制的。它提供的是企业一定日期的财务状况，主要包括以下内容：

（1）企业所拥有的各种经济资源（资产）。

（2）企业所负担的债务（负债）以及企业的偿债能力（包括短期与长期的偿债能力）。

（3）企业所有者在企业里所持有的权益（所有者权益）。

二、资产负债表的格式

资产负债表一般有表首、正表两部分。其中，表首概括地说明报表名称、编制单位、编制日期、报表编号、货币名称、计量单位等。

正表是资产负债表的主体部分，列示了用以说明企业财务状况的各个项目。资产负债表正表的格式一般有两种：报告式资产负债表和账户式资产负债表。报告式资产负债表是上下结构，上半部列示资产，下半部列示负债和所有者权益。具体排列形式又有两种：一是按“资产＝负债＋所有者权益”的原理排列；二是按“资产－负债＝所有者权益”的原理排列。

我国的资产负债表采用账户式结构（见表12－1）。账户式资产负债表分左右两方，左方为资产项目，表中的资产各项目的合计等于负债和所有者权益各项目的合计，即反映资产、负债、所有者权益之间的平衡：“资产＝负债＋所有者权益”。

表 12－1　资产负债表

编制单位：　　　　20××年 12 月 31 日　　　　单位：元

资产	期末余额	年初余额	负债和所有者权益（或股东权益）	期末余额	年初余额
流动资产：			流动负债：		
货币资金			短期借款		
交易性金融资产			交易性金融负债		
衍生金融资产			衍生金融负债		
应收票据			应付票据		
应收账款			应付账款		
应收款项融资			预收款项		
预付款项			合同负债		
其他应收款			应付职工薪酬		
存货			应交税费		
合同资产			其他应付款		
持有待售资产			持有待售负债		
一年内到期的非流动资产			一年内到期的非流动负债		
其他流动资产			其他流动负债		
流动资产合计			流动负债合计		
非流动资产：			非流动负债：		
债权投资			长期借款		
其他债权投资			应付债券		
长期应收款			其中：优先股		
长期股权投资			永续债		
其他权益工具投资			租赁负债		
其他非流动金融资产			长期应付款		
投资性房地产			预计负债		
固定资产			递延收益		
在建工程			递延所得税负债		
生产性生物资产			其他非流动负债		
油气资产			非流动负债合计		
使用权资产			负债合计		
无形资产			所有者权益（或股东权益）：		

（续上表）

资产	期末余额	年初余额	负债和所有者权益（或股东权益）	期末余额	年初余额
开发支出			实收资本（或股本）		
商誉			其他权益工具		
长期待摊费用			其中：优先股		
递延所得税资产			永续债		
其他非流动资产			资本公积		
非流动资产合计			减：库存股		
			其他综合收益		
			专项储备		
			盈余公积		
			未分配利润		
			所有者权益（或股东权益）合计		
资产总计			负债和所有者权益（或股东权益）合计		

企业如有下列情况，应当在资产负债表中调整或增设相关项目：

（1）高危行业企业如有按国家规定提取的安全生产费的，应当在资产负债表所有者权益项下“其他综合收益”项目和“盈余公积”项目之间增设“专项储备”项目，反映企业提取的安全生产费期末余额。

（2）企业如有划分为持有待售的非流动资产及划分为持有待售的处置组中的资产，应当在资产负债表资产项下的“存货”项目和“一年内到期的非流动资产”项目之间增设“持有待售资产”项目，反映资产负债表日划分为持有待售的非流动资产及划分为持有待售的处置组中的资产的期末余额；如有划分为持有待售的处置组中的负债，应当在资产负债表负债项下的“其他应付款”项目和“一年内到期的非流动负债”项目之间增设“持有待售负债”项目，反映资产负债表日划分为持有待售的处置组中的负债的期末余额。

（3）企业衍生金融工具业务具有重要性的，应当在资产负债表资产项下的“以公允价值计量且其变动计入当期损益的金融资产”项目和“应收票据”项目之间增设“衍生金融资产”项目，在资产负债表负债项下的“以公允价值计量且其变动计入当期损益的金融负债”项目和“应付票据”项目之间增设“衍生金融负债”项目，分别反映企业衍生工具形成资产和负债的期末余额。

（4）金融企业的资产负债表列报格式应当遵循企业会计准则的规定，并根据金融企业经营活动的性质和要求，比照上述一般企业的资产负债表列报格式进行相应调整。

三、资产负债表的填列

资产负债表填列的过程中，“年初余额”通常根据上年末报告有关项目的期末余额填列，但如果企业发生了会计政策变更、前期差错更正等情况，应当按照相关规定对有关项目进行相应调整。

资产负债表中的“期末余额”栏所需填列的金额有以下几种来源：根据总账科目的余额填列；根据明细账科目的余额计算填列；根据总账科目和明细账科目的余额分析计算填列；根据有关科目余额减去备抵科目余额填列；根据综合分析填列。

（1）根据总账科目的余额填列。这一方法适用于“其他债权投资”“其他权益工具投资”“工程物资”“固定资产清理”“递延所得税资产”“长期待摊费用”“短期借款”“应付票据”“应付利息”“应付股利”“其他应付款”“专项应付款”“递延收益”“递延所得税负债”“实收资本”“其他权益工具”“资本公积”“其他综合收益”“专项储备”“盈余公积”等项目；填列时仅需将总账的期末余额填入报表中即可。需要注意，其中长期待摊费用摊销年限剩余一年或少于一年，或者预计在一年内摊销的部分，仍然填列在“长期待摊费用”中。少数项目可能由多个总账科目的余额汇总，如“货币资金”项目，填列时，需将“库存现金”“银行存款”“其他货币资金”三个总账科目加总后的金额填列。

（2）根据明细账科目的余额计算填列。

①“开发支出”：根据“研发支出”科目中所属的“资本化支出”明细科目期末余额填列。

②“应付账款”：根据“应付账款”和“预收账款”科目的期末贷方余额合计数填列。

③“预收款项”：根据“预收账款”和“应收账款”科目所属各明细科目的期末贷方余额合计数填列。

④“应交税费”：根据“应交税费”科目的明细科目分析填列。具体分析时，需要确认明细科目属于负债。例如，“应交税费”科目下的“应交增值税”“未交增值税”“待抵扣进项税额”“待认证进项税额”“增值税留抵税额”等明细科目，期末借方余额应根据情况在资产负债表中的“其他流动资产”或“其他非流动资产”项目列示；“应交税费——待转销项税额”等科目，期末贷方余额应根据情况在资产负债表中的“其他流动负债”或“其他非流动负债”项目列示；“应交税费”科目下的“未交增值税”“简易计税”“转让金融商品应交增值税”“代扣代交增值税”等科目，期末贷方余额应在资产负债表中的“应交税费”项目列示。

⑤“未分配利润”：根据“利润分配”科目中的“未分配利润”明细科目期末余额填列。

（3）根据总账科目和明细账科目的余额分析计算填列。如“交易性金融资产”项目，应根据“交易性金融资产”科目的相关明细科目的期末余额分析填列，自资产负债表日起超过一年到期且预期持有超过一年的以公允价值计量且其变动计入当期损益的非流动金融资产的期末账面价值，在“其他非流动金融资产”项目反映。如“长期借款”项目，应根据“长期借款”总账科目余额扣除“长期借款”科目所属的明细账科目中将在资产负债表日起一年内到期且企业不能自主将清偿义务展期的长期借款后的金额计算填列；“其他流动资产”“其他流动负债”项目，应根据有关总账科目及有关科目的明细科目期末余额分析填列；“其他非流动负债”项目，应根据有关科目的期末余额减去将于一年内到期偿还的部分后的金额填列。

（4）有关科目余额减去备抵科目余额填列。这种方法主要适用于存在备抵科目的资产、负债项目。如“长期股权投资”“在建工程”，若已经计提减值准备的，应当将扣除减值准备后的期末余额填列。“固定资产”“无形资产”等项目，应当根据有关科目的期末余额扣减相关的累计折旧（或摊销）、相应的减值准备填列。需要注意的是，折旧年限剩余一年或少于一年的，仍然在以上项目列示，不转入“一年内到期的非流动资产”项目；若上述资产采用公允价值计量，则应根据相关科目的期末余额填列。

（5）综合填列。指综合运用以上方法进行填列。如“应收票据”“应收利息”“应收股利”“其他应收款”项目，应当根据有关科目的期末余额，减去“坏账准备”科目中所属部分余额后的金额填列；“应收账款”项目，应当根据“应收账款”和“预收账款”科目所属的各个明细科目的期末借方余额合计数，减去“坏账准备”科目中有关应收账款计提的坏账准备期末余额后的金额填列。“存货”科目，应当根据“材料采购”“原材料”“发出商品”“库存商品”“周转材料”“委托加工物资”“生产成本”“受托代销商品”等科目的期末余额，减去“存货跌价准备”科目的期末余额后填列，某些情况下，可能还需要考虑“合同履约成本”科目。

【例 12－1】 珠江公司 20×0 年 12 月 31 日相关资料如表 12－2 所示：

（1）科目余额表：

表 12－2　科目余额表

编制单位：珠江公司　　　　单位：元

科目名称	借方余额	贷方余额
库存现金	10 000.00	
银行存款	57 000.00	
应收票据	60 000.00	
应收账款	80 000.00	
预付账款		30 000.00
坏账准备——应收账款		5 000.00
原材料	70 000.00	
低值易耗品	10 000.00	
发出商品	90 000.00	
材料成本差异		55 000.00
库存商品	100 000.00	

（续上表）

科目名称	借方余额	贷方余额
交易性金融资产	2 000.00	
固定资产	800 000.00	
累计折旧		300 000.00
在建工程	40 000.00	
无形资产	150 000.00	
短期借款		10 000.00
应付账款		70 000.00
预收账款		10 000.00
应付职工薪酬	4 000.00	
应交税费		13 000.00
长期借款		80 000.00
实收资本		500 000.00
盈余公积		200 000.00
未分配利润		200 000.00

（2）债权债务科目明细余额：

单位：元

应收账款	借方余额	贷方余额
——A 公司	100 000.00	
——B 公司		20 000.00
预付账款	借方余额	贷方余额
——C 公司	20 000.00	
——D 公司		50 000.00
应付账款	借方余额	贷方余额
——E 公司	100 000.00	
——F 公司		30 000.00
预收账款	借方余额	贷方余额
——G 公司	40 000.00	
——H 公司		30 000.00

（3）长期借款共 2 笔，均为到期一次性还本付息。金额及期限分别为：①从工商银行处借入 30 000 元，期限从 20×0 年 1 月 1 日至 20×1 年 6 月 1 日；②从建设银行借入 50 000 元，期限从 20×0 年 8 月 1 日至 20×2 年 8 月 1 日。要求：编制珠江公司 20×0

年 12 月 31 日的资产负债表。

根据已知信息，编制珠江公司的资产负债表如表 12－3 所示：

表 12－3 资产负债表

编制单位：珠江公司　　20×0 年 12 月 31 日　　单位：元

资产	期末余额	负债和所有者权益	期末余额
流动资产：		流动负债：	
货币资金	67 000.00	短期借款	10 000.00
交易性金融资产	2 000.00	应付账款	150 000.00
应收票据	60 000.00	预收款项	60 000.00
应收账款	125 000.00	应付职工薪酬	－4 000.00
预付账款	50 000.00	应交税费	13 000.00
存货	215 000.00	一年内到期的非流动负债	30 000.00
流动资产合计	519 000.00	流动负债合计	259 000.00
固定资产：	500 000.00	非流动负债：	
在建工程	40 000.00	长期借款	50 000.00
无形资产	150 000.00	非流动负债合计	50 000.00
非流动资产合计	690 000.00	负债合计	309 000.00
		所有者权益：	
		实收资本	500 000.00
		盈余公积	200 000.00
		未分配利润	200 000.00
		所有者权益合计	900 000.00
资产总计	1 209 000.00	负债和所有者权益总计	1 209 000.00

第三节　利润表

一、利润表概述

利润表（income statement）是反映企业一定会计期间（如月度、季度、半年度或年度）生产经营成果的会计报表。企业一定会计期间的经营成果既可能表现为盈利，也可能表现为亏损，因此，利润表也被称为损益表。它全面揭示了企业在某一特定时期实现的各种收入，发生的各种费用、成本或支出，以及企业实现的利润或发生的亏损情况。

利润表是根据“收入－费用＝利润”的基本关系来编制的，其具体内容取决于收入、费用、利润等会计要素及其内容，利润表项目是收入、费用和利润要素内容的具体体现。从反映企业经营资金运动的角度看，它是一种反映企业经营资金动态表现的报表，主要提供有关企业经营成果方面的信息，属于动态会计报表。

利润表可以称为资本市场的“晴雨表”。这是因为通过利润表，企业可以分析如何组织收入、控制成本费用与支出、实现盈利、分配利润，评价经营成果。同时企业还可以通过收支结构和业务结构分析，分析与评价各专业业绩成长对公司总体效益的贡献，以及不同分公司经营成果对公司总体盈利水平的贡献。通过利润表分析，企业可以评价自身的可持续发展能力。该表反映的盈利水平，上市公司的投资者会更为关注。总之，利润表是分析企业盈利能力、发展能力的重要基础。例如，通过收支系数分析，即计算收支系数（收支系数 = 主营业务收入/成本费用）可以表示每支出 1 元成本费用可以获得多少收入。只要当收支系数大于 1 时，假设其他业务利润和营业外收支为 0 时，就表示每支出 1 元成本费用，便可以获得利润。这说明在成本费用与收入的理想结构中，成本费用占收入的比例越低，获利能力越大。

二、利润表的格式

利润表正表的格式一般有两种：单步式利润表和多步式利润表。单步式利润表是将当期所有的收入列在一起，然后将所有的费用列在一起，两者相减得出当期净损益。多步式利润表是通过对当期的收入、费用、支出项目按性质加以归类，按利润形成的主要环节列示一些中间性利润指标，如营业利润、利润总额、净利润，分步计算当期净损益。

我国企业会计准则规定，企业的利润表采用多步式。为了使报表使用者通过比较不同期间利润的实现情况，判断企业经营成果的未来发展趋势，企业需要提供比较利润表，即就各项目再分为“本期金额”和“上期金额”两栏分别填列。多步式利润表主要分四步计算企业的利润（或亏损）。第一步，以主营业务收入为基础，减去主营业务成本和主营业务税金及附加，计算主营业务利润；第二步，以主营业务利润为基础，加上其他业务利润，减去销售费用、管理费用、财务费用，计算出营业利润；第三步，以营业利润为基础，加上投资净收益、补贴收入、营业外收入，减去营业外支出，计算出利润总额；第四步，以利润总额为基础，减去所得税，计算净利润（或净亏损）。

同时，由于公允价值计量的大量运用，以及其他因素如长期股权投资权益法的使用、套期会计及外币报表折算等导致的不能直接进入当期损益而直接计入所有者权益的利得或损失，统一计入其他综合收益，其他综合收益与企业的净利润一起构成企业的综合收益总额，一起在利润表中列示。

另外，若是股份有限公司，还需要计算列示每股收益，包括基本每股收益和稀释每股收益。

利润表的基本格式如下：

表 12-4 利润表

编制单位： 20××年 单位：元

项目	本期金额	上期金额
一、营业收入		
减：营业成本		
税金及附加		
销售费用		
管理费用		
财务费用		
其中：利息费用		
利息收入		
加：其他收益		
投资收益（损失以“-”号填列）		
其中：对联营企业和合营企业的投资收益		
以摊余成本计量的金融资产终止确认收益（损失以“-”号填列）		
净敞口套期收益（损失以“-”号填列）		
公允价值变动收益（损失以“-”号填列）		
信用减值损失（损失以“-”号填列）		
资产减值损失（损失以“-”号填列）		
资产处置收益（损失以“-”号填列）		
二、营业利润（亏损以“-”号填列）		
加：营业外收入		
减：营业外支出		
三、利润总额（亏损总额以“-”号填列）		
减：所得税费用		
四、净利润（净亏损以“-”号填列）		
（一）持续经营净利润（净亏损以“-”号填列）		
（二）终止经营净利润（净亏损以“-”号填列）		
五、其他综合收益的税后净额		
（一）不能重分类进损益的其他综合收益		
1. 重新计量设定受益计划变动额		
2. 权益法下不能转损益的其他综合收益		
3. 其他权益工具投资公允价值变动		
4. 企业自身信用风险公允价值变动		
……		

（续上表）

项目	本期金额	上期金额
（二）将重分类进损益的其他综合收益		
1. 权益法下可转损益的其他综合收益		
2. 其他债权投资公允价值变动		
3. 金融资产重分类计入其他综合收益的金额		
4. 其他债权投资信用减值准备		
5. 现金流量套期储备		
6. 外币财务报表折算差额		
……		
六、综合收益总额		
七、每股收益		
（一）基本每股收益		
（二）稀释每股收益		

三、利润表的填列

与资产负债表的填列一致，利润表中的“上期金额”应当根据上年同期利润表的“本期金额”栏填列，若出现项目名称与内容不一致，应对上年各项目名称和金额按本期规定调整填列。

利润表的“本期金额”主要反映以下项目：

（1）营业收入，由主营业务收入和其他业务收入组成，根据有关损益类科目的发生额分析填列。

（2）营业利润，由营业收入减去营业成本、税金及附加、销售费用、管理费用、财务费用、资产减值损失，加上公允价值变动收益、投资收益、资产处置收益、其他收益计算得到。填列时，根据本表中的各个项目计算填列。投资收益中的“其中：对联营企业和合营企业的投资收益”一项，应当根据“投资收益”科目所属的相关明细科目的发生额分析填列。

（3）利润总额，由营业利润加营业外收入，减去营业外支出，即得到利润总额，根据本表中的各个项目计算填列。

（4）净利润，由利润总额减去所得税费用得到。根据经营的可持续性，按照《企业会计准则第 42 号——持有待售的非流动资产、处置组和终止经营》，分“持续经营净利润”和“终止经营净利润”两项分别填列。

（5）其他综合收益，应根据“其他综合收益”科目及其各明细科目的本期发生额分析填列。

（6）综合收益总额，由净利润加上其他综合收益的税后净额组成。填列时，根据本表中的各个项目计算填列。

第四节 现金流量表

一、现金流量表概述

现金流量表，是指反映企业在一定会计期间现金和现金等价物流入和流出的报表。作为财务报告的基本报表之一，现金流量表所表达的是在某一固定期间（通常是每季或每年）内，一家企业或机构的现金及现金等价物增减变动的情况，反映出资产负债表中各个项目对现金流量的影响，并根据其用途被划分为经营、投资及融资三个活动分类。现金流量表具有非常重要的作用，例如反映企业的现金流量，评价企业未来产生现金净流量的能力；评价企业偿还债务、支付投资利润的能力，判断企业的财务状况等。

资产负债表利用资产、负债、所有者权益三个会计要素的期末余额编制，利润表是利用收入、费用、利润三个会计要素的本期累计发生额编制。现金流量表中的内容则是利用资产、负债、所有者权益的增减发生额或本期净增加额填报的，弥补了资产负债表、利润表的信息使用缺陷，充分利用了会计信息。

现金流量表以收付实现制为基础。基于对现金流量表的分析，可以了解企业现金的来龙去脉和现金收支构成，评价企业经营状况、创现能力、筹资能力和资金实力。对于现金流量表的分析，通常采取以下几个角度：

1. 经营活动产生的现金流量分析

（1）将销售商品、提供劳务收到的现金与购进商品、接受劳务付出的现金进行比较。在企业经营正常、购销平衡的情况下，二者的比较是有意义的。比率大，说明企业的销售利润大，销售回款良好，创现能力强。

（2）将销售商品、提供劳务收到的现金与经营活动流入的现金总额进行比较，可大致说明企业产品销售现款占经营活动流入现金的比重。比重大，说明企业主营业务突出，营销状况良好。

（3）将本期经营活动现金净流量与上期进行比较，增长率越高，说明企业成长性越好。

2. 投资活动产生的现金流量分析

当企业扩大规模或开发新的利润增长点时，需要大量的现金投入，投资活动产生的现金流入量补偿不了流出量，投资活动现金净流量为负数，但如果企业投资有效，将会在未来产生现金净流入用于偿还债务，创造收益，企业不会有偿债困难。因此，分析投资活动现金流量，应结合企业目前的投资项目进行，不能简单地以现金净流入还是净流出来论优劣。

3. 筹资活动产生的现金流量分析

一般来说，筹资活动产生的现金净流量越大，企业面临的偿债压力也越大，但如果现金净流入量主要来自企业吸收的权益性资本，则企业不仅不会面临偿债压力，资金实力反而增强。因此，在分析时，可将吸收权益性资本收到的现金与筹资活动现金总流入进行比较，所占比重大，说明企业资金实力增强，财务风险降低。

4. 现金流量构成分析

首先，分别计算经营活动现金流入、投资活动现金流入和筹资活动现金流入占现金总流入的比重，了解现金的主要来源。一般来说，经营活动现金流入占现金总流入比重大的企业，经营状况较好，财务风险较低，现金流入结构较为合理。其次，分别计算经营活动现金支出、投资活动现金支出和筹资活动现金支出占现金总流出的比重，它能具体反映企业的现金用于哪些方面。一般来说，经营活动现金支出比重大的企业，其生产经营状况正常，现金支出结构较为合理。

最后，将现金流量表与其他报表综合分析，可以弥补单一报表分析的缺陷，更加完整地反映企业经营状况。例如，在分析流动比率时，仅仅使用资产负债表进行分析具有较大局限。流动比率是流动资产与流动负债之比，而流动资产体现的是能在一年内或一个营业周期内变现的资产，包括了许多流动性不强的项目，如呆滞的存货，有可能收不回的应收账款，以及本质上属于费用的待摊费用、待处理流动资产损失和预付账款等。它们虽然具有资产的性质，但事实上却不能再转变为现金，不再具有偿付债务的能力。而且，不同企业的流动资产结构差异较大，资产质量各不相同，因此，仅用流动比率等指标来分析企业的偿债能力，往往比较片面。企业可运用经营活动现金净流量与资产负债表相关指标进行对比分析，作为流动比率等指标的补充。例如，计算经营活动现金净流量与流动负债之比，可以反映企业经营活动获得现金偿还短期债务的能力，比率越大，说明偿债能力越强。而经营活动现金净流量与全部债务之比可以反映企业经营活动中所获现金偿还全部债务的能力，比值越大，说明企业承担债务的能力越强。

二、现金流量表的结构

企业一定时期的内现金流入和现金流出是由各种因素产生的，现金流量表先要对企业各项经营活动产生的现金流量和运用的现金流量进行合理的分类。现金流量按其产生的原因和支付用途的不同分为以下三大类：经营活动产生的现金流量、投资活动产生的现金流量、筹资活动产生的现金流量。而这也构成了现金流量表的主体结构。

（1）经营活动产生的现金流量。它指企业投资活动和筹资活动以外的所有交易活动和事项的现金流入和流出量，包括：销售商品、提供劳务、经营租赁等活动收到的现金；购买商品、接受劳务、广告宣传、交纳税金等活动支付的现金。

（2）投资活动产生的现金流量。它指企业长期资产的购建与对外投资活动（不包括现金等价物范围的投资）的现金流入和流出量，包括：收回投资、取得投资收益、处置长期资产等活动收到的现金；购建固定资产、在建工程、无形资产等长期资产和对外投资等活动支付的现金等。

（3）筹资活动产生的现金流量。它指企业接受投资和借入资金导致的现金流入和流出量，包括：接受投资、借入款项、发行债券等活动收到的现金；偿还借款、偿还债券、支付利息、分配股利等活动支付的现金等。

三项现金净额的合计数与汇率折算差额之和，就是企业年度内的现金增减净额。若合计数为正数时，说明企业期末的现金比期初增加，为本期现金净流入量；若合计数为负数时，说明企业期末的现金比期初减少，为本期现金净流出量。这一增加或减少的金额，应与资产负债表上现金及现金等价物的期初数与期末数的差额相等。

除此之外，现金流量表应当反映将企业外币现金流量及境外子公司现金流量折算为本位币时产生的汇率变动影响，并通过“汇率变动对现金及现金等价物的影响”项目反映。

通常企业还会在附注中披露现金流量表的补充信息，如将净利润调节为经营活动现金流量、不涉及现金收支的重大投资和筹资活动、现金及现金等价物净变动情况等信息，作为现金流量表的补充。

现金流量表的一般格式如表 12－5 所示：

表 12－5　现金流量表

编制单位：　　20××年　　单位：元

项目	本期金额	上期金额
一、经营活动产生的现金流量		
销售商品、提供劳务收到的现金		
收到的税费返还		
收到其他与经营活动有关的现金		
经营活动现金流入小计		
购买商品、接受劳务支付的现金		
支付给职工以及为职工支付的现金		
支付的各项税费		
支付其他与经营活动有关的现金		
经营活动现金流出小计		
经营活动产生的现金流量净额		
二、投资活动产生的现金流量		
收回投资收到的现金		
取得投资收益收到的现金		
处置固定资产、无形资产和其他长期资产收回的现金净额		
处置子公司及其他营业单位收到的现金净额		
收到其他与投资活动有关的现金		
投资活动现金流入小计		

（续上表）

项目	本期金额	上期金额
购建固定资产、无形资产和其他长期资产支付的现金		
投资支付的现金		
取得子公司及其他营业单位支付的现金净额		
支付其他与投资活动有关的现金		
投资活动现金流出小计		
投资活动产生的现金流量净额		
三、筹资活动产生的现金流量		
吸收投资收到的现金		
取得借款收到的现金		
收到其他与筹资活动有关的现金		
筹资活动现金流入小计		
偿还债务支付的现金		
分配股利、利润或偿付利息支付的现金		
支付其他与筹资活动有关的现金		
筹资活动现金流出小计		
筹资活动产生的现金流量净额		
四、汇率变动对现金及现金等价物的影响		
五、现金及现金等价物净增加额		
加：期初现金及现金等价物余额		
六、期末现金及现金等价物余额		

三、现金流量表的编制

现金流量表的编制实质上就是对经营活动、投资活动和筹资活动产生的现金流量的计算和填列，其中经营活动产生的现金流量有直接法和间接法两种计算方法。在直接法下，通常以利润表中的营业收入为起算点，对经营活动相关的项目增减变动进行调节，计算出经营活动的现金流量；这种编制方法便于分析企业经营活动产生的现金来源及用途，预测现金流量的未来使用。

间接法则将以权责发生制为原则确定的净利润调整为现金净流入，并剔除投资活动和筹资活动的影响。间接法的优势在于其能够方便地对净利润与经营活动产生的现金流量进行分析，评价净利润的质量。

我国企业会计准则要求企业采用直接法编制现金流量表，同时要求在附注中提供以净利润为基础调节到经营活动产生的现金流量的信息。现金流量表的具体填列中，通常采用工作底稿或T型账户对现金流量进行分析和填报，有时也直接利用相关会计科目的明细账进行分析填列。

【例 12-2】珠江公司 20×0 年发生管理费用 2 200 万元，其中：以现金支付退休职工统筹退休金 450 万元及管理人员工资 950 万元，存货盘亏损失 25 万元，集体固定资产折旧 420 万元，计提无形资产摊销 350 万元，以现金支付保险费 5 万元。计算珠江公司 20×0 年“支付与其他经营活动有关的现金”。

【参考答案】“支付与其他经营活动有关的现金”项目的金额 = 所有管理费用 - 未付现的管理费用 - 不应在该项目反映的管理费用 = 2 200 - 25 - 420 - 200 - 150 - 950 = 455（万元）。

【例 12-3】珠江公司为制造型企业，20×0 年产生下列现金流量：

（1）收到客户订购商品预付款 3 000 万元。

（2）税务部门返还上年度增值税税款 600 万元。

（3）支付购入作为以公允价值计量且其变动计入当期损益的金融资产核算的股票投资款 1 200 万元。

（4）为补充经营不足，自股东处取得经营性资金借款 6 000 万元。

（5）因存货损毁取得保险赔偿款 2 800 万元。

不考虑其他因素，计算珠江公司 20×0 年经营活动现金流量净额。

【参考答案】支付购入作为以公允价值计量且其变动计入当期损益的金融资产的投资款属于投资活动；自股东处取得经营性资金借款属于筹资活动。因此珠江公司 20×0 年经营活动现金流量净额 = 3 000 + 600 + 2 800 = 6 400（万元）。

四、主要财务报表综合编制举例

【例 12-4】珠江公司在 20×0 年共发生如下经济业务：

（1）购入工程物资一批，价款为 374 400 元，增值税 63 648 元，包装费、运杂费 6 240元。款项以银行存款支付。

（2）购入原材料一批，用银行存款支付货款 936 000 元，增值税为 159 120 元，材料验收入库。

（3）销售甲产品一批，售价 5 616 000 元，增值税 954 720 元，该产品的实际成本为 1 934 400 元，货款已收存银行。

（4）车间报废设备一台，以现金付清理费用 3 120 元，变价收入 6 240 元，已收存银行。该设备原价 873 600 元，已计提折旧 499 200 元。

（5）以银行存款归还短期借款本金 624 000 元及前已预提利息 78 000 元。

（6）从银行获得 3 年期借款 1 560 000 元，借款存入银行。

（7）转让短期股票投资，收到银行存款 717 600 元，该投资账面成本为 624 000 元。

（8）按照权益法，确认合营企业当期收益中应享有的份额 3 120 000 元。

（9）销售乙产品一批，总价款 657 072 元，该批产品的销售成本为 374 400 元，款项尚未收到。

（10）销售多余材料，售价 1 185 600 元，增值税 201 552 元，款项已收存银行。该批材料的实际成本为 624 000 元。

（11）用银行存款支付广告费 31 200 元，退休人员工资 156 000 元，公司办公经费 468 000 元。

（12）以银行存款偿还上年所欠货款 1 216 800 元。

（13）提取现金 1 872 000 元，备发工资。

（14）支付工资 1 872 000 元。

（15）收到中正公司前欠货款 624 000 元，款项存入银行。

（16）计提本年度生产车间用固定资产折旧 624 000 元。

（17）计提短期借款利息 156 000 元。

（18）偿还长期借款本金 3 120 000 元。

（19）计提 A 工程应负担的长期借款利息 343 200 元。

（20）以银行存款支付罚款 374 400 元。

（21）摊销无形资产 187 200 元。

（22）分配职工工资，其中生产人员 936 000 元，车间管理人员 374 400 元，行政管理人员 312 000 元，在建工程人员 249 600 元。

（23）根据上述职工工资总额的 14% 提取福利费。

（24）计提本年坏账准备 15 600 元。

（25）计提城市维护建设税 249 600 元。

（26）计提本年销售应负担的教育费附加 12 480 元。

（27）用银行存款交纳增值税 249 600 元、教育费附加 12 480 元。

（28）计算本年度应交所得税 831 916.80 元。

（29）将各损益类科目结转本年利润。

请编制该公司 20×0 年的财务报表，包括资产负债表、利润表和现金流量表（见表 12－6 至表 12－9）。

表 12－6 资产负债表

编制单位：珠江公司　　　　20×0 年 12 月 31 日　　　　单位：元

资产	年初数	期末数	负债和所有者权益	年初数	期末数
流动资产：			流动负债：		
货币资金	1 833 312.00	2 954 016.00	短期借款	936 000.00	312 000.00
交易性金融资产	1 560 000.00	936 000.00	应付票据	156 000.00	156 000.00
应收票据	46 800.00	46 800.00	应付账款	2 776 800.00	1 560 000.00
应收股利	—	—	预收账款	—	—
应收利息	—	—	应付职工薪酬	308 880.00	570 960.00
应收账款	1 245 504.00	1 262 976.00	应付利息	15 600.00	93 600.00
其他应收款	56 160.00	56 160.00	应付股利	—	—
预付账款	—	—	应交税费	81 120.00	2 005 661.00
存货	4 049 760.00	4 170 816.00	其他应付款	187 200.00	187 200.00

（续上表）

资产	年初数	期末数	负债和所有者权益	年初数	期末数
一年内到期的非流动资产	—	—	一年内到期的非流动负债	3 120 000.00	—
其他流动资产			其他流动负债		
流动资产合计	8 791 536.00	9 426 768.00	流动负债合计	7 581 600.00	4 885 421.00
非流动资产：			非流动负债：		
可供出售金融资产			长期借款	1 872 000.00	3 775 200.00
持有至到期投资			应付债券		
长期应收款			长期应付款		
长期股权投资	1 560 000.00	4 680 000.00	专项应付款		
投资性房地产	—	—	预计负债		
固定资产	3 432 000.00	2 433 600.00	递延所得税负债		
工程物资	—	444 288.00	其他非流动负债		
在建工程	6 240 000.00	6 867 744.00	非流动负债合计	1 872 000.00	3 775 200.00
固定资产清理	—	—	负债合计	9 453 600.00	8 660 621.00
无形资产	2 496 000.00	2 308 800.00	所有者权益：		
开发支出			实收资本	12 480 000.00	12 480 000.00
商誉			资本公积	0	0
长期待摊费用			减：库存股		
递延所得税资产			盈余公积	312 000.00	312 000.00
其他非流动资产	312 000.00	312 000.00	未分配利润	585 936.00	5 020 579.00
非流动资产合计	13 728 000.00		所有者权益合计	13 377 936.00	17 812 579.00
资产合计	22 831 536.00	26 473 200.00	负债和所有者权益总计	22 831 536.00	26 473 200.00

表 12－7　利润表

编制单位：珠江公司　　　　20×0 年 12 月 31 日　　　　单位：元

项 目	行次	本年金额
一、营业收入		7 363 200.00
减：营业成本		2 932 800.00
营业税金及附加		262 080.00
销售费用		31 200.00
管理费用		1 166 880.00
财务费用（收益以“－”号填列）		156 000.00
资产减值损失		15 600.00

（续上表）

项 目	行次	本年金额
加：公允价值变动净收益（净损失以"－"号填列）		
投资净收益（净损失以"－"号填列）		3 213 600.00
二、营业利润（亏损以"－"号填列）		6 012 240.00
加：营业外收入		
减：营业外支出		745 680.00
其中：非流动资产处置净损失		
三、利润总额（亏损总额以"－"号填列）		5 266 560.00
减：所得税		831 916.80
四、净利润（净亏损以"－"号填列）		4 434 643.20
五、每股收益		略

表 12－8 现金流量表（直接法）

编制单位：珠江公司　　20×0 年 12 月 31 日　　单位：元

项目	行次	金额
一、经营活动产生的现金流量		
销售商品、提供劳务收到的现金		8 581 872.00
收到的税费返还		0
收到的其他与经营活动有关的现金		0
现金流入小计		8 581 872.00
购买商品、接受劳务支付的现金		2 311 920.00
支付给职工以及为职工支付的现金		1 622 400.00
支付的各项税费		262 080.00
支付的其他与经营活动有关的现金		1 029 600.00
现金流出小计		5 226 000.00
经营活动产生的现金流量净额		3 355 872.00
二、投资活动产生的现金流量		
收回投资所收到的现金		717 600.00
取得投资收益所收到的现金		0
处置固定资产、无形资产和其他长期资产所收回的现金		3 120.00
收到的其他与投资活动有关的现金		0
现金流入小计		720 720.00
购建固定资产、无形资产和其他长期资产所支付的现金		693 888.00
投资所支付的现金		0

（续上表）

项目	行次	金额
支付的其他与投资活动有关的现金		0
现金流出小计		693 888.00
投资活动产生的现金流量净额		26 832.00
三、筹资活动产生的现金流量		
吸收投资所收到的现金		0
取得借款所收到的现金		1 560 000.00
收到的其他与筹资活动有关的现金		0
现金流入小计		1 560 000.00
偿还债务所支付的现金		3 744 000.00
分配股利、利润和偿付利息所支付的现金		78 000.00
支付的其他与筹资活动有关的现金		0
现金流出小计		3 822 000.00
筹资活动产生的现金流量净额		(2 262 000.00)
四、汇率变动对现金的影响		0
五、现金及现金等价物净增加额		1 120 704.00
加：期初现金及现金等价物余额		1 833 312.00
六、期末现金及现金等价物余额		2 954 016.00

表 12－9　现金流量表（间接法）

编制单位：珠江公司　　　　20×0 年 12 月 31 日　　　　单位：元

项目	行次	金额
一、将净利润调节为经营活动的现金流量		
净利润		4 434 643.20
加：计提的资产减值准备		15 600.00
固定资产折旧、油气资产折耗、生产性生物资产折旧		624 000.00
无形资产摊销		187 200.00
长期待摊费用摊销		
处置固定资产、无形资产和其他长期资产的损失（减：收益）		
固定资产报废损失		371 280.00
财务费用		156 000.00
投资损失（减：收益）		－3 213 600.00
递延所得税资产减少（增加以“－”号填列）		

（续上表）

项目	行次	金额
存货的减少（减：增加）		-121 056
经营性应收项目的减少（减：增加）		-33 072
经营性应付项目的增加（减：减少）		934 876.80
其他		
经营活动产生的现金流量净额		3 355 872.00
二、不涉及现金收支的投资和筹资活动		
债务转为资本		
一年内到期的可转换债券		
融资租入固定资产		
三、现金及现金等价物净增加情况		
现金的期末余额		2 954 016.00
减：现金的期初余额		1 833 312.00
加：现金等价物的期末余额		
减：现金等价物的期初余额		
现金及现金等价物的净增加额		1 120 704.00

第五节　所有者权益变动表

一、所有者权益变动表概述

所有者权益指企业资产扣除负债后由所有者享有的剩余权益。所有者权益包括实收资本、其他权益工具、资本公积、库存股、其他综合收益、专项储备、盈余公积和未分配利润等。企业会计准则规定，所有者权益变动表应当反映构成所有者权益的各组成部分当期的增减变动情况。

所有者权益变动表以矩阵形式列示。一方面，列示导致所有者权益变动的交易或事项，按所有者权益变动的来源对一定时期所有者权益变动情况进行全面反映；另一方面，按照所有者权益各组成部分及其总额列示相关交易或事项对所有者权益的影响。

二、所有者权益变动表的填列方法

“其他权益工具持有者投入资本”项目：反映企业发行的除普通股意外分类为权益工具的金融工具的持有者投入资本的金额。

“其他综合收益结转留存收益”项目：一是反映企业指定为以公允价值计量且其变动计入其他综合收益的非交易性权益工具投资终止确认时，之前计入其他综合收益的累计利得或损失从其他综合收益中转入留存收益的金额；二是反映企业指定为以公允价值计量且其变动计入当期损益的金融负债终止确认时，之前由企业自身信用风险变动引起而计入其他综合收益的累计利得或损失从其他综合收益中转入留存收益的金额等。该项目应根据“其他综合收益”的相关明细科目的发生额分析填列。

第六节 财务报表附注

一、附注概述

附注是财务报告中对财务报表里列示的文字描述或明细资料，以及对表中未能列示的项目的详细说明，是财务报告中不可或缺的重要部分。企业应当依照《企业会计准则第30号——财务报表列报》及其他各项具体会计准则中的相关规定对附注进行披露。附注的相关信息应当与资产负债表、利润表、现金流量表相互参照，并与定量、定性信息相结合，按照一定的结构对附注信息进行系统合理的排列和分类，便于使用者理解和掌握。

二、附注的主要内容

附注至少应当披露以下内容，且披露时应当按照顺序：

（1）企业基本情况。包括企业注册地、注册资本等工商登记信息；企业主要业务性质和经营活动；母公司及集团最终母公司名称等。

（2）财务报表编制基础。

（3）遵循企业会计准则的声明。企业应当声明财务报表全面遵循了企业会计准则的要求，真实、完整地反映了企业的财务状况、经营成果及现金流量等有关信息。

（4）重要会计政策和会计估计。

（5）会计政策、会计估计变更及差错更正。企业应当按照《企业会计准则第28号——会计政策、会计估计变更和差错更正》及其应用指南的规定，披露会计政策和会计估计变更以及差错更正的有关情况。

（6）报表重要项目的说明。企业应当尽可能以列表形式披露重要报表项目的构成或当期增减变动，应当以文字与数字描述相结合，按照资产负债表、利润表、现金流量表的顺序及其项目列示的顺序，对重要项目做出说明。

（7）其他需要说明的重要事项。主要包括或有和承诺事项、资产负债表日后非调整事项、关联方关系及其交易等。

（8）有助于报表使用者评价企业管理资本的目标、政策及程序的其他信息。

三、分部信息披露

经营分部是指企业同时满足下列条件的组成部分：①该组成部分能够在日常活动中产生收入、发生费用；②企业管理层能够定期评价该组成部分的经营成果以决定向其配置资源、评价其业绩；③企业能够取得该组成部分的财务状况、经营成果和现金流量等有关会计信息。确定经营分部的主要依据有组织结构、管理要求、内部报告制度等。企业应当在财务报表的基础上，在附注中披露企业的分部信息，以便会计信息使用者评价企业所从事的经营活动性质、财务影响及所处经济环境。

企业应当按照经营分部的重要性确定报告分部。具体要求如下：

（1）分部收入占所有分部收入合计的10%或以上。分部收入主要由可归属于分部的对外交易收入构成，包含直接归属于分部的收入和通过企业交易收入在各相关分部间分配归属于报告分部两种情况。确定分部收入时，不应包括利息收入、股利收入、资产处置净收益、营业外收入等。

（2）分部的利润或亏损绝对额占所有盈利或亏损的分部合计绝对额的10%或以上。分部利润指分部收入减去分部费用后的余额。确定分部费用时，不应包括利息费用、营业外支出、资产处置净损失、与企业整体相关的管理费用和其他费用等。

（3）分部资产占所有分部资产合计额的10%以上。分部资产不包括递延所得税资产，计量时按照分部资产的账面价值计量。如果多个分部共享资产，且与该资产相关的收入和费用也在分部之间分配，则形成分部共同资产，该项资产应当在分部间分配。

（4）企业管理层认为披露该分部信息对会计信息使用者有用时。

企业将达到以上标准的经营分部认定为报告分部后，还需要确定报告分部的对外交易收入合计额占合并总收入或企业总收入的比重在75%以上，如未达到75%的标准，应当增加报告分部的数量，此时，即使新增的经营分部不满足10%的重要性要求，仍然应当将其确定为报告分部。通常，报告分部的数量不得超过10个，若报告分部的数量超过10个，应当将满足合并条件的报告分部进行合并披露。例如具有相似的长期财务业绩，具体表现在长期平均毛利率、资金回报率、未来现金净流量等指标相近的分部，可合并为一个报告分部进行披露。合并的具体要求如下：

（1）各单项产品或劳务的性质相同或相似，具体按照产品或劳务的规格、型号、用途等确定。

（2）生产过程的性质相同或相似，具体包括采用劳动或资本密集等方式组织生产或使用相似设备及原料。

（3）产品或劳务的客户类型相同或相似，具体可以按照大宗客户、零散客户或相类似的销售价格、销售折扣、售后服务等区分。

（4）销售产品或提供劳务的方式相同或相似，包括零售、批发等。

（5）生产产品或提供劳务受到法律法规的影响相同或相似，包括经营范围或交易环境等确定。例如，金融行业受到更为严格的监管和法规限制，故应当对其与其他类似业务区别分类。

此外，企业还应当考虑不同会计期间分部信息的可比性和一致性。在此基础上，企业应当披露以下分部信息：

（1）描述性信息，包括确定报告分部时考虑的因素、分部的产品类型等基础信息。

（2）报告分部的利润或亏损总额的相关信息，具体包括直接归属于分部的收入构成、分配于分部的收入构成及分配依据、利息收入及费用等其他在计算分部利润时使用的信息。同时，还应当披露每一报告分部的分部间转移价格确定基础、利润计量方法及方法变化的性质和影响。

（3）报告分部的资产及负债总额的相关信息，包括企业资产、负债总额的各组成项目、资产及负债的计量相关的会计政策、共同资产、负债在各分部间分配时的分配依据等。

（4）其他经营相关信息，包括每一产品或劳务的对外交易收入、来源于本国的对外交易收入、取得的位于本国的非流动资产总额、位于其他国家的非流动资产总额、企业对主要客户的依赖程度等相关信息。需要注意的是，如果某些信息的披露是不切实可行的，企业应当披露不可行的事实。

（5）报告分部信息与企业信息总额的衔接，应当分别报告收入、利润、资产、负债的衔接情况。

（6）比较信息。应当按照可比性原则，提供前期的比较数据，无法提交比较数据的，应当对无法披露这一事实进行披露。

四、关联方披露

企业财务报表中应当披露所有关联方关系及其交易的相关信息。对外提供合并财务报表的，对于已经包括在合并范围内各企业之间的交易不予披露，但应当披露与合并范围外各关联方的关系及其交易。关联方，是指一方控制、共同控制另一方或对另一方施加重大影响，以及两方或两方以上同受一方控制、共同控制或施加重大影响的情形。控制，是指有权决定一个企业的财务和经营政策，并能据以从该企业的经营活动中获取利益。共同控制，是指按照合同约定对某项经济活动所共有的控制，仅在与该项经济活动相关的重要财务和经营决策需要分享控制权的投资方一致同意时存在。重大影响，是指对一个企业的财务和经营政策有参与决策的权力，但并不能够控制或者与其他方一起共同控制这些政策的制定。

企业关联方的界定标准如下：①该企业的母公司。②该企业的子公司。③与该企业受同一母公司控制的其他企业。④对该企业实施共同控制的投资方。⑤对该企业施加重大影响的投资方。⑥该企业的合营企业。⑦该企业的联营企业。⑧该企业的主要投资者个人及与其关系密切的家庭成员。主要投资者个人，是指能够控制、共同控制一个企业或者对一个企业施加重大影响的个人投资者。⑨该企业或其母公司的关键管理人员及与其关系密切的家庭成员。关键管理人员，是指有权力并负责计划、指挥和控制企业活动的人员。与主要投资者个人或关键管理人员关系密切的家庭成员，是指在处理与企业的交易时可能影响该个人或受该个人影响的家庭成员。⑩该企业主要投资者个人、关键管理人员或与其关系密切的家庭成员控制、共同控制或施加重大影响的其他企业。

需要注意的是，与该企业发生日常往来的资金提供者、公用事业部门、政府部门和机构，与该企业发生大量交易而存在经济依存关系的单个客户、供应商、特许商、经销商或代理商，与该企业共同控制合营企业的合营者、仅仅同受国家控制而不存在其他关联方关系的企业不构成关联方。

企业无论是否发生关联方交易，均应当在附注中披露与母公司和子公司有关的下列信息：

（1）母公司和子公司的名称。母公司不是该企业最终控制方的，还应当披露最终控制方名称。母公司和最终控制方均不对外提供财务报表的，还应当披露母公司之上与其最相近的对外提供财务报表的母公司名称。

（2）母公司和子公司的业务性质、注册地、注册资本等工商登记信息及其变化。

（3）母公司对该企业或者该企业对子公司的持股比例和表决权比例。

企业与关联方发生关联方交易的，应当在附注中披露该关联方关系的性质、交易类型及交易要素。只有在证据确凿的情况下，企业才可披露关联交易是公平交易。企业披露的交易要素至少应当包括：交易的金额，未结算项目的金额、条款和条件，以及有关提供或取得担保的信息、未结算应收项目的坏账准备金额、定价政策。

思考题

1. 什么是充分披露原则？为什么现在要求上市公司披露的内容越来越多？这些信息是否对信息使用者有价值？

2. 什么是资产负债表观，它和利润表观有何联系和区别？

3. 三大财务报表之间存在哪些勾稽关系？

参考文献

［1］中华人民共和国财政部．企业会计准则：基本准则［Z］．2014．

［2］中华人民共和国财政部．企业会计准则第 3 号：投资性房地产［Z］．2006．

［3］中华人民共和国财政部．企业会计准则第 6 号：无形资产［Z］．2006．

［4］中华人民共和国财政部．企业会计准则第 8 号：资产减值［Z］．2006．

［5］中华人民共和国财政部．企业会计准则第 14 号：收入［Z］．2017．

［6］中华人民共和国财政部．企业会计准则第 18 号：所得税［Z］．2019．

［7］中华人民共和国财政部．企业会计准则第 21 号：租赁［Z］．2018．

［8］中华人民共和国财政部．企业会计准则第 29 号：资产负债表日后事项［Z］．2006．

［9］中华人民共和国财政部．企业会计准则第 30 号：财务报表列报［Z］．2014．

［10］中华人民共和国财政部．企业会计准则第 34 号：每股收益［Z］．2006．

［11］财政部会计司编写组．企业会计准则讲解（2010）［M］．北京：人民出版社，2010．

［12］中华人民共和国财政部．政府会计准则：基本准则［Z］．2015．

［13］中华人民共和国财政部．政府会计准则第 8 号：负债［Z］．2018．

［14］中国古代会计发展概览［N］．财会信报，2010－04－05（C03）．

［15］罗绍德．中级财务会计［M］．4 版．广州：暨南大学出版社，2017．

［16］刘永泽，陈立军．中级财务会计［M］．6 版．大连：东北财经大学出版社，2018．

［17］陈汉文，刘启亮，陈凌云，等．中级财务会计［M］．北京：北京大学出版社，2008．

［18］赵建勇．中级财务会计［M］．3 版．北京：中国人民大学出版社，2020．

［19］石本仁，曾亚敏．中级财务会计：微课版［M］．4 版．北京：人民邮电出版社，2018．

［20］美国财务会计准则委员会．论财务会计概念［M］．娄尔行，译．北京：中国财政经济出版社，1992．

［21］陈立军．中级财务会计（第 4 版）学习指导书［M］．4 版．北京：中国人民大学出版社，2018．

［22］王华，石本仁．中级财务会计［M］．3 版．北京：中国人民大学出版社，2015．

［23］．叶陈刚，胡咏华，李海霞．中级财务会计［M］．北京：高等教育出版社，2019．

［24］刘四红．蚂蚁集团增资背后：网络小贷挥别高杠杆［N］．北京商报，2021－

10 - 12 (007).

[25] 黄世忠. ESG 理念与公司报告重构 [J]. 财会月刊, 2021 (17).

[26] International Accounting Standards Board. A review of the conceptual framework for financial reporting (discussion paper) [M]. London: IFERS Foundation Publications Department, 2013.

[27] International Accounting Standards Board. A review of the conceptual framework for financial reporting [EB/OL]. http://kjs.mof.gov.cn/gongzuotongzhi/201308/P020130819534314525566.pdf.